D1718971

Christoph Hennig

Reiselust

Touristen, Tourismus und Urlaubskultur

Insel Verlag

Erste Auflage 1997
© Insel Verlag Frankfurt am Main und Leipzig 1997
Alle Rechte vorbehalten
Satz: Jung Satzcentrum, Lahnau
Druck: Nomos Verlagsgesellschaft, Baden-Baden
Printed in Germany

Inhalt

Der Tourismus hat in der zweiten Hälfte des 20. Jahrhunderts immense ökonomische und kulturelle Bedeutung gewonnen. Seine Wirkungen durchziehen heute weite Bereiche des öffentlichen Lebens. Noch streiten sich die Experten, ob er die zwei- oder nur die drittgrößte Wirtschaftsbranche der Welt darstellt. Jedenfalls werden weder in der Pharma-Produktion noch in der Chemie- oder Computer-Industrie so große Umsätze erzielt und so viele Personen beschäftigt wie im Tourismussektor. Etwa 800 Millionen Menschen unternehmen nach Schätzungen jährlich Ferienreisen. In Europa hängt mindestens jeder zehnte Arbeits-platz vom Fremdenverkehr ab.

Man sollte annehmen, ein solches Phänomen werde gründlichst untersucht und bedacht. Doch auf den Landkarten des modernen Bewußtseins bildet der Tourismus ein merkwürdig unerforschtes Gebiet. Zwar existiert eine Fülle von Detailstudien zum Thema. Aber ihre Ergebnisse werden kaum in einem theoretischen Zusammenhang reflektiert.

Die gängigen Vorstellungen vom Sinn der Ferien führen schnell in Sackgassen. Der Tourismus, so heißt es in den verbreitetsten Auffassungen, sei ein Fluchtphänomen oder entstehe aus konformistischen Konsumwünschen. Ihm werden negativ bestimmte Motive unterstellt: Anpassung, Ausweichen vor der Realität, das Erleben eines fiktiven Glücks. Tourismus scheint Ausdruck eines Mangels. Wäre die Welt in Ordnung und hätten wir keinen Grund zur Flucht, so blieben wir nach dieser Vorstellung zu Hause. Von der unbestreitbaren Faszination des Reisens wissen solche Ideen nichts.

Warum reisen wir? Welche Motive treiben Jahr für Jahr Millionen von Menschen in die Fremde? Diese Grundfrage der Tourismus-Theorie wartet noch auf eine befriedigende Antwort. Ungeklärt sind auch viele andere Probleme des Fremdenverkehrs. Wie wirkt er auf die Reisegebiete? Wie gestaltet sich das Verhältnis von Besuchern und Einheimischen? Wie ist die

Umweltbilanz des Tourismus? Bringt er wirtschaftlichen Aufschwung oder neue Formen des Kolonialismus? Was ist von den ›künstlichen Ferienwelten‹ zu halten, die sich gegenwärtig zu den meistbesuchten Reisezielen der Welt entwickeln?

Das vorliegende Buch geht den Motiven und Wirkungen des modernen Reisens nach und greift dabei Anregungen aus den verschiedensten Disziplinen auf: aus Soziologie und Kulturanthropologie, Geschichtswissenschaft und Ökonomie, Ökologie und Literaturwissenschaft. Sie alle tragen zum Verständnis des Tourismus bei. Insbesondere wurden auch die englisch- und französischsprachigen Diskussionen berücksichtigt, die in Deutschland noch wenig bekannt sind. Im angelsächsischen Bereich ist versucht worden, von Ansätzen der Kulturanthropologie ausgehend die ›nicht-alltäglichen Wirklichkeiten‹ genauer zu verstehen, die sich im Urlaub herstellen. Dabei haben die theoretischen Arbeiten des Ethnologen Victor Turner großen Einfluß ausgeübt. Seine Analyse ›liminaler‹ und ›liminoider‹ Phasen, d. h. jener Perioden, in denen die gewöhnlichen Normen vorübergehend aufgehoben sind, haben nachhaltig auf die Tourismusdebatte in England und den USA gewirkt. In dieser Perspektive erscheinen Urlaubsreisen universell verbreiteten Phänomenen wie den Ritualen, Spielen und Festen verwandt; sie rücken in einen allgemeineren Zusammenhang menschlichen Verhaltens.

In Frankreich ist, beispielsweise von Edgar Morin und Henri Raymond, bereits vor Jahrzehnten der Aspekt der *Imagination* in die Tourismus-Debatte eingebracht worden. Das moderne Reisen wird wesentlich von Phantasien geprägt; es zielt nur zum Teil auf die Erfahrung der Realität. Den Profis des Gewerbes ist diese Tatsache wohlbekannt. Ihre Verkaufsstrategien basieren auf dem Versprechen, im Urlaub *Träume* zu verwirklichen: Träume von tropischen Paradiesen, unberührter Natur, freundlichen Menschen, von Abenteuern und vom komfortablen Umsorgtsein. »Das wirtschaftliche Wachstum«, schrieb Edgar Morin vor gut 30 Jahren, »erstreckt sich in eine Richtung, die vor einem Jahrhundert noch unglaublich erschienen wäre: das *Imaginäre verwirklichen*«.[1] Daß es im Urlaub wesentlich um die Realisierung von Phantasien geht, haben die Fremdenverkehrsmanager besser begriffen als die meisten Theoretiker des Tourismus. In deren Vorstellungen erscheint das imaginäre Moment meist als bedauerliche Restgröße: als Verfälschung der Wahrnehmung, die eine wirkliche Erfahrung der Fremde verhindere. Demgegenüber wird im vorliegenden Buch die Imagination als eine der zentralen Triebkräfte des Tourismus betrachtet. Urlauber konstruieren sich mit ihrer Hilfe eine eigene Wirklichkeit. Die Ferien-Erfahrungen haben im Verhältnis zur ›harten Realität‹ des Alltags einen *fiktiven Zug*. Das fremde Land geht mehr oder minder stark in die touristische Erfahrung ein, immer aber wird seine Wirklichkeit umgearbeitet und eigenen Bedürfnissen dienstbar gemacht.

Das ist nicht notwendig ein Zeichen von ›Blindheit‹, wie die Kulturkritik behauptet. Touristen sind keine Sozialwissenschaftler, keine Geologen oder Botaniker. Der Anspruch, sie sollten eine fremde Welt objektiv erfahren, verkennt die Antriebe und Eigenarten des modernen Reisens. Wie in der Literatur, im Film, in der bildenden Kunst geht es im Tourismus nicht primär um Erkenntnis, sondern wesentlich um das *Erleben fiktiver Räume*. Diese Erfahrung ist in allen Kulturen verbreitet; sie scheint zu den menschlichen Grundbedürfnissen zu gehören. Die besonderen Bedingungen der europäischen Neuzeit – materieller Wohlstand, Entwicklung der Freizeit, günstige Verkehrsverhältnisse, relative Sicherheit – haben es erstmalig möglich gemacht, von Phantasiewelten nicht nur zu träumen, sondern sie *physisch aufzusuchen*.

Die touristische Wahrnehmung ist unter diesem Aspekt mit den Formen menschlicher Symbolproduktion verwandt: mit Kunst und Literatur, Ritual und Spiel, Film und Theater. Allerdings haben solche Parallelen ihre Grenzen. Tourismus spielt sich in der materiellen Realität ab; als Reisende träumen wir nicht folgenlos, sondern formen immer auch die Umgebung. Der Fremdenverkehr hat starke Wirkungen auf Umwelt, Sozialstrukturen und Wirtschaftsleben.

Dieses Buch beschreibt zunächst verbreitete anti-touristische Haltungen, die einer nüchternen Analyse des Fremdenverkehrs im Wege stehen und als Denkblockade wirken (1. Kap.). Daran anschließend wird die Gegenwelt des Urlaubs in ihren verschiedenen Erscheinungsformen analysiert (2.-4. Kap.). Der theoretisch zentrale Abschnitt untersucht die nicht-alltäglichen und fiktionalen Strukturen des Tourismus unter soziologischen und anthropologischen Gesichtspunkten (5. Kap.). Im folgenden geht es darum, wie sich die eigentümliche, für den Tourismus spezifische Kombination von Imagination und konkret-physischem Verhalten auf Ökologie, Sozialstrukturen und Ökonomie auswirkt (6.-8. Kap.). Der letzte Abschnitt handelt von ›synthetischen Urlaubswelten‹, den Themen- und Vergnügungsparks; insbesondere steht ihr Verhältnis zur ›Authentizität‹ der Urlaubserfahrungen zur Debatte (9. Kap.).

Die Begriffe ›Tourismus‹ und ›Fremdenverkehr‹ werden hier synonym benutzt. Sie finden ausschließlich im Zusammenhang ›zweckfreier‹ Urlaubsreisen Verwendung – also nicht für Fahrten zur Verfolgung praktischer Ziele, wie Geschäfts-, Kurreisen usw., die gelegentlich ebenfalls unter diese Begriffe subsumiert werden. Es schien mir nicht sinnvoll, den Begriff des Tourismus über diese Einschränkung hinaus noch enger zu fassen – etwa ›seßhafte‹ Urlauber, die sich vom einmal gewählten Ferienort nicht mehr fortbewegen, daraus auszuschließen, wie Jean-Didier Urbain vorgeschlagen hat[2], oder gar in der anti-touristischen Tradition zwischen ›Massentouristen‹ und ›wahren Reisenden‹ zu differenzieren. Gewiß gibt es große Unterschiede zwischen Abenteurern, die sich allein durch tropische Urwälder schlagen, und Urlaubern in Schwarzwald-Pensionen oder den Appartementhotels von Torremolinos. Diese Differenzen sind oft und genüßlich beschrieben worden; sie bilden das Zentrum des anti-touristischen Diskurses. Doch ist, wie Georg Simmel geschrieben hat, »für einen allerallgemeinsten Aspekt das Abenteuer allem menschlich-praktischen Dasein beigemischt«.[3] Noch die konventionellsten Ferienformen bringen Wirklichkeitsverschiebungen und Spannungselemente mit sich; auch sie schaffen ›andere Realität‹. Hier liegt der Ansatzpunkt zum Verständnis des modernen Reisens.

1. Touristenbeschimpfung

Träge Masse

Alle reisen, doch niemand möchte Tourist sein. Touristen, das sind die anderen. Dem massenhaften Reisen unserer Zeit haftet im öffentlichen Bewußtsein ein zwar unbestimmter, doch unbestreitbarer Makel an. So wie das Reden vom Essen und Trinken hartnäckig mit Gesundheitsproblemen verkoppelt wird – Cholesterin in der Butter, Bakterien im Käse, Nitrate im Bier, Frostschutzmittel im Wein –, so handelt der Diskurs über modernes Reisen vorzugsweise von dessen zerstörerischen Folgen: von der Erosion der Alpenlandschaft, den Bettenburgen am Mittelmeer, der Vermarktung traditioneller Feste und dem Ende spontaner Gastfreundschaft. Man hört von *ausgetretenen Touristenpfaden*, von *Touristenfallen* und *Touristenspektakel*. Dem stehen positiv die *ganz untouristischen*, die *unverdorbenen* Orte gegenüber. Die Urlauber, so heißt es, lassen sich auf fremde Länder nicht ein, schauen nie richtig hin, bekommen das Wesentliche nicht mit und suchen noch in der Fremde Komfort, deutschen Kaffee und Sicherheit.

Der Ethnologe Hans Fischer hat deutsche Reisende in der Südsee befragt, ob sie sich als ›Touristen‹ fühlten. Die Antworten waren eindeutig: »Der größere Teil der Befragten lehnte für seine Person die Bezeichnung ›Tourist‹ ab, gequält oder unangenehm berührt oder eindeutig empört.« Andere formulierten, »sie seien es ›leider‹, ›in gewissem Sinne‹, ›im Prinzip‹, ›praktisch‹«. Nur »ganz wenige der Interviewten (sagten) schlicht und einfach ›Ja‹«. Tourist zu sein stellt ein soziales Stigma dar: »›Tourist‹ ist irgendwie doof. Das ist so einer, der mit Sonnenbrille und Kamera vor dem Bauch durch die Gegend stieselt und alles fotografiert. Und manchmal, wenn wir da so langlaufen, dann sagen wir: Mensch, wir sehen so richtig aus wie Touristen, und ärgern uns darüber.«[1]

Im Mallorca-Heft einer großen deutschen Reisezeitschrift klagt eine renommierte Autorin über die blöden Urlauber: »Was viele tun, ist wohlgetan, und so sitzen sie denn Handtuch an Handtuch in ihren durchnumerierten Liegestühlen, ein dichtes Gemisch aus Schweiß, Energie und Vulgarität.« Vorbei sind die Zeiten wahren Reisens, »vorbei die Zeit, als Thomas Mann im Süden noch das ›Klima erblühender Menschheitskultur‹ fand«. Wie Invasoren brechen die Touristen über die Insel herein, aber sie sind destruktiver als die einstigen Eroberer, denn »die früheren Eindringlinge brachten immer sich selber mit, ihre Träume, ihre Fähigkeiten. Sie ließen sich auf die Insel ein.« Touristen hingegen sind »Menschen ohne Eigenschaften..., ohne Zukunft, ohne Gebundenheit«. Wie sehen sie aus? »Doppelkinne, von Lachsalven geschüttelt, gedunsene krebsrote Bäuche wie Schläuche zum Platzen gefüllt, schwitzende Biergesichter, von Grölen und Grinsen entstellt.«

Solche Kritik gebärdet sich konsequent individualistisch; aber sie montiert, ohne es zu wissen, nur die Versatzstücke einer langen Tradition. In immer gleichen Variationen umkreist sie ein altes Leitmotiv: »*Meine Sensibilität erträgt keine Orte, die von Touristen frequentiert werden.*« In diesem Sinn schwärmt Ulla Hahn von den Dörfern, »die ihren eigenen Rhythmus bewahrt haben, ... die uns mit ihrer Ruhe, ihren engen Gassen, Treppen und Aufstiegen wieder zurückbringen auf das menschliche Maß der Geschwindigkeit«, wo die »stehengebliebene Zeit zu mustern ist« und wo man verschont bleibt von »Aggressivität und Tristesse« der Massenreisenden.

Diese altbewährte Attitude hat illustre Vertreter. Gerhart Hauptmann formulierte 1897: »Da strömen die Leute nach Italien, jeder Barbier und jeder Schlächter tut es: Die ganze träge Masse des deutschen Philistertums walzt sich über die Berge, jahraus jahrein, und als dieselbe träge Masse wieder zurück. Nichts kann der Philister lernen. Er drückt und lagert wie Schlamm über der Kunst seiner Zeit.« Rainer Maria Rilke verschlug es angesichts der fehlenden Individualität der Mitreisenden fast die Sprache: »Die Fremden sind doch über Hand und wehe, wenn man abends über den Markusplatz kommt und sie alle angeleuchtet werden von den Glühlampen der Illuminierung: dieser stupide Superlativ von Licht vertreibt die letzten Züge aus ihren Gesichtern, sie sehen alle Ah-Ah-Ah aus, ohne Unterschied der Abstufung; ich weiß nicht, wie es kommt, daß sie sich in diesem Zustand untereinander unterscheiden.«

Mit den Zeugnissen vergangener und zeitgenössischer Touristenbeschimpfung ließen sich Bücher füllen. »Keine andere Gruppe hat eine so einheitlich schlechte Presse«, schreibt der amerikanische Semiotiker Jonathan Culler. Zur Bestätigung seiner These zählt er die Etiketten aus der Tierwelt auf, mit denen Urlauber versehen werden: »Es wird behauptet, sie bewegten sich in Herden, Rudeln oder Schwärmen; sie sind dumm und fügsam wie Schafe, jedoch so lästig wie eine Insektenplage, wenn sie über einen Ort herfallen, den sie ›entdeckt‹ haben.« Auch die französischen Autoren Jean-Didier Urbain und Olivier Burgelin haben eine beeindruckende Sammlung von Tiervergleichen aus der Literatur zusammengetragen. Touristen ähneln Rindern, Ochsen, Eseln, Hammeln, Schafen, Hunden, Fliegen, Ameisen, ja sogar Bakterien.[2] Sie sind minderwertige Wesen, fast keine Menschen mehr. In Alfred Hitchcocks »Über den Dächern von Nizza« zieht Cary Grant das Fazit: »Es steht in jedem Reiseführer, daß man sich nicht wie ein Tourist betragen soll.«

Ein langes Sündenregister

Der Ferienmensch, diese unglückselige Kreuzung von Trottel und Barbar, macht eigentlich alles falsch. Seit fast 200 Jahren ist er der Watschenmann der ›besseren Reisenden‹. Die systematische Touristenschelte begann nach 1815, als mit dem Ende der Napoleonischen Kriege neben den Oberschichten erstmals größere Gruppen der Bevölkerung auf Reisen gingen. Von den ›wahren Reisenden‹ wurden diesen frühen ›Massentouristen‹ Breitseiten der Verachtung entgegengefeuert. Die Liste der Vorwürfe hat sich bis heute nur unwesentlich verändert. Sie bildet ein fast unerschöpfliches Sündenregister:

Touristen banalisieren und ›verpesten‹ die Umgebung. Bereits 1817 schrieb Lord Byron, Rom sei »verseucht von Engländern

– eine Menge glotzender Tölpel.«[3] Das Motiv zieht sich seither durchs europäische Bewußtsein – paradoxerweise auch bei den Urlaubern selbst. So geben die von Hans Fischer befragten Südseetouristen als Reisemotiv an, die von ihnen besuchte Insel sei »vom Tourismus noch nicht verdorben«. Damit stehen sie nicht allein. Die Klage über ›tourismusverseuchte‹ Gebiete ist seit Byrons Zeiten mit fast identischen Formulierungen lebendig geblieben. Besonders plastisch hat sie 1926 der Schriftsteller Ludwig Mathar vorgebracht: Durch die Feriengäste werden Venedigs »Luft und Wasser vergiftet, (es) verfinstert sich der Glanz des Marmors und des Himmels.«

Touristen sehen nichts – oder sie sehen durch die Brille der Klischees. Am nettesten hat Kurt Tucholsky diese Kritik formuliert:

»Es prüfen vier Amerikanerinnen,
ob Cook auch recht hat und hier Bäume stehn,
Paris von außen und Paris von innen:
sie sehen nichts und müssen alles sehn.«

Andere Autoren gingen härter zur Sache. 1869 notierte Leslie Stephen: »Der Tourist ist, kurz gesagt, bekanntermaßen jemand, der blind den ausgetretenen Pfaden folgt, der niemals vor einem Bild oder einer Aussicht lange genug anhält, um sie zu bewundern oder seinem Gedächtnis einzuprägen.« Von den ›blinden‹ Urlaubern reden ganze Scharen von Kritikern.[4] Jean-Didier Urbain nennt diese Vorwürfe ironisch die »augenärztliche Kritik« am Fremdenverkehr, »die (ohne zu lachen) einen der abgenutztesten Züge des Stereotyps wiederholt: *Der Tourist betrachtet – wenn er es überhaupt sieht! – nur oberflächlich das besuchte Land*«.

Touristen gehen kein Risiko ein: »Wenn der Reisende sich gegen Risiken versichern läßt, ist er ein Tourist geworden«, schreibt Daniel Boorstin. Auch in der Fremde suchen sie Sicherheit, Komfort und das Vertraute: Würstchen und Sauerkraut noch an der Riviera und womöglich im Dschungel. Ähnliche Klagen wurden bereits im 19. Jahrhundert laut. Leslie Stephen beobachtete vor hundertdreißig Jahren: »Der Tourist ergreift jede

Gelegenheit, kleine Stücke Londons in die Gebiete zu verlagern, die er besucht.«

Touristen sind passiv. Sie folgen einem festgelegten Programm, zeigen keine Eigeninitiative, verhalten sich wie Schafe, die dem Leithammel (dem Reiseleiter) folgen. Jean Cassou hat diese These auf den Punkt gebracht: »In eine Gruppe integriert, muß er blind dem Programm folgen, das eine Agentur für diese Gruppe festgelegt hat; ... er hat nicht einmal mehr die Möglichkeit, einen Fehler zu machen, den Weg zu verfehlen, sich in den Straßen einer unbekannten Stadt zu verlieren.« Auch diese Kritik ist nicht neu. »Wenn es etwas gibt, das hassenswerter ist als alles andere«, notierte R. Kilvaert 1871, »so ist es dies: gesagt zu bekommen, was man bewundern soll.«

Touristen lassen sich nicht auf das fremde Land ein, sie finden keinen Kontakt zur Bevölkerung, sie leben in der »touristischen Luftblase« – gesichert und geschützt vor jeder Irritation. Ihre Erlebnisse werden künstlich arrangiert; es sind Inszenierungen, denen jede Authentizität fehlt.[5]

Touristen lassen sich betrügen: Sie fallen auf den schönen Schein der Ferien herein. Ihnen wird der »Schein der Freiheit« offeriert, die »Illusion von Spielräumen«, eine »Ersatzwelt«. Sie geben sich mit blassen Ersatz-Erfahrungen zufrieden; die Gesetze der Wirklichkeit werden durch die geschickten Arrangements der Reiseunternehmer scheinbar außer Kraft gesetzt; doch es bleibt bei der Illusion des Glücks.[6]

Es reicht. Die Mängelliste ließe sich beliebig fortsetzen. Woher rührt dieses Image, das Urlauber konsequent als unsympathisch und blöde stigmatisiert? Unmittelbar drängt sich die Vermutung auf, das massenhafte moderne Reisen und seine unerfreulichen Folgeerscheinungen hätten das Negativbild geprägt. Doch der historische Rückblick zeigt: Touristenschelte hat mit der absoluten Zahl der Urlauber wenig zu tun. Sie bildete sich in einer Epoche heraus, in der die Reiseströme im Vergleich zu heute nur Rinnsale darstellten. Sie entstand auch nicht als Reaktion auf die ökologischen Folgen des modernen Reisens, die oft als Scheinbegründung angeführt werden. Der Fremdenverkehr hatte im 19. Jahrhundert keinen tiefgreifenden Einfluß auf die natürliche Umwelt. Die Wurzeln der anti-touristischen Einstellungen liegen vielmehr im *symbolischen Kampf um soziale Überlegenheit.*

Wahre Reisende

Der britische Aristokrat Constantin Henry Phipps, Marquis von Normanby, war bereits 1825 der wechselseitigen Feindschaft der Reisenden auf die Spur gekommen: »Gewiß reisen Engländer nicht, um andere Engländer zu treffen; aber diese Antipathie, die einen vor den Landsleuten zurückschrecken läßt, bedarf noch genauerer Erklärung. Und das ist diese: Wir alle reisen aus Eitelkeit, um in diesem oder jenem Ort zu sein und gewesen zu sein; daher kommt die Eifersucht auf diejenigen, die das Erlebnis mit uns teilen und daher unsere Ehre schmälern.«[7] Klarer lassen sich die Wurzeln der Abneigung gegen die *anderen Touristen* kaum beschreiben. Der Mitreisende *stört;* er raubt uns die Einzigartigkeit unserer Erfahrung und verringert ihren Wert auf dem Markt der kulturellen Eitelkeiten.

Der Anti-Tourismus hat sich – gleichzeitig mit dem modernen Fremdenverkehr selbst – als Strategie sozialer Abgrenzung entwickelt. Sobald neben und mit den Aristokraten auch Bürger – und später gar Arbeiter – reisten, entwickelte sich der Tourismus zum Schlachtfeld sozialer Distinktion. Die ›besseren‹ Schichten führten dabei ein ewiges Rückzugsgefecht. Immer wieder wurden ihre exklusiven Territorien von den plebejischen ›Massen‹ entdeckt und erobert. Bereits im frühen 19. Jahrhundert sahen sich die britischen Adligen genötigt, von den englischen Seebädern an die Côte d'Azur auszuweichen, als in Brighton und Scarborough Krämer und Bürovorsteher, ja sogar veritable Proleten auftauchten. Die Klage über die Überflutung des europäischen Kontinents wird nach dem Ende der Napoleonischen Kriege zum Gemeinplatz: Man liest in zeitgenössischen Texten von »Überschwemmung« und »Sintflut«, vom »zweiten Goteneinfall in Italien«, von »Invasion« und »Verseuchung«. Dabei war die Zahl der Reisenden im Vergleich zu heute damals geradezu lächerlich gering.[8]

Der britische Literaturwissenschaftler James Buzard hat in einer materialreichen Arbeit gezeigt, wie die Abwertung des Vulgärtourismus und die Betonung von Reise-Originalität seit dem frühen 19. Jahrhundert zu Konstanten der europäischen Kulturgeschichte wurden. Den dummen Touristen stehen in dieser Vorstellung die *wahren Reisenden* gegenüber, die Angehörigen einer Minderheit, welche die alte Kunst des aufmerksamen Unterwegsseins beherrscht. Sie bewegen sich – ihrem Selbstverständnis zufolge – abseits der ausgetretenen Pfade, suchen Authentizität und Stille, Abstand vom Zweckdenken der Alltagswelt, historisch und kulturell ›gesättigte‹ Plätze und die ästhetische Vision des Pittoresken.

Der eingangs zitierte Mallorca-Text zeigt diese Elemente so aufdringlich, als wolle er Buzards Thesen illustrieren. »Wer freilich die Stille sucht«, heißt es, »muß sich ins Landesinnere zurückziehen, sein Bankkonto vergessen und dahin fahren, wo Mallorca noch immer ist, was es einmal war – ein Paradies: Ölbäume und Gras verbrannt in mattgoldenen Farben, wilder Kaktus, mannshoch mit schlanken, aufbrechenden Knospen, dann wieder der schwarzgrüne Lack der Orangenbäume mit Früchten gesprenkelt, die felsige, schroff abfallende Küste, das Meer… Noch gibt es Orte…, wo, wie im Orient, die stehengebliebene Zeit zu mustern ist, eine Zeit scheinbar jenseits aller zivilisatorischen Anstrengungen, reglos unter glühender Sonne.« Hier sind sie aufgereiht, die Perlen des *wahren Reisens*: der eigene Weg, die zeitlose Ruhe, die Erlebnisfülle, der malerische Eindruck, das vergessene Bankkonto. In der Erfahrung von ›Authentizität‹ bestimmt sich die soziale Differenz. Nur 10 % der Mallorca-Besucher, erfahren wir, »wagen einen Ausfall vom Strand ins Inselinnere«.[9] Das Hinterland bleibt, hier wie anderswo an den überlaufenen und ›touristenverseuchten‹ Küsten, die letzte Zuflucht der besseren Reisenden.

Anders reisen – Strategien, nicht Tourist zu sein

Zumeist bewegen sich allerdings auch die edleren Touristen, aller Suche nach verlorener Stille zum Trotz, an den gleichen Orten wie das Massenpublikum. Sie rollen über dieselben Autobahnen, warten auf denselben Flughäfen, bestaunen dieselben Sehenswürdigkeiten. Strategien der Abgrenzung sind daher unerläßlich. Sie gehören zum kulturellen Repertoire der bürgerlichen Schichten: Seit zweihundert Jahren werden sie erprobt, in Hunderten von Reiseberichten haben sie sich niedergeschlagen. Subjektiv allerdings erscheinen sie als individueller Besitz, als Zeichen unverwechselbarer Persönlichkeiten. Die Suche nach Besonderheit ist widersprüchlich – und oft genug geradezu komisch. Doch wäre nichts damit gewonnen, wenn anstelle der traditionellen Touristenschelte die Bloßstellung der ›wahren Reisenden‹ träte. Es geht um das *Verständnis* der Motive, nicht um ihre Verurteilung. Das Lachen bleibt uns ohnehin im Halse stecken: Im kulturellen Muster *anders reisen* erkennen wir unser eigenes Verhalten wieder.

Vielfältig sind die Strategien, kein Tourist zu sein. Ich skizziere einige der wichtigsten.

Abseits der ausgetretenen Pfade. Wie erbeutete Trophäen tauchen in unseren Reiseberichten jene *völlig untouristischen* Orte auf, an denen wir uns als Entdecker fühlten: das unzugängliche Dorf im abgelegenen Bergland Nordgriechenlands, die Indianersiedlung im Regenwald, der irische Pub, in dem sich außer uns nur Einheimische aufhielten. Der große Traum besteht darin, irgendwo einmal der *erste Tourist* zu sein. Doch sind jungfräuliche, *völlig unverdorbene* Plätze kaum noch zu finden. Notgedrungen geben wir uns mit Ersatzformen zufrieden, mit Lücken im Netz der touristischen Erschließung. Je weniger ›Normaltouristen‹ an unseren Reisezielen auftauchen, desto besser.

Diese Strategie wird seit langem auch kommerziell genutzt. Reiseführer werben mit Titeln wie ›Anders Reisen‹ und versprechen schon auf dem Umschlag ›Insidertips‹. Veranstalter organisierter Touren führen ganze Gruppen von Urlaubern ›abseits der Touristenpfade‹: auf Kanufahrten entlang dem Yukon River (›sieben Tage Wildnis‹), Wanderungen durch die Extremadura an der Seite von Schafhirten und ihren Herden, Reisen nach Fidji mit Übernachtung in ›landestypischen Hütten‹.[10] Die Suche nach weißen Flecken auf den Landkarten des Tourismus gehört zum Geschäft, individuelle Besonderheit wird kollektiv organisiert. Doch diese paradoxe Struktur ist nicht nur dem Tourismus eigen. Sie stellt sich immer dann ein, wenn Originalität zum sozialen Imperativ wird – und das heißt in unserer Gesellschaft: ständig. Das deutlichste Beispiel dafür bildet die Werbung, die ununterbrochen im Spannungsfeld von individueller Differenz und Konformismus operiert.[11]

Nähe zu Land und Leuten. Sich auf das Land einlassen, Kontakt suchen, Kenntnisse erwerben – das sind weitere wichtige Distinktionsmerkmale der ›besseren Reisenden‹. Der Soziologe Olivier Burgelin hat diese Motive in Interviews mit Befragten aus dem französischen Bürgertum immer wieder konstatiert. Da heißt es: »Wir haben in kleinen Dörfern haltgemacht, an deren Namen ich mich nicht erinnere, haben bei den Einheimischen zu essen gekauft und übernachtet, um mehr Kontakt mit den Leuten zu bekommen.« Ein anderer Urlauber sagt: »Man besichtigt eine Landschaft nicht, man lebt darin.« Vom ›oberflächlichen‹ Urlauber unterscheiden sich solche Reisende im eigenen Selbstverständnis durch das Eintauchen in die Alltagsrealität der besuchten Gebiete. »Welche aufregendere und erhebendere Erfahrung kann man sich vorstellen«, schreibt Nelson Graburn, »als ein paar Worte oder, noch besser, eine Mahlzeit und ein Bett« mit den Einheimischen zu teilen?

Im Wettkampf ums bessere Reisen gibt es zahllose Wege: Die Einladung beim portugiesischen Fischer oder beim türkischen Hirten ist viel wert, doch es zählt auch die Kenntnis versteckter Badebuchten und uriger Lokale. Im Gespräch über Ferienerfahrungen werden die Strategien deutlich: »Ihr wart in Rom – da kennt ihr doch sicher die kleine Trattoria gleich um die Ecke von der Piazza Navona mit dem Wildschweinkopf über der Tür...« Insider stellen bereitwillig ihre Kenntnisse dar – gern auch gegenüber den Ansässigen. »Was mich unheimlich nervt«, sagte ein auf Samoa lebender Deutscher, »diese Touristen kennen die Insel besser, sowieso schon, nach drei Tagen, als wir, die hier leben.«

Authentizität. Aufgeklärte Reisende suchen ›echte‹ Erlebnisse. Sie meiden die arrangierten Touristenspektakel. Statt der organisierten Flamenco-Abende besuchen sie Volksfeste der Einheimischen im Hinterland der Küste. Lieber lassen sie sich von Winzern und Bauern in Stimmung versetzen als von Reiseleitern und Animateuren. Sie lehnen die standardisierten Speisen der internationalen Hotelküche ab und verzehren in traditionellen Kneipen unverfälschte regionale Gerichte.

Das Streben nach Authentizität ist seit dem Beginn des modernen Tourismus eines der wesentlichen Abgrenzungsmerkmale der ›besseren Reisenden‹. James Buzard hat – in Anknüpfung an die Theorien Pierre Bourdieus – darauf hingewiesen, wie Reisende in einer ›symbolischen Ökonomie‹ Zeichen für Originalität und Echtheit präsentieren, um damit ihre soziale Geltung zu steigern. Die besuchten Orte werden als »Marktplätze kultureller Güter« wahrgenommen, an denen man die geeigneten Beweise für die dort erfahrene Authentizität erhält.

Das Streben nach ›echten‹, ›ursprünglichen‹, ›unverfälschten‹ Erlebnissen ist bis heute ungebrochen. Es hat komplexe Ursachen; doch spielt die Abgrenzung vom ›oberflächlichen‹ Normaltouristen, der sich mit dem Schein der Dinge zufriedengibt, dabei nach wie vor eine wesentliche Rolle.[12]

Sensibilität. In einer Untersuchung literarischer Venedig-Bilder hat Angelika Corbineau-Hoffmann gezeigt, wie die Schriftsteller der Jahrhundertwende auf das Anwachsen des Reiseverkehrs reagierten. Als Tausende von Fremden die Lagunenstadt in Briefen und Tagebüchern beschrieben, entwickelten die professionellen Künstler eine ›Poetik der Abweichung‹. Statt der großen Stadtansichten traten nun Details und Stimmungsbilder in den Vordergrund, das entlegene und bescheidene Venedig erhielt in der Literatur zentralen Rang.[13] Ganz ähnlich verfahren die besseren Reisenden. Sie nehmen – dem eigenen Selbstverständnis zufolge – mehr wahr als die Normaltouristen, vor allem aber qualitativ *anderes.* »Ich schaue mir nicht das an, was man sehen *muß,* wie manche Touristen«, heißt es in einem der bereits zitierten Interviews mit französischen Urlaubern. Die ›Aristokraten des Gefühls‹[14] unter den Reisenden berauschen sich an einer bröckelnden Fassade stärker als am Petersdom, sie

erleben Höhepunkte der Wahrnehmung an pittoresken Markt-
ständen und geben sich eher atmosphärischen Stimmungen hin
als den obligatorischen Besichtigungspunkten.

Ablehnung der ›massentouristischen‹ Praktiken. Der besser Reisende ist Individualreisender. In einer Gruppe zu fahren und wie
in einer Herde dem Reiseleiter nachzutrotten ist für ihn un-
denkbar. Es wäre der Verzicht auf alles, was das wahre Reisen
ausmacht: auf Originalität, Individualität, Initiative, spontane
Wahrnehmung.

Fragwürdig sind aber nicht nur das organisierte Arrangement
und die Gruppe. Auch die Sehenswürdigkeit als Inbegriff des
typisch touristischen Ziels wird zum Problem. Das ›Abhaken‹
der *sights* ist bei wahren Reisenden verpönt – zumindest in der
Theorie. Hier kann man besonders leicht verwechselt werden
mit jener Masse von Besuchern, die aus bloßem Konformismus
zum Eiffelturm oder zu van Goghs Sonnenblumen pilgern.
Praktisch werden die berühmten Plätze allerdings meist auch
von den unkonventionelleren Reisenden aufgesucht.[15]

All diese Strategien laufen auf *ein* Ziel hinaus: auf die Ablehnung der Touristenrolle. Gewiß erfüllen sie daneben häufig
auch sinnvollere Zwecke. Der Kontakt zur einheimischen Bevölkerung etwa kann ohne Zweifel befriedigend sein, unabhängig von jedem Prestigegewinn. Oft aber beruhen die Strategien des ›Anders reisens‹ auf bloßen Illusionen. Sie dienen dann
nur dazu, sich von der Herde der Normaltouristen abzugrenzen
und die eigene Überzeugung zu stärken, man sei ein *wahrer Reisender* auf den Spuren jener imaginären Vorbilder, die angeblich die Kunst des Reisens noch beherrschten.

Anti-Tourismus als Denkblockade

Die anti-touristischen Haltungen erscheinen vor allem im Alltagsbewußtsein und in journalistischen oder literarischen Texten. Aber immer wieder kommen sie auch in der theoretischen
Diskussion zur Geltung. Sie lasten gleichsam als historisches
Gewicht auf der Reflexion über den Fremdenverkehr. Das ist

nicht verwunderlich. Die Intellektuellen, die über den Tourismus nachgedacht haben, gehören mehrheitlich den Mittelschichten an, in denen die Geringschätzung der Urlauber und die Betonung der eigenen Reise-Originalität besonders verbreitet sind. Man versteht sich hier nicht als Normaltourist, sondern reist engagierter. Von der Insider-Position des Kenners fremder Sprachen und Länder können die Erfahrungen der Massen an spanischen Stränden und österreichischen Skiliften nur als oberflächlich und irrelevant erscheinen: schlimmstenfalls als Folge von Manipulation und Verblödung, bestenfalls als pervertierter Ausdruck des Wunsches nach einem besseren Leben.

Der Anti-Tourismus gedeiht zudem auf dem Boden der puritanischen Verurteilung des ziel- und zwecklosen Genusses. Im asketischen Kontext des Wissenschaftsbetriebs stellt sich dieses Problem verstärkt; hier fällt die vorurteilsfreie Betrachtung ›unseriöser‹ Beschäftigungen offenbar besonders schwer: »Zum bloßen Genuß haben sozialwissenschaftliche Theorien überwiegend ein merkwürdiges Verhältnis. Entweder wird der Spaß am Leben als vordergründig betrachtet, was in der Soziologie meist genügt, um ein Phänomen aus der Welt der realen Dinge hinauszukatapultieren, oder der Spaß ist ›ideologisch‹ und damit zwar zugelassen in der Wirklichkeit der Soziologie, aber nur als fiktiver Tatbestand, hinter dem die unerbittlichen Interpreten die ›eigentlichen‹ Bedeutungen dingfest machen.«[16] (Gerhard Schulze)

Dazu kommen überzogene Ansprüche an das moderne Reisen: So soll es – eine für Intellektuelle naheliegende Idee – der Erkenntnis fremder Länder dienen oder auch der Völkerverständigung. An solchen Maßstäben muß der Tourismus sich als unzulänglich erweisen; sie sind ihm, wie wir sehen werden, strukturell fremd.

Anti-touristische Einstellungen fanden sich besonders in der Tourismusdebatte der sechziger und siebziger Jahre. Sie durchziehen vor allem jene Theorien, die den modernen Fremdenverkehr auf Motive des Konformismus oder der Flucht zurückführen. In beiden Fällen wird das Reisen als sinnlose Beschäftigung von Leuten gesehen, die nicht richtig wissen, was sie eigentlich tun – sei es, daß sie ihrer inneren Leere entkommen wollen, sei es, daß sie angepaßt imitieren, was andere ihnen vorleben. Diese Auffassungen sind mittlerweile im wissenschaftlichen Diskurs seltener geworden, ohne doch ganz zu verschwinden.

Ältere Texte wie Daniel Boorstins »Vom Reisenden zum Touristen« oder »The Golden Hordes« von Louis Turner und John Ash lesen sich streckenweise als reine Touristenbeschimpfung. Turner und Ash formulieren beispielsweise bündig: »Internationaler Tourismus ist... ein Mittel zur systematischen Zerstörung alles Schönen auf der Welt.«[17] In Hans-Joachim Knebels »Soziologische Strukturwandlungen im modernen Tourismus« erscheinen die heutigen Reisenden als außen-geleitet, konformistisch, durch die Werbung bestimmt, leistungsfixiert; sie streben nach »totaler Sicherheit« und damit Unfreiheit.[18] Für Jean Cassou ist die »Herde... der erste Zustand einer Touristengruppe. Der zweite ist die Horde«. Bei Hans Magnus Enzensberger lesen wir, es sei die »Bestätigung des Vorgespiegelten als eines Wahren die eigentliche Arbeit, die der Tourist ableistet«.

Vieles deutet darauf hin, daß die Spiel- und Unterhaltungswelt des Urlaubs für die Wissenschaften noch immer eine Tabuzone darstellt. Zwar sind die anti-touristischen Ausfälle in den neueren Texten seltener geworden. Aber wie läßt sich erklären, daß der Tourismus, ein zentraler Bereich der Weltwirtschaft und soziokulturelles Phänomen von wesentlicher Bedeutung, theoretisch bislang nur wenig reflektiert wurde? Offenbar haben die kulturellen Muster des Anti-Tourismus Denkhemmungen geschaffen. Die Untersuchungen der letzten Jahre (vor allem von James Buzard und Jean-Didier Urbain) erlauben heute, diese Klischees in ihrer historischen Kontinuität zu sehen – und sich damit von ihnen zu lösen. Das mag zu einem freieren Blick verhelfen und vielleicht auch erlauben, die *anderen Touristen*, diese unerwünschten Spiegelbilder unserer selbst, eher zu tolerieren. Jonathan Culler hat bemerkt, die touristischen Sichtweisen und Impulse seien heute universell verbreitet; sie stellten den »mächtigsten und verbreitetsten modernen Konsensus« dar; mit dieser Übereinstimmung der Wahrnehmung entstehe aber zugleich ein *Gegeneinander* der Reisenden.[19] Vielleicht läßt sich dieses

Gegeneinander überwinden, wenn wir uns als Touristen akzeptieren können – ohne immer gleich ›bessere Reisende‹ sein zu wollen.

Der Durchgang durch die anti-touristischen Denkformen diente hier aber vorrangig einem anderen Ziel. Es ging darum, den ideologischen Ballast zu betrachten und abzuwerfen, der auf der Tourismus-Diskussion noch allzu häufig lastet. Wir werden im folgenden banale und verachtete Phänomene wie den Badeurlaub, die Campingferien, das *Sightseeing* näher betrachten. Sie sind in der anti-touristischen Tradition der Aufmerksamkeit nicht würdig. Schon gar nicht läßt sich ihnen irgendein ›Sinn‹ abgewinnen. Eben darum aber geht es: um den *Sinngehalt der touristischen Welten* – für diejenigen, die sich in ihnen bewegen.

Am Strand: Körper und Mythen

Angeblich sind Badeferien *out*. Aber die Mehrheit der Urlauber zieht es nach wie vor an den Strand. Zwei Drittel des Welttourismus konzentrieren sich auf die großen Sonnenküsten: auf Mittelmeer, Karibik, Chinesisches Meer. Allein die Mittelmeerländer empfangen rund 35 % der internationalen Reiseströme. Angesichts dieser Daten ist man versucht, als wesentliche Triebkraft des modernen Tourismus einen instinktiven Drang nach Wasser und Wärme zu vermuten. Aber selbst wenn es eine biologische Grundlage des Sonnenhungers geben sollte, sind die Einstellungen zum Meer und das Verhalten am Strand doch vor allem kulturell geprägt.

Im Badeurlaub entsteht ein sozialer Kosmos mit eigenen Gesetzen, Verhaltensweisen und Rhythmen. Er stellt eine Sonderwelt dar, in der sich gewöhnlich streng beachtete *Grenzen lösen*. Soziale Grenzen zunächst: Nirgendwo in unserer Gesellschaft sind die sozialen Unterschiede so wenig wahrnehmbar wie am Strand. Die materielle Ausrüstung, die den Status markiert – vom Auto bis zur Handtasche – bleibt auf dem festen Land zurück, und wenn die Kleidung fällt, ist das letzte Attribut der Distinktion dahin. Die bloßen Körper in ihren Bikinis und Badehosen sind nicht mehr als Zeichen gesellschaftlicher Hierarchien ›lesbar‹. Dieser höchst ungewöhnlichen Situation ist als soziales Arrangement allenfalls noch der Karneval vergleichbar. Verkleidung wie Entkleidung bringen die Zeichen der etablierten Ordnung vorübergehend zum Verschwinden.

Es fallen noch andere Grenzen. Die *Körper* rücken sich näher als im Alltag. Sie sind, durch Kleidung nicht bedeckt, den Blicken der anderen ungeschützt ausgesetzt. Die Wahrnehmung beim Schwimmen und Sonnenbaden richtet sich auf die eigene Physis im Kontakt mit der Natur; Wind, Wasser und Wärme werden ›hautnah‹ gefühlt. Doch auch die Körper der anderen sind ständig präsent: unter dem nächsten Sonnenschirm, im Sand, am ganzen ausgedehnten Ufer. Der Leib ist, um mit Jean-Didier Urbain zu sprechen, »das strahlende Zentrum, um das sich ... das zeitgenössische Badespektakel orchestriert«. Der Strand bildet – wie einst die volkstümlichen Tanzveranstaltungen – »einen institutionalisierten Ort der Annäherung der Leiber«.[1]

Schließlich lösen sich auch die Grenzen zwischen *Kindern und Erwachsenen*. Selten sind ihre Verhaltensweisen und Empfindungen sich so nahe wie am Meeresufer. Sie gehen ähnlichen Spielen und Beschäftigungen nach, verbringen die Zeit ohne Rationalitäts- und Leistungsansprüche. Die Erwachsenen regredieren, die Kinder sind ›in ihrem Element‹.

Der Sand, auf dem sich das Strandleben abspielt, ist schon unter physischen Aspekten eine undefinierte Zwischenzone. Einmal feucht und kompakt, dann wieder trocken und beweglich, liegt er zwischen Festland und Wasser. Nichts Geformtes hat Dauer, alles strebt unter dem Druck von Wind und Wellen in die Gleichförmigkeit der Entropie. Noch früher als die flüchtigen Kontakte zwischen Liegestuhlnachbarn zerfallen die Sandburgen, bloße Karikaturen der Beständigkeit. Am Strand lebt eine provisorische Welt.

Es nimmt daher nicht wunder, daß die ästhetischen und metaphysischen Reize des Strandes zuerst von Malern und Schriftstellern der Romantik entdeckt wurden, von den geschworenen Gegnern der ›festgefügten‹ bürgerlichen Ordnungen. »Der Strand wird zu einer Grenze«, schreibt Alain Corbin, »die der romantischen Phantasie reichen Stoff bietet, von der Gefahren und Verzauberungen ausgehen.«[2]

Die Allgegenwart der Körper, das Verschwinden der Zeichen sozialer Hierarchie, die Regression der Erwachsenen in Empfinden und Verhalten – das alles würde genügen, um die Welt des Strandes als Welt mit eigenen Gesetzen in deutlichem Kontrast zum Alltag zu bestimmen. Es kommt noch anderes hinzu. Zunächst ein nicht-gewöhnliches Verhältnis zur *Zeit*. Der Strand ist den normalen Rhythmen des Arbeits- und Freizeitlebens entrückt. Er bildet gleichsam einen zeitlosen Raum. Es geschieht wenig oder nichts. Manchmal scheint sich die Bewegungslosigkeit der im Liegestuhl dösenden Urlauber auf die Zeit selbst zu übertragen; fast steht sie still. Dann ist nichts zu tun, als in großen Abständen den Sonnenschirm zu verstellen, um sich vor der langsam vorrückenden Sonne zu schützen. »Mit geschlossenen Augen auf dem Rücken liegend, verlor ich die Vorstellung von der Zeit«: So beschreibt Jack London eine Empfindung, die nicht nur den Literaten unter den Badeurlaubern wohlvertraut ist.[3] Albert Camus schildert die Rhythmusveränderung am Meeresufer in vergleichbarer Weise: »Das Klatschen der Wellen war noch träger, noch verhaltener als mittags. Es war dieselbe Sonne, dasselbe Licht auf demselben Sand, der sich hier weithin erstreckte. Schon seit zwei Stunden schien der Tag stillzustehen, seit zwei Stunden war er in einem Ozean aus kochendem Metall vor Anker gegangen.«[4]

Die eigene Welt des Badeurlaubs, die klar abgegrenzt ist vom Alltagsleben, findet ihren deutlichsten Ausdruck auf den *Inseln*. Nicht umsonst zählen zu den großen, gleichsam mythischen Zielen des modernen Tourismus besonders viele Inseln: Bali und Hawaii, Capri und Kreta, Mallorca und Ibiza – um nur wenige zu nennen. Die Insel bringt den Charakter des Strandlebens als einer besonderen Erlebnissphäre zur höchsten Steigerung. Sie ist eine *Welt für sich* schon durch die geographische Konfiguration: Das Wasser isoliert sie vom festen Land; es trennt den Reisenden physisch und symbolisch von seinem Ursprungsort.

In tieferen Bewußtseinsschichten sind im Kontakt mit dem Meer, der von Millionen so leidenschaftlich Jahr für Jahr gesucht wird, weitere Impulse von Bedeutung; *mythologische Vorstellungen* stehen im Hintergrund der Küstensehnsucht. Deutlich ist, nicht nur in der Werbung, die Assoziation von Badeurlaub und Paradies. Sie hat in der Idee tropischer Paradiese, vor allem in der Geschichte der Südsee-Phantasien, eine lange Tradition. Das Meer evoziert aber auch Tod und Wiedergeburt. Motive der Auflösung, der Erneuerung und Regeneration sind in der universell verbreiteten Symbolik des Wassers zentral. Wir finden sie in der Geschichte der neuzeitlichen ›Entdeckung der Küsten‹ wieder: Über Jahrhunderte hinweg hat das Meer den Menschen vor allem Angst gemacht. Die Romantiker empfinden an den Küsten den »Ruf des Todes«: »An den langen Sandstränden gibt es wenig aufstrebende Symbole, und wenn, dann meist solche, die zum Absturz oder vielmehr zum Sprung in die Fluten verleiten.«[5]

Über die realen Gefahren hinaus stellt das Wasser, als das formlose Element, symbolisch die *Auflösung* dar. Die christliche Taufe lebt aus dieser Vorstellung ebenso wie Initiations- und Erneuerungsrituale zahlreicher anderer Religionen. Das Eintauchen ins Wasser bedeutet das Ende der bisherigen Identität. Erst durch den symbolischen Tod wird die Geburt eines ›neuen Menschen‹ möglich. Wasser ist das verwandelnde, das erneuernde, das kraftspendende Element.

Diese Motive spielen vermutlich in der zeitgenössischen Sehnsucht nach dem Meer eine wesentliche Rolle. Jean-Didier Urbain schreibt: »Das Leben, das Meer, der Tod. Mit seinem ununterbrochenen Kommen und Gehen ist das Meer zwischen beiden – und der Badende ebenfalls... Sich ins Meer stürzen, untertauchen und sterben; und dann wieder auftauchen, zurückkommen und wiedergeboren werden.«[6] Die Wiedergeburt gibt neue Kraft: Der Badeurlaub wirkt – so glauben wir heute – regenerierend und verjüngend. Solche Ideen werden allerdings wesentlich durch die Strömungen der kollektiven Phantasie mitgeprägt. Bis ins 18. Jahrhundert galten die Ausdünstungen des Meeres als gesundheitsschädlich, und gegenwärtig deutet sich in der Angst vor krebsfördernden Sonnenstrahlen womöglich eine Umkehr des Trends an. Doch das Thema des Todes ist untergründig in jedem Fall mit dem Bild vom Meer verbunden, ob es nun als direkte Bedrohung oder als symbolische Voraussetzung der Regeneration erscheint. Das Meer läßt nicht gleichgültig, es wird offenbar – im Gegensatz zum ersten Eindruck von den badenden ›Massen‹ – nicht unverbindlich genossen.

So entsteht im Badeurlaub eine neue Welt außerhalb der Zeit, der Geschichte, der persönlichen und sozialen Konflikte. Die scheinbar banale Welt des Strandes enthüllt sich dem genaueren Blick als ein eigenes Universum, das sich der Alltagswelt unter vielen Aspekten konträr entgegensetzt und ein besonderes Spektrum von Wahrnehmungen und Empfindungen auslöst. Es geht offenbar nicht, wie eine oberflächliche Kritik behauptet, um den bloßen Zeitvertreib blöder Massen, die nichts Besseres zu tun wissen, als sich dumpf in die Sonne zu legen. Vielmehr verwirklichen sich – mehr oder minder bewußte – Wünsche nach anderen Formen der Körpererfahrung, des Kontakts mit der Natur, des sozialen Umgangs.

Diese Welt ist nicht nur vom Alltag der Urlauber, sondern auch von der Alltagsrealität des Reisegebiets getrennt. Seine Architektur, Speisen, Sitten, selbst seine Sehenswürdigkeiten bilden nur den schemenhaft wahrgenommenen Hintergrund der Urlaubserfahrung. Aus dieser Kulisse dringen einzelne Elemente gelegentlich nach vorn. Ein Ausflug ins Landesinnere mag Eindrücke vom traditionellen Dorfleben geben, Folklore-Abende zeigen Trachten oder Tänze, in den Restaurants erhält man mit etwas Glück die landestypische Küche. Solche Erlebnisse aber bleiben Ausnahmen. Das Strandleben genügt sich selbst.

Schon der *physische Raum* des Badeurlaubs ist meist abgeschottet von der umgebenden Wirklichkeit. Er wird gezielt für die Touristen hergerichtet. Die Ferienorte entwickeln sich nach den Unterhaltungs- und Komfortbedürfnissen der Reisenden und nach ökonomischen Gesichtspunkten, meist ohne Bezug zur kulturellen Tradition und zu den landschaftlichen Gegebenheiten des Reisegebiets. Badeorte können ›aus dem Nichts‹ oder ›aus der Retorte‹ entstehen. Beispiele dafür sind Deauville, Cabourg, Zandvoort, Bournemouth, La Grande Motte und viele andere.

Der Strand selbst ist, wie Jean-Didier Urbain gezeigt hat, keineswegs ›unberührte Natur‹, sondern ein *Kunstprodukt*. In einem allmählichen Prozeß wurden alle Züge des Alltagslebens, aber auch jede natürliche Verunreinigung entfernt. Er ist ein leerer Raum, der als Bühne des Urlaubslebens dient. Die Spuren menschlicher Arbeit, wie Boote und Netze, verschwanden aus den touristisch genutzten Strandabschnitten und wurden zum pittoresken Gegenstand der Betrachtung von der Uferpromenade. Fischer und Badegäste, die sich ursprünglich noch am Meer begegnet waren, gingen bald in getrennten Bereichen ihren Tätigkeiten nach. Die Feriengäste waren damit unter sich, ungestört durch die Sozialwelt der Einheimischen. Man entfernte bald auch all jenen naturgegebenen ›Schmutz‹, der sich durch Sturm und Wellen ansammelt: Strandgut und Steine, Holzstücke und Algen. Das Bild des Idealstrandes entstand, wie es die touristische Werbung noch heute verbreitet: die unendliche (›kilometerlange‹) Fläche reinen, sauberen Sands. Das Badeleben spielt sich nicht am ›natürlichen‹ Ufer ab (das kaum je diesem Ideal entspricht) und ebensowenig an der ›historischen‹ Küste mit den Zeugnissen menschlicher Kultur; es ist in einem gezielt hergerichteten Spiel-Raum angesiedelt.

In diesem Bereich entfalten sich die charakteristischen Züge des Badeurlaubs: die ›vereinfachte Sozialität‹ nicht-formeller Kontakte und die ›vereinfachte Materialität‹ der in ihrer Anzahl reduzierten Gebrauchsgegenstände, die Wahrnehmung des eigenen und fremden Körpers und einer ›abstrakten‹, von störenden Elementen gereinigten Natur, die neuen Zeitrhythmen und die Abwesenheit der Alltagszwänge.

In dieser »*Gegenwelt*...«, die ausdrücklich die Umkehrung und, zumindest oberflächlich, die Leugnung der Verbote, Ungleichheiten und anderen erzwungenen Verhaltensweisen der städtischen Gesellschaft betont«[7], spielen aber vertraute Elemente des Alltags weiterhin ihre Rolle. Die Strandurlauber setzen sich nicht vollständig der Fremde aus. Vielmehr verlagern sie heimische Gewohnheiten und Gegenstände. Farbfernseher, Waschmaschine und Mikrowellenherd sollen auch im Ferienhaus zur Verfügung stehen, das Frühstücksei darf auch am Campingtisch nicht fehlen. Die Urlauber bringen Objekte, Einstellungen und Ansprüche von zu Hause mit und montieren sie in der fremden Umgebung neu.

Der soziale Kosmos der Strandferien hat einen anderen Wirklichkeitsstatus als der Alltag. Zwar besteht er aus ›realen‹ Elementen, doch werden diese nach einer Logik der Phantasie und der Wünsche neu zusammengesetzt. So entsteht eine Welt, die in mancher Hinsicht den Charakter der Fiktion trägt. Die Kombination der Bestandteile außerhalb der gewohnten Zusammenhänge gibt ihr einen Zug von Traum und Phantasie. Die Orte und ihre Wahrnehmung sind durch die Bedürfnisse der Reisenden überformt, »ein Traum bemächtigt sich des Ortes«.[8]

Camping: Die selbstgemachte Welt

Campingplätze erscheinen vielen Betrachtern als Hort biederer Feriengemütlichkeit. Gleichen sie nicht bis ins Detail dem vertrauten häuslichen Milieu? Wohnwagen, Reisemobile und Zelte werden mit allem erdenklichen Komfort ausgestattet. Die bevorzugten Tätigkeiten sind ähnlich wie zu Hause. Man hört Radio und liest die Zeitung, spielt Karten und Federball oder kümmert sich um Einkauf und Abwasch.

Doch der Eindruck täuscht. Das Campen wirkt wie eine bloße Kopie der Häuslichkeit – und gewinnt doch wesentliche eigene Qualitäten. Bei aller äußeren Nähe bildet es einen radikalen Gegenentwurf zum Normalleben. Gerade in der spiegelbildlichen Ähnlichkeit zum Alltag kommen entscheidende Differenzen zum Ausdruck. Das Zelt (und der Wohnwagen) sind die Behausungen der Zigeuner – jener Gestalten, die zur bürgerlichen Ordnung in stärkstem Kontrast stehen und aus ihr gewöhnlich ausgeschlossen werden. In den Ferien scheint gerade das Provisorische, nirgendwo fest Verortete einer Lebensweise, die normalerweise Ablehnung hervorruft, besondere Anziehungskraft auszuüben. Auf dem Campingplatz – wie am Strand – entsteht eine flüchtige Welt außerhalb der Alltagszwänge.

Sie bildet einen *vereinfachten Gegenentwurf zum Normalleben*. Ins Zelt und den Wohnwagen kann nicht der gesamte Besitz eingehen. Unter den Gegenständen wird eine Auswahl getroffen. Die physische Umgebung ist daher weniger komplex als zu Hause. Zum Kochen dient ein Gasbrenner, Wasser muß von der Wasserstelle herbeigeholt werden. Pierre Sansot hat darauf hingewiesen, daß die Vereinfachung der Werkzeuge beim Campen in ältere Sozialformen zurückführe, »als man sich arrangieren mußte, um zu überleben und nach und nach die ›Errungenschaften‹ der elementaren Kultur erfand«.[9] Auch die sozialen Beziehungen sind weniger kompliziert als im Alltag; man begegnet sich vor allem in der wenig differenzierten Rolle des Feriengasts, weitere Unterscheidungen treten kaum in Erscheinung.

Welchen Sinn aber hat es, im Zelt oder Wohnwagen die häusliche Umgebung in vereinfachter Form neu aufleben zu lassen?

Es geht offenbar nicht primär um ein Maximum an Komfort – der wäre im Hotel oder in der Ferienwohnung leichter zu haben. Wesentlich sind vielmehr die Handlungen, in denen diese Urlaubswelt entsteht. Sie wird von den Campern nach eigenen Vorstellungen konstruiert: Das Zelt muß aufgeschlagen, der Wohnwagen eingerichtet werden. So entsteht ein neues Heim, das zusammengebastelt wird wie die Puppenstuben, Kaufläden und Baumhütten der Kinder. Die Ähnlichkeit zur häuslichen Umgebung, die von Kritikern immer nur als Ausdruck des Sicherheitsstrebens gesehen wird, täuscht über den eigentlich bedeutsamen Aspekt hinweg: *Die Camper konstruieren ihre Welt aus eigenem Antrieb und nach subjektiven Vorstellungen.* Damit eröffnet sich eine Dimension der selbständigen Gestaltung, die im normalen Alltag verschlossen bleibt – und die sich ebenso verschließt, wenn man ein fertig eingerichtetes Hotelzimmer bezieht.

Objekte und Handlungen wandeln in der Campingwelt ihre Bedeutung. Es macht einen Unterschied, ob ich zu Hause am gewohnten Waschbecken und mit den üblichen Handgriffen das Geschirr spüle – oder in der provisorischen Situation des Zeltplatzes, wo das Wasser herangeschafft und mühselig erwärmt werden muß, wo der Wind an die Zeltwand schlägt und aus dem Nachbarzelt die Geräusche anderer Camper herübertönen. Nur von außen gesehen wirkt diese Situation als simple Wiederholung des Gewohnten. In der subjektiven Erfahrung kann gerade die Kontextverschiebung bekannte Verhaltensweisen in einem anderen Licht erscheinen lassen. Die »veränderten Bedingungen«, schreibt William R. Burch, »durchsetzen das Gewöhnliche mit Spiel-Elementen; sie machen es außergewöhnlich.«[10]

Das Spiel aber hat offenbar einen ernsten Hintergrund. Ein Neu- und Nachschaffen des Alltags, wie es sich beim Camping vollzieht, ist nicht nur für das Kinderspiel charakteristisch. Es kennzeichnet auch religiöse Rituale. Im rituellen Fest, schreibt Mircea Eliade, werden Schöpfungsakte dargestellt, »um die *Zeit des Ursprungs* wiederzufinden.« Eliade zeigt am Beispiel der jährlichen Feste auf der polynesischen Insel Tikopia: »Die vielfachen Zeremonien, aus denen die periodischen Feste bestehen . . ., unterscheiden sich *scheinbar* nicht von normalen Tätigkeiten: Es handelt sich dabei um rituelles Ausbessern von Booten, um rituelles Anbauen von Nährpflanzen (*yam, taro* usw.), um die Instandsetzung von Heiligtümern. Doch in Wirklichkeit unterscheiden sich alle diese zeremoniellen Arbeiten sehr wohl von entsprechenden Tätigkeiten in der gewöhnlichen Zeit, denn sie werden *nur an einigen Gegenständen* – die gewissermaßen die Archetypen der betreffenden Klassen sind – vorgenommen und in einer von Heiligem getränkten Atmosphäre ausgeführt.«[11]

In kulturanthropologischer Perspektive scheint das Campen ähnliche Funktionen zu übernehmen wie diese Feste. Die Normalwelt wird unter neuen Bedingungen und in einem eigens definierten Zeitabschnitt (den ›Ferien‹) nachgeschaffen; Engagement und psychische Spannung sind größer, die Lebensintensität stärker als bei den normalen Alltagsverrichtungen. Im Camping, wie in den Ritualen, wird die Welt ›erneuert‹: Das Ziel ist, ›regeneriert‹ nach Hause zurückzukommen.

Zelt und Wohnwagen geben zudem *Unabhängigkeit* oder zumindest die Illusion der Unabhängigkeit. Auf Hotels oder Restaurants ist man nicht angewiesen. Wie die Schnecke, aber mit größerer Reichweite der Bewegung, trägt man sein Haus bei sich – und fährt, wohin man will. Der Kontakt zu anderen Menschen kann auf ein Minimum reduziert werden; man braucht sie nicht. In seinem Wohnwagen lebt der Reisende autark, gleichsam ein Robinson auf einer schwimmenden Insel.

Das schließt *soziale Kontakte* nicht aus. Doch sie werden aus einer Position der Selbstgenügsamkeit heraus angeknüpft. Sie können sehr unterschiedliche Formen annehmen. K. Peter Etzkorn schreibt in seiner Darstellung eines kalifornische Campingplatzes den sozialen Beziehungen zentrale Bedeutung zu. Werner Georg dagegen fand auf einem Campingplatz an der italienischen Adria bei der Mehrheit eine Tendenz zum Rückzug in die Familie bzw. die Partnerbeziehung.[12] In jedem Fall aber stellt sich auf dem Campingplatz eine Intensität der physischen Nähe her wie an wenigen anderen Orten. Die Geräusche und Gerüche der Nachbarzelte – Radiotöne, Kindergeschrei und Essensdüfte – drängen sich auf. Man lebt, durch Stoffplanen oder die dünnen Wände der Wohnwagen getrennt, auf engem Raum, trifft sich vor der Dusche, am Wasserhahn, im Lebensmittelladen. Ob man den Kontakt wünscht oder ihn zu vermeiden sucht – die anderen sind allgegenwärtig, ihre Nähe immer spürbar.

Andere Züge der Sozialwelt des Campings ähneln bereits betrachteten Charakteristika des Badeurlaubs. Ich deute sie hier nur kurz an. Ähnlich wie am Strand stellt sich auch auf dem Zeltplatz eine *Nähe von Erwachsenen und Kindern* her. Sie gehen gemeinsamen Verrichtungen nach, die geringere Komplexität der Umgebung schafft eine ›kindgerechte‹ Welt, die Erwachsenen regredieren. Die *Naturerfahrung* intensiviert sich. Zelt und Wohnwagen sind nach außen weniger abgeschottet als das feste Haus; immer ist man mit wenigen Schritten ›in der freien Natur‹. Die *Zeitrhythmen* verändern sich im Vergleich zur häuslichen Umgebung. Die *sozialen Differenzen* treten weniger ins Auge; es stellt sich ein äußeres Bild relativer Gleichheit her. Pierre Sansot beschreibt diesen Zug an der ›Architektur‹ des Zeltplatzes: Er ist ein »auf kuriose Weise horizontaler Raum, verschieden von dem der Städte und Dörfer, die Höhenunterschiede, mehr oder weniger hohe Gebäude haben… Sehr schnell gewöhnt der Camper sich daran, weit zu schauen, niemals eine Sperre, ein Hindernis für seinen Blick zu finden. Daher rührt, auf der Ebene der Sinneswahrnehmung, ein demokratischer Eindruck.«[13] Dieser Eindruck ist allerdings einzuschränken: Wohnwagen und Reisemobile bringen Statusunterschiede nachhaltig zum Ausdruck. Daneben bilden sich neue Hierarchien quer zu den üblichen Kategorien der Sozialstruktur: Dauergäste, Stammgäste und durchreisende Touristen stellen oft klar unterschiedene Gruppen mit unterschiedlichem Prestige und unterschiedlichen Ansprüchen dar.

Ökonomische Motive spielen für das Campen heute nur noch eine begrenzte Rolle. Gewiß kann man mit dem Zelt vergleichsweise billig reisen. Doch Wohnwagen und Reisemobile erfordern beträchtliche Investitionen, mit denen sich ebensogut der Urlaub im Hotel finanzieren ließe. Campen ist offenbar für große Bevölkerungsgruppen *an sich* attraktiv. Es wird als Gegenwelt zum Alltag erlebt. Der amerikanische Soziologe K. Peter Etzkorn fand als häufigst genannten Wunsch bei Campern, »von allem wegzukommen«. Nach einer anderen Untersuchung ist es für Zeltplatz-Bewohner von wesentlicher Bedeutung, sich »aus den Zwängen, Routinen und Bindungen des Alltags« herauszulösen.[14]

Die Campingwelt ist *provisorisch und konstruiert*. Die Feriengäste bringen Objekte und Behausungen mit, sie wählen und strukturieren die Sozialkontakte, bestimmen den Tagesrhythmus. Elemente des Alltags werden in einer neuen Kombination angeordnet. Ein ungewöhnlicher sozialer Kosmos entsteht. Er ist weniger komplex und differenziert als der Alltag. In manchem ähnelt er der Spiel-Welt der Kinder und trägt – in der Rekonstruktion des Alltags unter ›außergewöhnlichen‹ Umständen – Züge von Fest und Ritual. Er stellt in der subjektiven Wahrnehmung der Camper ein Reich der Freiheit dar. Zugleich bringt er relative Nähe und relative Gleichheit. Es scheint, als seien Züge der politischen Utopie in die Freizeitwelt abgedrängt worden, wo sie einer Verwirklichung näherkommen als im Normalleben – und sei es als Karikatur.

Das Campingleben kann nicht sinnvoll unter dem Aspekt der ›Erfahrung der Fremde‹ beurteilt werden. Alle empirischen Befunde deuten darauf hin, daß die Mehrheit der Camper nicht in erster Linie an der Erkundung der Umgebung interessiert ist. So waren von den von Werner Georg befragten 335 Campern auf Plätzen an der norditalienischen Adriaküste nur 5 % ausdrücklich am Urlaubsland interessiert. K. Peter Etzkorn fand unter amerikanischen Campern in Kalifornien ein erstaunlich geringes Interesse an der Landschaft der Umgebung: Fast alle Aktivitäten wurden im unmittelbaren Umkreis des Zeltplatzes durchgeführt. Ähnliches gilt für die von William R. Burch untersuchte Gruppe.[15] Zwar fehlen repräsentative statistische Befunde, die vorliegenden Ergebnisse und die theoretische Reflexion legen aber die Vermutung nahe, das Campingleben genüge sich im wesentlichen selbst. Es geht um die Erfahrung einer anderen sozialen Realität mit nicht-gewöhnlichem Charakter, die den Eindruck von Unabhängigkeit, Unkompliziertheit, Naturnähe, unmittelbaren Sozialkontakten erlaubt, dem Spiel Raum gibt, soziale Differenzen verwischt, vor allem aber die *Rekon-*

struktion der Alltagswelt unter verfremdeten Umständen erlaubt. In dieser merkwürdigen Spannung von Vertrautem und Neuem, Routine und – begrenzter – Kreativität entfaltet sich die Sozialwelt des Camping.

Besichtigungen: Durch die Brille der Klischees?

In einer Analyse des *Guide Bleu* hat Roland Barthes behauptet, das Spanien des Blauen Führers kenne »nur einen Raum, der über ein paar unnennbare leere Flächen hinweg von einer dichten Kette von Kirchen, Kirchenschätzen, Altären, Kreuzen, Altarvorhängen, Türmen (immer achteckigen), Skulpturengruppen..., romanischen Portalen, Kirchenschiffen und Kruzifixen in natürlicher Größe markiert wird«.[16] Dem Besichtigen haftet das Stigma der Oberflächlichkeit an. Touristen betrachten, so heißt es auch bei Hans Magnus Enzensberger, Daniel Boorstin und Edgar Morin, nur einen kleinen Ausschnitt der Wirklichkeit. Sie sehen nicht die Dinge selbst, sondern nur die Bilder der Dinge: ihr *Image*, so wie es bereits in den Köpfen vorgeprägt ist. Sie erfahren nicht die fremden Länder, sondern gleichsam Phantomvorstellungen. Die Gegenstände des *sightseeing* werden aus dem Zusammenhang gerissen und geben ihren wahren Sinn nicht mehr zu erkennen. Es entsteht eine künstliche, entsprechend den Erwartungen der Touristen arrangierte Welt.

Besichtigungen sind in dieser Perspektive das genaue Gegenstück authentischer Erfahrung; sie führen nicht zur Kenntnis des fremden Landes, sondern verstärken Vorurteile und Klischees. Einzig Edgar Morin sah bei allen Vorbehalten das *sightseeing* ambivalent. Die Sehenswürdigkeit, so vermutete er, gebe einen Zugang ins Reich der Imagination, in die »verzauberte Sphäre der Entwurzelung«.[17] Es befriedige den Wunsch, sich vom Alltag zu lösen und bringe daher, so illusionär es auch sei, den Touristen ein Gefühl des Glücks.

Diese Idee – auf die wir zurückkommen werden – ist in der weiteren Diskussion nicht aufgegriffen worden. Die Gegenposition zur Kritik des Besichtigens wurde vielmehr an anderer Stelle aufgebaut. Der amerikanische Soziologe Dean MacCannell hat 1976 mit *The Tourist. A New Theory of the Leisure Class* einen Versuch vorgelegt, das Phänomen des Tourismus umfassend theoretisch zu erklären. Der Begriff des *sight* spielt in diesem Ansatz eine zentrale Rolle.

Für MacCannell ist das touristische Besichtigen ein Ritual, in dem die Fragmentierungen der modernen Gesellschaft überwunden werden. Im *sightseeing* wird das Ganze der Gesellschaft anschaulich: ihre öffentlichen Institutionen, Arbeitsprozesse, historischen Monumente, Transportsysteme, sozialen Gruppen. Während die Alltagserfahrung sich immer nur auf begrenzte Ausschnitte beschränkt, erlaubt das touristische Reisen einen Gesamtüberblick und damit auch ein Gefühl für die Werte, welche die Gesellschaft tragen.

Der Tourismus übernimmt Funktionen der Religion. Besichtigen ist ein *kollektiver Akt* mit einer moralischen Struktur: Bestimmte Dinge *muß* man sehen. In diesem Ritual wird die Zeichenfunktion der Sehenswürdigkeiten deutlich. Sie stehen für etwas anderes: für die Gesellschaft und ihre ›letzten Werte‹.

MacCannell hat Touristen wohlwollend als seine ›Kollegen‹ bezeichnet. Wie der Sozialwissenschaftler, so meinte er, suchten sie die Realität fremder Länder zu entziffern. Der Semiotiker Jonathan Culler nahm diesen Gedanken auf. Touristen lesen, so schreibt Culler, »Objekte und Praktiken als kulturelle Zeichen«, sie suchen in der fremden Welt nach typischen, verallgemeinerbaren Elementen.[18]

Bei der Beurteilung des Besichtigens stehen sich so zwei Anschauungen gegenüber. Für die eine, die traditionelle Touristenkritik, entsteht mit dem *sightseeing* eine künstliche, auf die Bedürfnisse der Touristen zurechtgestutzte Welt; der Zugang zur Fremde wird versperrt. Für MacCannell und Culler dagegen erschließen die Touristen soziale Realität; bei MacCannell gewinnen sie zudem Klarheit über ihre Stellung in der Gesellschaft und der Welt, indem sie in einer Transzendenz-Erfahrung die Begrenzungen der alltäglichen Sichtweisen überwinden.

MacCannells Theorie ist kühn, aber unzureichend. Zum einen läßt sich eine Theorie des Tourismus nicht vom Begriff des *sight* her entwickeln. Besichtigungen stehen nur für eine Minderheit der Reisenden im Mittelpunkt der Urlaubserfahrung. Doch selbst wenn man die Analyse auf die *sightseer* beschränkt, scheint die These von der Gesamtgesellschaft und ihren Differenzierungen als wesentlichem Objekt des Besichtigens eher weltfremd. Touristen interessieren sich gewiß auch für Arbeitsprozesse und Transportsysteme; bislang aber stehen noch wesentlich mehr Touristen in der Sixtinischen Kapelle als in den Büros der römischen Stadtverwaltung; mehr Reisende besuchen den Prado als die städtischen Schlachthöfe von Madrid. Das touristische Interesse richtet sich nicht, wie MacCannell behauptet, unterschiedslos auf *alle* gesellschaftlichen Prozesse; es filtert vielmehr gezielt bestimmte Attraktionen heraus.

Vorherrschendes Selektionsprinzip ist dabei die *Differenz zum Bekannten und Alltäglichen*. Sie kann in unterschiedlichen Bereichen zur Erscheinung kommen: in Zeugnissen der Kunst und Geschichte, in der Natur, im Bild der fremden Völker und ihrer ungewohnten Lebensformen, in spektakulärer Technik, im Genuß des fremden Essens und des Warenangebots anderer Länder. Alles, was ›normal‹ wirkt, was bereits von zu Hause bekannt ist oder dem Bekannten ähnelt, wird dagegen aus der touristischen Wahrnehmung weitgehend eliminiert.

Ausgeschlossen sind vor allem die *Zeichen der Modernität*. Sie ziehen nur dann das touristische Interesse an, wenn sie selbst wieder ›ungewöhnlich‹ werden: etwa in gewagten technischen Konstruktionen, im Lebensrhythmus von Städten wie London und New York, in den neuesten Modekollektionen Mailands. Normalerweise aber stören die Charakteristika der Moderne den touristischen Blick.

Auf Besichtigungsreisen stehen zumeist die Motive des Pittoresken, Historischen, ›Unberührten‹ im Vordergrund. Die Provence-Vorstellung auch der am Land ernsthaft interessierten Reisenden ist doch vorwiegend von Lavendel, Boulespielern, Cézanne, farbenfrohen Märkten und romanischen Landkirchen geprägt. Die ›wirkliche‹ Provence liefert für dieses Bild die Bausteine; aber wesentliche Seiten der sozialen, landschaftlichen und ökonomischen Realität des Landes verschwinden. Rom ist für Touristen die Stadt des Papstes und Michelangelos, der Engelsburg und der Piazza Navona, gemütlicher Restaurants und barocker Kirchen. In diese Vorstellung gehen weder der hohe Motorisierungsgrad noch die niedrige Geburtenrate der Stadt ein, weder die Wohnviertel der Vororte noch die Immigrantenquartiere.

Reisezeitschriften, Reiseführer und die Kataloge der Veranstalter folgen systematisch denselben Wahrnehmungsprinzipien. Sie zeigen historische Monumente und ›intakte‹ Natur, die durch keine Neubauten, Elektrizitätsleitungen oder Autobahnen ›verunstaltet‹ ist. Die technisch geprägte Gegenwart findet keinen Platz; die Menschen sind vorwiegend mit vor-industriellen Tätigkeiten beschäftigt. Sie zerlegen Fische und flicken Netze, ernten Oliven, schneiden Reben, wachen über Schafherden, melken Ziegen.

Wissenschaftliche Untersuchungen der touristischen Wahrnehmung deuten in die gleiche Richtung. Natur wird in ihren ›paradiesischen‹ Aspekten wahrgenommen, die Einheimischen als unberührt von der neuzeitlichen Zivilisation gesehen, moderne Züge der Reiseländer systematisch ignoriert. Exemplarisch hat Adrian Vickers am Beispiel Balis die Entwicklung solcher Images untersucht. Die wesentlichen Bestandteile des Bildes der Insel sind ihre Kultur, ihre fruchtbare und exotische Natur sowie eine friedliche, traditionell geprägte Bevölkerung. Diese Vorstellungen sind nicht ›falsch‹; sie schneiden aber aus einer komplexen Realität die Traditionselemente und die ›angenehmen‹ Seiten‹ heraus. Das Bali-Image wird in seinen vor-modernen Aspekten eingefroren. Die Neuzeit erscheint nur als Risiko: Sie droht angeblich, die Traditionen zu ersticken und die farbenfrohe Insel mit dem einheitlichen Grau der Verwestlichung zu überziehen. Adrian Vickers hat scharfsinnig konstatiert, die These der »Gefährdung« balinesischer Kultur gehöre »tatsächlich selbst zum Prozeß jener Imageprägung, dank deren Bali als Paradies wahrgenommen wird.«[19]

Touristen sind, anders als Autoren wie MacCannell und Culler annehmen, keine Sozialforscher im Miniaturformat. Ihre Wahrnehmung nimmt Selektionen vor, die völlig anders sind als diejenigen von Wissenschaftlern. Besichtigungsreisen führen immer nur teilweise in die ›Realität‹ der fremden Länder. Vielmehr stellen sie Erfahrungsräume eigener Art her – halb-imaginäre

Welten, in denen das Altertümliche, Pittoreske, Idyllische, Kunst, Kultur und ›unberührte Natur‹ besonders hervortreten. Sie bleiben außerhalb der Sphäre des gewöhnlichen Lebens – auch dann, wenn die Urlauber sich an den Bewohnern der Reiselandes und deren Lebensumständen interessiert zeigen. Gewiß kann die Wirklichkeit der Zielregionen in die Reiseerfahrung in unterschiedlich starkem Maß eingehen. Doch in jedem Fall liefert die Fremde Bausteine für Erlebnisse, die nach den *Bedürfnissen und Vorstellungen der Reisenden* konstruiert werden.

Es scheint also, als behalte die Tourismuskritik recht, die von der falschen und künstlichen Bilderwelt des *sightseeing* redet. Die touristischen Attraktionen spiegeln nicht die Realität des fremden Landes wider, Besichtigungen führen nicht zu seiner Kenntnis. Doch wir erinnern uns an die Bemerkung Edgar Morins, nur eine Fußnote zur Debatte: Und wenn das Besichtigen seinen Zweck nicht in der *Erkenntnis* der Fremde fände, sondern in der Entfaltung eines Raums der *Imagination*? Wir werden auf diesen Gedanken zurückkommen.

3. Die Gegenwelt des Urlaubs

Neue Normen

Beim Baden, Campen, Besichtigen – in den vielgescholtenen ›konventionellen‹ Urlaubsformen – verändert sich das gewohnte Norm- und Verhaltensgefüge. Es entwickeln sich eigene Formen des sozialen Lebens, die sich in vielfacher Hinsicht grundlegend vom Alltag unterscheiden. Wünsche, Träume und Projektionen spielen eine zentrale Rolle. Die Beziehungen zum Raum, zur Zeit und zu den Zwecken, zu den anderen Menschen, den materiellen Objekten und zum eigenen Körper werden neu definiert.

Der Anthropologe Victor Turner hat den Freizeitbereich moderner Gesellschaften im Vergleich mit den Ritualen von Stammesgesellschaften analysiert. Die Gemeinsamkeit beider Sphären liegt für Turner im *Überschreiten der normativen Begrenzungen des Alltags*. Das Ritual wie die Freizeit gewähren Freiheit von den Zwängen des Normallebens; sie geben Raum für Experimente, für Spiel und Kreativität. Bekanntes wird in neuen Kombinationen erlebt; damit entsteht Distanz zu den gewohnten Formen der Wahrnehmung, es öffnen sich unbekannte Wege des Denkens und Erlebens.

Turners theoretischer Ansatz ist in mehreren Projekten touristischer Feldforschung aufgegriffen worden. Bei so unterschiedlichen Reisenden wie schwedischen Badeurlaubern in Gambia, nordamerikanischen Charter-Yacht-Touristen in der Karibik und den Besuchern der Disney World in Florida bildete sich auf ähnliche Weise ein ›touristischer Kosmos‹ heraus. Es entstanden besondere, vom Alltag scharf geschiedene Erfahrungsräume, in denen viele der gewöhnlich geltenden Verhaltensregeln aufgehoben waren.[1]

Die Befunde dieser Untersuchungen lassen sich verallgemeinern. Touristische Welten weisen, bei allen Unterschieden zwischen einzelnen Reiseformen, gemeinsame Grundstrukturen auf. Die Reise verändert zunächst das Verhältnis zum *Raum*. Als Urlauber geraten wir nicht nur – dadurch ist Reisen ja definiert – in eine neue Umgebung. Es lösen sich auch die gewohnten *Bewegungsrhythmen*. An die Stelle sich wiederholender, genau bestimmter und eng umgrenzter Strecken – die Fahrt zwischen Wohnung und Arbeitsplatz, die Schritte zum nächsten Supermarkt, der Spaziergang im Park, der Jogging-Parcours – tritt im Urlaub ein sich scheinbar grenzenlos dehnender Bewegungsraum. Die von außen oft unsinnig erscheinende, häufig nahezu ziellose ›Freizeit-‹ oder ›Erlebnismobilität‹ hat in diesem Wunsch nach einem zwanglosen Verhältnis zum Raum ihren Ursprung. Das Herumfahren wird häufig zum Vergnügen an sich, auf zu erreichende Ziele kommt es dabei gar nicht an. Nicht zufällig reist die große Mehrzahl der Touristen mit dem Pkw. Das eigene Auto bietet die größten Möglichkeiten der ›Freiheit‹ im Raumerleben.

Die mühelose Überwindung der Raumgrenzen ist ein alter Traum der Menschen. Er kommt im Ikarus-Mythos ebenso zum Ausdruck wie im Märchen vom Däumling mit den Siebenmeilenstiefeln oder der Erzählung vom fliegenden Teppich. Der Tourismus bietet die Möglichkeit, diesen Traum – zumindest ansatzweise und temporär – zu verwirklichen.

Es verändern sich auch die gewohnten *Zeitrhythmen* und das normale Zeitempfinden. Für einen Großteil der Reisenden stellen die Ferien die einmalige Gelegenheit dar, sich aus der Regelmäßigkeit alltäglicher Abläufe zu lösen. Man kann ausschlafen, die Stunden der Mahlzeiten verschieben, die Nacht zum Tag machen. Kein äußerer Druck drängt zur Einhaltung vorgegebener Muster. Zeiteinteilungen folgen individuellen Bedürfnissen; »relationale Zeit ersetzt absolute Zeit«.[2]

Im alltäglichen Empfinden erscheint Zeit heute als quasi-materielles Gut von gleichsam räumlicher Ausdehnung; wie andere Güter steht sie nicht unbegrenzt zur Verfügung, sondern ist knapp. Man ›hat‹ Zeit, oder, häufiger, ›keine Zeit‹. Im Urlaub löst sich diese Vorstellung auf. Zwar sind die Ferien als Ganzes begrenzt. Innerhalb dieses Rahmens aber verliert die Idee der Zeitknappheit an Bedeutung; mit Zeit braucht nicht mehr gegeizt zu werden.

Es ändert sich auch die Wahrnehmung des *Zeitablaufs*. Zeit vergeht ›im Flug‹, kann sich aber auch durch die Fülle neuer Eindrücke verlangsamen. Wie die Mitglieder vormoderner Gesellschaften erleben wir als Touristen Abläufe, deren ›Geschwindigkeit‹ variiert. »Die Veränderung des Zeitgefühls durch Bewegung im Raum war von Anfang an ein Hauptthema aller Reiseliteratur und ein häufiges Reisemotiv«, schreibt der Historiker Eric Leed. Thomas Mann hat im *Zauberberg* das Verhältnis von Ortswechsel und Zeitempfinden eindrücklich beschrieben: »Gewöhnung ist ein Einschlafen oder doch ein Mattwerden des Zeitsinnes ... Verjüngung, Verstärkung, Verlangsamung unseres Zeiterlebnisses und damit die Erneuerung unseres Lebensgefühls ... ist der Zweck des Orts- und Luftwechsels, der Badereise, die Erholsamkeit der Abwechslung und der Episode ...«[3]

Die Auflösung des alltäglichen Normgefüges auf Reisen betrifft wesentlich das Verhältnis zu den *Zwecken*. Von ihrem engen Geflecht weiß sowohl das Alltagsbewußtsein als auch die soziologische Theorie. »Ständig hat man zu tun«, »jeder Moment ist verplant« – dieses Lebensgefühl gilt für einen Großteil der Berufstätigen. Da gibt es immer etwas, das erledigt werden muß, seien es berufliche, häusliche, familiäre Angelegenheiten. Die zweckrationale Durchorganisierung des Alltags wirkt auch in der ›Freizeitgesellschaft‹ ungebrochen. Zwar existieren Abende und Wochenenden als Zeiten ohne Berufsarbeit; doch sind auch sie zum guten Teil mit Pflichten angefüllt: dem eiligen Einkaufsgang, der Arbeit an Haus und Auto, den Erfordernissen des Familienlebens. Max Weber hat die funktionale Rationalität als prägenden Grundzug der Moderne analysiert. Er spricht vom »stählernen Gehäuse« der Berufsarbeit, in dem die Menschen gefangen seien. Für ziel- und zweckloses Dasein bleibt im modernen Alltag wenig Raum.

Die Urlaubsreise bildet auch in dieser Hinsicht einen starken Kontrast zum Alltag. Mit dem Ortswechsel löst sich der gewöhnliche Lebenszusammenhang. Damit zerreißt das Gefüge der Zwecke. Man »hat nichts mehr zu tun«, »braucht an nichts zu denken«, »lebt in den Tag hinein«. So werden psychische Energien frei, die im alltäglichen Lebenszusammenhang gebunden blieben. Elemente der Subjektivität, des Spiels, der inneren wie der äußeren Natur treten in den Vordergrund.

Der Zusammenhang des Reisens mit der Befreiung von den Zwecken ist präziser von Literaten dargestellt worden als in der wissenschaftlichen Tourismusforschung, so beispielsweise von Michael Crichton in der Einleitung zu *Travels* oder von Hermann Hesse, der die damit verbundene Belebung des ›ästhetischen Triebs‹ beschreibt: »Das reine Schauen, das von keinem Zwecksuchen und Wollen getrübte Beobachten, ... das ist ein Paradies ... und beim Reisen ist es, wo wir dem am besten und reinsten nachzugehen vermögen. Die Konzentration, die der ästhetisch Geübte jederzeit sollte hervorrufen können, glückt uns Ärmeren wenigstens in diesen Tagen und Stunden der Losgebundenheit, wo keine Sorge, keine Post, kein Geschäft aus der Heimat und dem Alltag uns nachlaufen kann ... Da wird uns zum Bilde, was uns sonst nur im trüben Netz unseres Wollens, unserer Beziehungen, unserer Sorgen erscheint.« Ähnlich sah bereits Arthur Schopenhauer im Verstummen des zielgebundenen *Willens* eine Grundvoraussetzung des Reisegenusses: »...so z.B. macht auf Jenen (den Reisenden, C.H.) der Anblick einer ganz fremden Stadt oft einen sonderbar angenehmen Eindruck, den er keineswegs im Bewohner derselben hervorbringt; denn er entspringt daraus, daß Jener, außer aller Beziehung zu dieser Stadt und ihren Bewohnern stehend, sie rein objektiv anschaut. Hierauf beruht zum Theil der Genuß des Reisens.«[4]

Wir lassen die damit angesprochene, faszinierende Frage nach dem ›objektiven Blick‹ des Reisenden auf sich beruhen. Georg Simmel hat die Objektivität des Außenstehenden in seinem Essay über den *Fremden* angesprochen. Die damit zusammenhängende immense Bedeutung des Reisens für die Entwicklung der modernen Wissenschaften kann hier nicht näher betrachtet werden.

Norm- und Verhaltensänderungen finden – außer im Verhältnis zum Raum, zur Zeit und zu den Zwecken – noch in weiteren Dimensionen statt. Bereits bei der Betrachtung des Badeurlaubs haben wir den veränderten Umgang mit dem *Körper* gesehen. Die Entwicklung der europäischen Neuzeit ist durch eine weitgehende Zurückdrängung der Physis aus den sozialen Beziehungen gekennzeichnet – eine Parallelbewegung zur Unterwerfung der äußeren Natur im Zuge von Urbanisierung und Technisierung. Die Erfahrung der leiblichen Existenz droht im Alltag häufig verlorenzugehen. Im Urlaub kommen die Körper wieder zu ihrem Recht. Vor allem in den Badeferien treten die ›animalischen‹, im gesellschaftlichen Alltag zurückgedrängten Körperwünsche deutlich in Erscheinung: im physischen Kontakt mit Wasser, Sonne, Sand; in weitgehender oder vollständiger Nacktheit; in Untätigkeit oder einfachem Spiel, was eine gesteigerte Wahrnehmung des eigenen Körpers ermöglicht. Auch beim Skifahren, Bergsteigen, Wandern, Surfen und anderen Formen des Sporturlaubs ist die Körpererfahrung von zentraler Bedeutung. Psychophysische Spannungsreize entstehen verstärkt bei den Abenteuer-Sportarten, die im Tourismus einen wachsenden Raum einnehmen: Wildwasserschwimmen, Canyoning, Snowboardfahren, Schneesurfen und dergleichen mehr.

Schließlich ändert sich auf Reisen auch das Verhältnis zum *materiellen Besitz* und zum *Geld*. Die Anthropologen Erik Schwimmer und Nelson Graburn sehen im Urlaub Parallelen zu den Festen von Stammesgesellschaften: Hier wie dort werden die im Alltag angesammelten materiellen Ressourcen schlagartig und oft demonstrativ ausgegeben. Die auf Vorteilsmaximierung zielende Alltagsmentalität löst sich zumindest teilweise auf; an ihre Stelle tritt eine weniger kalkulierende, oft bewußt verschwenderische Haltung. Henri Raymond berichtet, wie französische Touristen in Italien am Ende des Urlaubs bewußt ›die Ressourcen erschöpfen‹: »Alles läuft so ab, als dürfe man kein Geld ins Alltagsleben zurückbringen. Dieser Einschnitt zwischen zwei Budgets wird ziemlich genau interpretiert: ...›Das ist das Feriengeld, es würde wehtun, das wieder nach Hause mitzunehmen.‹«[5]

Die Ferien stellen für viele Reisende den Zeitraum dar, in dem man sich mehr als sonst ›etwas leistet‹. Der Geldabfluß ist stärker als im Alltagsleben – und wird doch als weniger belastend empfunden. Zumal auf Auslandsreisen verschieben sich die Relationen, das Preisgefüge ist unübersichtlich, die Gewohnheiten des Rechnens und Sparens greifen nicht mehr; das Gefühl für *teuer* und *preiswert*, *viel* und *wenig* verschiebt sich.

Generell ändert sich das Verhältnis zum materiellen Besitz. Auf Reisen befinden sich weniger eigene Objekte in unserer Reichweite. Notgedrungen ist der Umfang des Gepäcks begrenzt – selbst in Wohnwagen und Camping-Car, deren materielle Ausstattung noch am ehesten der häuslichen nahekommt. Aber auch hier bildet sich, wie wir gesehen haben, eine neue Ordnung ›vereinfachter Materialität‹. Zwar wird die gewohnte Umgebung mit Fernseher und Kühlschrank, Sitzkissen und Kaffeetassen reproduziert, doch entsteht sie im Zeichen des Provisorischen und in verkleinertem Format. Andere Reiseformen aber bringen eine viel einschneidendere Verringerung des handhabbaren materiellen Besitzes mit sich. Für einige Wochen kommt man ohne Gegenstände aus, die sonst selbstverständlich zur Verfügung stehen. Die materielle Welt des Urlaubs ist das Ergebnis einer bewußten ›Konstruktion‹: Welche Gegenstände nehme ich auf die Reise mit, welche lasse ich zu Hause?

Diese Veränderungen der alltäglichen Normen und Verhaltensweisen gelten nun gewiß nicht für alle Urlauber und für alle Urlaubsformen. Das Alltagsleben kann auch unterwegs mit seinen Zwängen und Regeln imitiert werden. Manche Reisende leben mit rigiden Zeitplänen und organisieren die Ferien ebenso zweckgerichtet wie die heimische Welt; andere bewegen sich, einmal am Ziel angelangt, kaum noch von der Stelle und bauen vergleichbar begrenzte Bewegungsräume auf wie zu Hause. Die Normveränderung in der Ferienwelt geschieht nicht zwangsläufig. Sie ist aber das übliche. Im Urlaub bilden sich andere Lebensregeln heraus, deren Hauptaspekt die *Aufhebung gewöhnlicher Zwänge und Grenzen* und die vorübergehende Befreiung von den Alltagsbelastungen darstellt.

In der subjektiven Wahrnehmung der Urlauber werden die Ferien als ein *anderes Leben* erfahren. ›Sich gehen lassen‹, ›aus dem Trott herauskommen‹, ›Tapetenwechsel erleben‹ sind gängige Beschreibungen der Urlaubserfahrung. Für den britischen Soziologen John Urry ist in diesem Sinn die elementare »Unterscheidung von Gewöhnlich-Alltäglichem und dem Außergewöhnlichen« für den Tourismus konstitutiv.[6] Die französischen Essayisten Pascal Bruckner und Alain Finkielkraut haben das moderne Reisen sogar zu den ›Abenteuern gleich um die Ecke‹

gezählt. Das mag angesichts der konformistischen und Routine-Aspekte des Tourismus unangemessen erscheinen. Touristen wissen im allgemeinen: Ihnen kann nicht viel passieren, sie laufen keine Gefahr. Ein Unsicherheitsmoment aber – und der damit verbundene Reiz – stellt sich bereits bei leichten Wirklichkeitsverschiebungen ein. Urlaubsreisen führen aus der Normalwelt heraus; sie schaffen auch in ihren scheinbar konventionellen Formen neue Erfahrungsräume.

Soziale Beziehungen: Einfach und nah

Auch die sozialen Beziehungen im Urlaub sind durch die Umwandlung normalerweise gültiger Verhaltensregeln charakterisiert. Der Kontakt unter Touristen – aber auch derjenige zwischen Touristen und Einheimischen – ist aus soziologischer Perspektive beschrieben worden als Interaktion, die *weniger komplexen Regelungen unterliegt und sich spontaner artikuliert* als der alltägliche Umgang. Peter Gleichmann spricht von »elementaren Interaktionsmustern« im Tourismus, Jean-Didier Urbain schildert die Welt »vereinfachter Sozialität« im Badeurlaub, Hasso Spode analysiert die »Praxis ›natürlicher‹, weniger oder anders verregelter Verhaltensweisen«, die als »kontrollierte Regression aufgefaßt« werden können. In der englischsprachigen Literatur ist der von Victor Turner entwickelte Begriff der *communitas* – eines spontanen, ganzheitlichen Kontakts jenseits der gesellschaftlichen Definitionen von Status und Rolle – zur Beschreibung von Beziehungen unter Touristen übernommen worden.[7]
Nun ist allerdings angesichts der Vielzahl von Motivationen, Verhaltensweisen und Reiseformen jede Verallgemeinerung über ›die‹ Formen touristischer Interaktion mit starken Vorbehalten zu sehen. Zwischen jugendlichen Diskothekenbesuchern in Rimini und den Teilnehmern an Gruppenreisen zu den Maya-Tempeln gibt es in dieser Hinsicht einige Unterschiede. In jedem Fall aber gilt: Es entstehen neue Interaktionsnetze, die in den meisten Fällen – gemessen am Standard des Alltags – durch größere *Zwanglosigkeit* gekennzeichnet sind.

Dabei spielen mehrere Faktoren zusammen. Zunächst die in allen gesellschaftlichen Gruppen verbreitete Erwartung, in den Ferien ›freier‹ zu sein und den Verpflichtungen des Alltags zu entkommen. »Die oberste Regel lautete: Möglichst viel Freiheit für den einzelnen«, resümiert der Psychologe Helmut Kentler die Einstellungen von Jugendlichen in einem Ferienlager.[8] Die touristischen Umgebungen sind als Räume definiert, in denen gewöhnliche Verhaltensvorschriften nur begrenzt gelten. Daß man sich eher ›gehen lassen‹ kann, gehört zu den legitimen Erwartungen an den Urlaub – ob das nun heißt, ›kräftig einen draufzumachen‹ oder auch nur: die Krawatte abzulegen.

Wesentlich ist dabei der *kurze Zeithorizont* der touristischen Kontakte. Mit den anderen Touristen ebenso wie mit den Einheimischen ist man nur vorübergehend zusammen. »Was die andern von mir erfahren, wird für mein Leben ohne Konsequenzen sein«[9] – dieser von Helmut Kentler zitierte Ausspruch eines Jugendlichen ist vermutlich charakteristisch für die Einstellung vieler Urlaubsreisender. Man fühlt sich frei, zu tun und zu lassen, was man will – auch ›Fehlverhalten‹ bleibt ohne Folgen.

Auf der touristischen Reise verschwinden – durch die räumliche Trennung – die *sozialen Bezugsgruppen*, von denen Rollenerwartungen gewöhnlich ausgehen. An ihre Stelle treten einzelne und Gruppen, mit denen man nur während des Urlaubs Kontakt hat. Deren Sanktionsmacht aber ist gering. Touristen und Gastgeber formen nur flüchtige soziale Gebilde, der Zusammenschluß ist freiwillig und kann jederzeit wieder gelöst werden. So greifen die meisten im alltäglichen Umgang wirksamen Sanktionen nicht. Nur den juristisch formulierten Regeln müssen die Urlauber Folge leisten; aber alle ›Soll-‹ oder ›Kann-Erwartungen‹ gleiten an ihnen ab.[10]

Die touristischen Rollen werden nicht durch die Einheimischen und – außer auf Gruppenreisen – auch nicht wesentlich durch die anderen Touristen definiert. Die Bezugsgruppe bleiben die *relevanten anderen zu Hause* – seien es Freunde, Verwandte, Kollegen. Nur von ihnen gehen Ansprüche aus, die mit Sanktionen -etwa mit ernst zu nehmender Mißbilligung – verbunden sind. *Zu Hause, nicht unterwegs wird definiert, wie ein ›rich-*

tiger Urlaub‹ auszusehen hat. Deshalb ist es so wichtig, von der Reise etwas mitzubringen: Geschenke, Souvenirs, Dias, Erzählungen. Die Anforderungen der Zu-Hause-Gebliebenen verpflichten nicht nur zum Postkartenschreiben und Fotografieren, sondern auch – je nach gewählter Urlaubsform – dazu, braun zu werden, körperlich erholt zurückzukehren, die Kathedrale von Autun oder die Flamingos der Camargue aufzusuchen. Und nicht nur die Konformisten des Reisens unterliegen solchen Zwängen: Auch abenteuernde Individualtouristen bedürfen – wie wir alle – der sozialen Bestätigung: der Bewunderung für die allein im Dschungel verbrachte Nacht oder den mutigen Verzehr gebratener Hammelhoden im Steppenzelt der Nomaden.

Insgesamt gesehen aber sind die Rollenzwänge im Tourismus schwach. Sie gehen im wesentlichen von einer physisch nicht präsenten Bezugsgruppe mit begrenzten Kontrollmöglichkeiten aus. Es ist also keine Illusion, wenn die Urlaubsreise in der kollektiven Phantasie als Reich individueller Freiheit erscheint. In der Tat wirkt der soziale Druck hier weniger stark als im heimischen Alltag.

Die touristischen Beziehungen sind auch *weniger komplex* als diejenigen des Alltags. Unter Touristen gibt es keine Arbeitsteilung, keine differenzierten Handlungsketten, keine stark unterschiedlichen Rollen, keine wechselnden Bezugsgruppen. Die den Alltag prägende Differenz von Berufswelt und Familie, Öffentlichkeit und Privatheit fällt fort. Der touristische Raum ist nicht ›pluralisiert‹. Er bildet ein Kontinuum ohne Brüche.

Hans-Joachim Knebels Begriff der *totalen Rolle* des Touristen bringt diesen Sachverhalt zur Sprache.[11] In der Urlaubswelt ist man Tourist – und nichts anderes. Alle anderen Rollen treten zurück: Beruf, sozialer Status, Nationalität, ja auch Alter und Geschlecht. Man hat nicht wechselnden Ansprüchen zu genügen, sondern kann sich ›ganzheitlich‹ erleben. Daher der Eindruck, in den Ferien das »richtige und wahre Leben« jenseits der entfremdenden Fragmentierungen des Alltags zu erfahren.[12] Der touristische Erfahrungsraum besteht nicht aus unterschiedlichen sozialen Feldern, sondern stellt für eine begrenzte Zeit die *einzige* Lebenswelt dar. So entkommen die Urlauber

vorübergehend der verwirrenden und anstrengenden gesellschaftlichen Komplexität und gelangen in neue, übersicht-
lichere Umgebungen. Ein wesentlicher Reiz der Ferien liegt in
der Entlastung vom Druck und den Spannungen sozialer Komplexität.

Geringe Komplexität und zeitliche Flüchtigkeit der Urlaubs-
Beziehungen bilden häufig die Voraussetzung für eine *Nähe*, auf
die man sich zu Hause kaum einlassen würde. Vielfach entstehen in den Ferien vergleichsweise enge Kontakte. Die Sicherheit,
daß man wieder auseinandergehen wird, erleichtert den Umgang. Lothar Nettekoven hat beispielsweise bei Urlaubern in
Tunesien ein hohes Interesse an sozialen Beziehungen und eine
große Kontaktdichte festgestellt. Fast zwei Drittel der Feriengäste fanden einen ›netten Kreis‹ von Bekannten. Auch erotische Beziehungen mit neuen Partnern waren vergleichsweise
häufig. Ähnliche Ergebnisse finden sich in einer Reihe weiterer
Untersuchungen.[13]

In einer geistreichen Analyse haben Pascal Bruckner und Alain
Finkielkraut den Bade- und Campingurlaub als Ausdruck des
Wunschs nach sozialer Nähe interpretiert. »Wenn die Leute jedes Jahr nach Rimini fahren . . ., so deshalb, weil sie sich für den
extremen Tapetenwechsel entschieden haben, für die *Stadt ohne
Mauern*, für eine horizontale, chaotische, wimmelnde Stadt.«
Beim Camping komme »*Nachbarschaftlichkeit* wieder zum Vor-
schein«. Ein Zeltplatz erschaffe »einen utopischeren Raum als
das einsame Zelt hoch oben auf einem Steilufer, denn nicht der
Mangel, sondern das Übermaß an Privatheit ist das Problem unserer modernen Ballungsgebiete.«[14]

Das sind zugespitzte Thesen, die einer empirischen Überprü-
fung nur begrenzt standhalten.[15] Zutreffend scheint aber, daß
in vielen Formen gerade des verachteten ›Massenurlaubs‹ physische Nähe und das Erlebnis von Gemeinschaftlichkeit ausdrücklich gesucht werden. Anders wäre schwierig zu erklären,
daß sich alljährlich Hunderttausende von Menschen zur gleichen Zeit an den gleichen Orten einfinden, von denen ja hin-
länglich bekannt ist, daß sie *überfüllt* sind. Die Massierung von
Touristen erscheint offenbar nicht in allen sozialen Schichten
gleichermaßen als Übel, sie wirkt möglicherweise sogar als

Attraktion. Mit der physischen Nähe im Ferien-Raum stellt sich potentiell auch eine Kontaktnähe her, die zu Hause schwieriger erreichbar ist. Verhielte es sich wirklich so, dann wären die wohlgemeinten Versuche, die ›Reiseströme zu entzerren‹, weitgehend zum Scheitern verurteilt.

Phantasieräume: Wie Imagination das Reisen prägt

Zur Ausrüstung vieler Reisender des 18. Jahrhunderts gehörten die *Claude-Gläser*, braun getönte Konvexspiegel, »vermittelst denen«, wie ein zeitgenössisches Reisebuch berichtet, »die Lichter und Schatten und die Bilder ganzer Landschaften sowohl als einzelne Theile zusammengedrängt sich leichter studieren lassen«.[16] Die Reisenden stellten sich mit dem Rücken zur betrachteten Landschaft und näherten mit Hilfe des Instruments ihren Natureindruck demjenigen eines *gemalten Bildes* an. Baumgruppen, Berge, Felsen rückten in dem Spiegel enger zusammen; die Proportionen änderten sich; man konnte durch geeignete Standortwahl das Bild gleichsam rahmen; zudem ließ die farbliche Tönung den Eindruck ins ›Malerische‹ changieren. Die durch optische Tricks bewirkte Wahrnehmungsverzerrung sollte den rohen Landschaftseindruck des unbewehrten Auges in ein Naturgemälde verwandeln. Vorbilder waren dabei vor allem die Werke des Claude Lorrain, der im 17. Jahrhundert das Modell der klassischen Ideallandschaft geschaffen hatte.
Es fällt nicht schwer, Parallelen zu ziehen zwischen dem Blick in das *Claude-Glas* und der Sicht moderner Touristen durch das Objektiv der *Kamera*. In beiden Fällen schiebt sich ein technisches Instrument zwischen das Auge und den Gegenstand der Beobachtung. Es verändert die unmittelbare Wahrnehmung – das Claude-Glas durch Konvexwölbung und Färbung, das Kamera-Objektiv durch Weitwinkel, Zoom, Tele-Einstellung und Filter. Das so gewonnene Bild ist ästhetisiert: es konzentriert sich auf das ›Wesentliche‹ und wird ›schöner‹ als die Wirklichkeit selbst. Das zugrundeliegende Schönheitsideal ist kulturell vorgegeben: Vor zweihundert Jahren waren es die klassischen

Landschaftsbilder, heute finden sich die Modelle in den Hochglanzfotos der Reisezeitschriften.

Im technisch vermittelten Blick der reisenden Amateurfotografen wie in demjenigen der frühen Touristen wird die Wirklichkeit unter ästhetischen Gesichtspunkten noch einmal neu erschaffen. Einstmals gruppierten sich Wasserfälle, Felsen und Täler, womöglich noch mit der Staffage von Hirten und Landleuten, im Claude-Glas zu malerischen Ensembles; heute ordnen sich die Zypressenreihen der Toskana, ihre Olivenhaine und kubischen Bauernhäuser durch das Objektiv zu fotogenen Eindrücken. Das Ziel ist nicht der naturwissenschaftliche Blick auf die Umgebung; man sucht vielmehr die aus dem ästhetischen Kanon der Zeit bekannten Motive. Die Kunst, der Traum, das Vorstellungsbild sollen Wirklichkeit werden.

Die touristische Wahrnehmung liefert kein ›realistisches‹ Bild der besuchten Gebiete. Sie konstruiert eigene Erfahrungsräume, die wesentlich durch Phantasie und Projektion geformt werden. Natur und Kultur, Ökonomie und Lebensgewohnheiten des Reiselandes gehen in die Wahrnehmung nur als *Elemente unter anderen* ein. Häufig treten sie völlig in den Hintergrund und werden allenfalls noch als folkloristische Ornamente sichtbar. Doch auch dann, wenn Reisende bewußt auf das Kennenlernen des fremden Landes zielen, unterliegen sie bestimmten Wahrnehmungsselektionen und -verzerrungen, wie wir am Beispiel der Besichtigungsreisen sahen. Die Toskana der Kulturreisenden setzt sich (unter anderem) aus Zypressen, Kathedralen, Weinkellern, mittelalterlichen Dörfern zusammen. Viele Aspekte der Realität werden in diesen Vorstellungen ausgeblendet; die Hausfrau aus Arezzo oder der Student in Siena sehen ihre Umgebung wesentlich anders. Die Eindrücke des touristischen Erlebens *oszillieren* in eigentümlicher Weise zwischen den Bereichen, die wir als *real* bzw. *fiktiv* bezeichnen.

Über die Entstehung literarischer Texte hat Umberto Eco am Beispiel des Romanciers Alessandro Manzoni geschrieben: »Er erschafft seine fiktive Welt, indem er sich Aspekte der wirklichen Welt ausleiht.«[17] Touristen verfahren nicht anders: Sie nehmen die Teile der ›wirklichen Welt‹ aus ihren gewohnten Zusammenhängen und kombinieren sie zu einer neuen Realität.

Die fiktionale Seite touristischen Erlebens ist seit jeher gesehen worden – jedoch fast ausnahmslos als ein zu überwindender Defekt. Die ›unrealistische‹ Sichtweise der Touristen wurde ihnen als moralischer Mangel angerechnet – als ginge es darum, die fremde Wirklichkeit ›richtig‹ zu erkennen, als seien nur Faulheit und Egoismus schuld, wenn es dazu nicht kommt. Dieser Anspruch aber verkennt die Antriebe und Eigenarten des modernen Reisens. Es wird seit jeher durch Phantasien, Wünsche und Projektionen geleitet. Schon immer ging es nur begrenzt um die *Erkenntnis* der Fremde. Vielmehr suchen Touristen die *sinnliche Erfahrung imaginärer Welten,* die Realität der Fiktion. Die Reiseerlebnisse werden zu diesem Zweck inszeniert und konstruiert, die Elemente der Wirklichkeit in neuen Verbindungen angeordnet. Das gilt für die bürgerlichen Reisenden früherer Jahrhunderte wie für heutige Kulturtouristen, für die Badereisenden des 19. Jahrhunderts und für heutige Mallorca-Urlauber.

Die Konstruktion des Erfahrungsraums ›Urlaub‹ vollzieht sich auf zweierlei Art: *durch Einwirkung auf die äußere Welt* und durch *selektive Wahrnehmung.* Einerseits können Ferienwelten eigens für die Bedürfnisse der Reisenden hergerichtet werden. Solche Prozesse beginnen mit der Pseudo-Folklore von Heimatabenden und enden bei den durchgeplanten Freizeit-Parks, in denen kein Detail des Unterhaltungsprogramms dem Zufall überlassen bleibt. In all diesen Fällen wirken touristische ›Anbieter‹ auf die kulturelle und natürliche Umgebung ein, um touristischen Bedürfnissen entgegenzukommen – oftmals mit schwerwiegenden ökologischen und sozialen Folgen.

Auf der anderen Seite konstruieren Touristen ihre Ferienerfahrungen durch *Selektion* und *Montage* der eigenen Wahrnehmungen. Dieser Aspekt ist sozial und ökologisch unproblematisch; er wirkt ja nicht direkt auf die materielle Umgebung. Ebenso wie die Schaffung ›künstlicher‹ Urlaubs-Attraktionen führt er aber zur Entstehung spezifisch touristischer, von der Realität der Fremde wie vom eigenen Alltag scharf geschiedener Erfahrungsräume.

Ein anschauliches Beispiel für solche Prozesse gibt die Untersuchung des Ethnologen Hans Fischer über Touristen in der

Südsee. Die von Fischer befragten Reisenden sind keine ›Massentouristen‹. Sie haben fast ausnahmslos eine höhere Schul-bzw. Universitätsbildung sowie eine umfassende Reiseerfahrung. Sie halten sich für gründliche, an Land und Leuten interessierte Reisende. Ihre Wahrnehmung West-Samoas ist dennoch weitgehend fiktional. Sie basiert auf dem »Südseetraum«: »Weiße Strände, Palmen eben bis an das Wasser reichend und die Schwarzen, die mit ihrem kleinen Hintern da ankommen, die Kokosnüsse bringen. So hab ich mir die Südsee vorgestellt... Wenig Leute, wenig Technik, wenig Zivilisation, wenige Vorschriften. Freiraum. Dazu ein gutes Klima, also nicht kalt, sauberes Wasser zum Tauchen, viele Fische... Eine fröhliche Bevölkerung, eine herzliche Bevölkerung, liebenswerte, unkomplizierte Menschen.«[18] Dieses bei nahezu allen befragten Touristen vorhandene, kulturell tief verankerte Bild ändert sich durch den Aufenthalt nicht wesentlich – obwohl es mit der heutigen Realität West-Samoas kaum übereinstimmt. In der Reise-Wahrnehmung aber werden eben jene Elemente akzentuiert, welche die Vorstellung vom ›Südsee-Paradies‹ bestätigen. Die fiktive Welt tropischer Paradiese, die mit der Reiseliteratur des 18. Jahrhunderts entstand, bildet sich in den Augen der Touristen immer wieder neu.

Nun wäre es ein Irrtum, den Touristen ›unrealistische‹ Wahrnehmung als Mangel vorzurechnen. »Die Paradiesvorstellung, wie sie von Reisenden formuliert wird«, schreibt Hans Fischer, »ist offenkundig kein individueller Traum, sondern eine soziale Tatsache im Sinne Durkheims.«[19] Wenn touristische Welten nach Gesetzen der Imagination und der Projektion aufgebaut werden, so drücken sich darin nicht individuelle Unzulänglichkeiten aus, sondern tief verwurzelte kollektive Bedürfnisse und Phantasien.

Allerdings geht die fremde Wirklichkeit in unterschiedlichem Maß in die touristische Erfahrung ein. Tourismus ist nicht mit Fiktion *gleichzusetzen*; er kann – in begrenztem Maß – der Erkenntnis der Fremde dienen. *Konstitutiv* aber sind die Momente des Imaginären, der Phantasie und des Traums. Der fiktionale Zug und die ›Inszenierung‹ der Reiseerfahrung sind keine Verirrungen des modernen Massentourismus, wie die elitäre Tourismuskritik immer wieder behauptet. Der touristische Blick ist seit jeher ›unrealistisch‹. Nicht zufällig entwickelte er sich in enger Verbindung mit literarischen und anderen ästhetischen Formen.

Seit dem Beginn des Tourismus folgen die Reisenden Bildern und Büchern. Die moderne Sicht des Meeres wurde wesentlich durch Werke romantischer Dichter wie Byrons *Childe Harold*, aber auch durch die Gemälde von William Turner oder Caspar David Friedrich geprägt. Die Gebirgs-Vorstellungen der Reisenden lehnten sich im 18. Jahrhundert an Albrecht von Hallers Poem *Die Alpen* und Rousseaus *Julie, ou la Nouvelle Héloïse* an; die Landschaftswahrnehmung empfing wesentliche Impulse durch James MacPhersons *Ossian*-Gedichte und -Epen, das Italien-Bild wurde durch Madame de Staëls *Corinna* beeinflußt. Die Grenzen zwischen realistischen, fantastischen und utopischen Reisebeschreibungen sind oft derart fließend, daß die Gattungen sich nicht eindeutig trennen lassen. Der Historiker Urs Bitterli schreibt über die Reiseliteratur des 18. Jahrhunderts: »Darüber, ob es sich bei einem bestimmten Werk um einen tatsächlichen oder einen imaginierten Reisebericht handle, kann nicht selten erst eine exakte Kenntnis seiner Entstehungsgeschichte entscheiden.«[20] Literarische Fiktion und Reise-Wahrnehmung gehen unmittelbar ineinander über, es gibt zwischen ihnen keine strukturellen Unterschiede.

Literarische Texte und bildende Kunst schufen die Erwartungen an die Reiseerfahrung. Orte, die in den bekannten Büchern nicht erwähnt wurden oder die ästhetisch den beliebten Gemälden nicht gleichkamen, galten als uninteressant. Alain Corbin schreibt über Reisende des 18. Jahrhunderts: »Vollständige Blindheit herrscht ... gegenüber jenen Plätzen, von denen die berühmten Texte keine Notiz nehmen.« Der romantische Reisende will nicht primär fremde Wirklichkeit erkennen, er will vielmehr – so wiederum Corbin – »den aus einer Ahnung erwachsenden individuellen Traum vollenden. Die laufenden Verschiebungen vom Realen zum Imaginären ... stehen im Vordergrund der Reise.«[21] In Christopher Mulveys Studie über amerikanische England-Reisende des 19. Jahrhunderts heißt es: »Die Erfahrung der Literatur, die er als seine eigene betrachtete, formte die Suche des amerikanischen Reisenden nach dem ›heiligsten‹ Fleck auf der Erde seiner Vorfahren. Die Raum- und Zeit-Reise wurde zur mythologischen und psychischen, in welcher der Reisende seine Kindheit aus Erzählungen, Büchern, Bildern, Legenden und Träumen rekonstruieren konnte.«[22]

Viele Reisende des 18. und 19. Jahrhunderts fanden ihr höchstes Vergnügen darin, daß die Natur so aussah wie auf den Bildern der Landschaftsmaler. Ein Reiseführer von 1816 tadelte die Aussicht von der Rigi in der Zentralschweiz: Sie böte nur »eine Landkarte statt eines Poußin's, eines Claude Lorrain's, eines Salvator Rosa's.«[23] Hier war die Natur nicht auf der Höhe der Kunst, und es wurde ihr kritisch angemerkt.

Die Sprachgeschichte zeigt, daß es sich dabei nicht um Einzelphänomene handelt, sondern um einen kulturellen Prozeß von großer Tragweite. Mit *Landschaft* wurde ursprünglich ein Territorium (englisch ›region‹) umschrieben. In der Fachsprache der Künstler bedeutete ›Landschaft‹ das Landschaftsbild, die *gemalte* Region. Natur wurde bis ins 19. Jahrhundert nur dann als Landschaft bezeichnet, wenn sie den Szenerien der Maler ähnelte. Erst später entwickelte sich *Landschaft* zum Begriff für den »angeschauten Naturausschnitt«, für jedes Bild der Natur.[24]

Bereits im 18. Jahrhunderte ging es der Mehrheit der Reisenden – allen gegenteiligen Lippenbekenntnissen zum Trotz – nicht primär um die Erkenntnis fremder Länder; vielmehr stand im Vorderungrund der Wunsch nach der *sinnlichen Erfahrung fiktiver Räume*. Es ging darum, aus Literatur, Kunst, kollektiver Phantasie bekannte Bilder in der materiellen Realität *wiederzufinden*. Wohlgemerkt: Hier ist die Rede von den »innengeleiteten«[25] Reisenden der frühbürgerlichen Epoche, die angeblich viel aufmerksamer waren als heutige Massentouristen. Doch selektive, fiktionale Wahrnehmung war von Anbeginn ein *struktureller* Bestandteil des Tourismus, unabhängig vom Bildungsstand und der sozialen Position der Reisenden. Die Suche nach Traumwelten durchzieht alle Formen und alle Epochen der modernen Urlaubsreise. Die touristische Erfahrung ähnelt in mancher Hinsicht den Welten der Literatur, des Films, der bildenden Kunst – und diesen Kunstformen hält niemand ihren mangelnden ›Realitätssinn‹ vor. Die Imagination hat in diesen Bereichen ihr Recht. Diese Anerkennung steht für den Tourismus noch aus.

4. Tourismus und soziale Ungleichheit

Ein Gemisch aller Klassen

In Alfred Hitchcocks Film *Über den Dächern von Nizza* entwischt Cary Grant als Ganove der Polizei, indem er sich am Meeresufer kurz entschlossen bis auf die Badehose entkleidet und in der Masse der Strandurlauber verschwindet. Die Szene verdeutlicht die ›egalisierende Tendenz‹ des Tourismus. Die Badenden erscheinen als völlig verwechselbar; ein einzelner ist unter ihnen kaum zu identifizieren.

Reisen macht frei – und es macht in gewisser Weise gleich, denn die Attribute der sozialen Hierarchie verlieren in der Fremde an Bedeutung. Gewiß, der Reiche kann seinen Jaguar und seinen Smoking in die Ferien mitnehmen, er kann in den teuersten Hotels logieren oder sich Villen als Ferienhäuser mieten. Doch in der Badehose ist er vom Proleten nicht mehr unterscheidbar. »Vor der Sehenswürdigkeit sind alle gleich«, formuliert der amerikanische Soziologe Dean MacCannell.[1] In der Sixtinischen Kapelle drängen sich alle in gleicher Weise, es gibt dort weder Logenplätze noch Lieferanteneingang. Und gleich sind die Touristen auch auf der Skipiste, am Strand, auf der Bergtour. Die Ferienumgebung entkleidet sie weitgehend der Statussymbole; der Bezugsrahmen, innerhalb dessen diese ihren Sinn bekamen, löst sich auf. Normale Prestige- und Machtstrukturen verlieren ihre Gültigkeit.

Die sommerlichen Badestrände stellen das Sinnbild dieser Verhältnisse dar. Tausende sitzen und liegen da nebeneinander, durch nichts voneinander unterschieden als durch die Formen ihrer Körper. Die Sonnenschirme und Liegestühle, die Gummibälle und Badehosen – sie sind alle gleich. In den *Dingen* drücken sich keine sozialen Unterschiede mehr aus. Und wer das Spektakel von außen betrachtet: die kilometerlangen Reihen der Sonnenschirme, mal blau, mal rot, mal grün, der mag eben jenen Eindruck bekommen, den westliche Beobachter in den sechziger und siebziger Jahren aus dem kommunistischen China mitbrachten – eine ununterbrochene Reihung gleichartiger und sich gleich verhaltender Menschen, ›menschlicher Ameisen‹, wie es damals verächtlich hieß.

Bei genauerem Hinsehen zeigen sich natürlich Unterschiede. Aber es sind keine *gesellschaftlichen* Differenzen mehr, die hier zur Geltung kommen. Sichtbar werden allein noch die individuellen Unterschiede der Körper. Dicke und dünne Körper, große und kleine, gut gewachsene und verformte, gebräunte und bleiche – am Strand erscheint jeder als das, was er *physisch* ist. Auch daraus lassen sich Hierarchien entwickeln, und an Versuchen dazu fehlt es nicht: Wer ist der oder die Schönste, wer ist am makellosesten gebräunt? Doch sind das flüchtige Rangordnungen, die durch keine soziale Struktur gestützt werden und sich schneller wieder auflösen, als sie entstanden sind. Prinzipiell vermittelt der Strand das Gefühl der Egalität. Er wird – vielleicht nicht nur aus diesem Grund, aber gewiß auch deshalb – von den Mittel- und Oberschichten seit jeher mit Skepsis gesehen. »Tiefere uneinfachere Bedürfnisse«, spürt der Ich-Erzähler in Thomas Manns *Mario und der Zauberer*, bleiben »auf verödende Weise unbefriedigt« unter der »Schreckensherrschaft der Sonne«.[2] Das mag ja sein. Aber ist es nicht auch das ungeordnete, plebejische Durcheinander, das Verschwinden der sozialen Unterschiede, das den Strand den Bürgern und Intellektuellen so zwiespältig erscheinen läßt? Der immer neu beschworene Alptraum der Mallorca-Urlauber und Neckermann-Touristen, lohnt er wirklich die unaufhörliche Klage, die sich in den besseren Kreisen so gern erhebt? Oder ist diese Klage nicht vielmehr Abwehr des Pöbels, der für ein paar Wochen seine subalterne Position verläßt und dann, in der Badehose, sich nicht mehr unterscheidet von den ›besseren Leuten‹?

Vor allem zwei Ursachen bestimmen die egalisierenden Tendenzen des Tourismus. Zum einen basiert soziale Ungleichheit wesentlich auf der *Arbeitsteilung*. Diese spielt generell in der Freizeit und speziell auf Urlaubsreisen eine unbedeutende Rolle. Machtstrukturen sind nur schwach ausgeprägt. Die sozialen Gebilde der Freizeit sind in geringerem Maß hierarchisch organisiert als der Bereich der Berufsarbeit. Es gibt unter Touristen keine Abhängigkeiten und keine Befehlsstrukturen. Wer vom Kommandoton nicht lassen kann, mag noch versuchen, Kellner und Souvenirverkäufer zu schikanieren; wirkliche Macht bietet die Touristenrolle nicht.

Zudem zeigt der *touristische Konsum* eine eigentümliche Struktur, die ihn von anderen Wirtschaftsbereichen unterscheidet. Die eigentlichen touristischen Attraktionen – das Meer, das Gebirge, die kulturellen Sehenswürdigkeiten, die ›ruhige Atmosphäre‹ usw. – sind nämlich keine Waren; sie gehören niemandem und sind nicht verkäuflich. Auf dem Markt erscheinen – trotz aller Kommerzialisierung des Reisens – immer nur die zusätzlichen Leistungen: Unterkünfte, Restaurants, Freizeiteinrichtungen, Verkehrsmittel.[3] Damit ist aber Exklusivität im Tourismus nicht wie in anderen Wirtschaftsbereichen über den Preismechanismus herstellbar. Der Preis reguliert nur den Zugang zur *zusätzlichen* Dienstleistung, nicht zur Attraktion selbst; diese bleibt dem Zugriff aller offen, die sich überhaupt die Anreise leisten können. Die Verbilligung und Beschleunigung des Transports ist daher folgenreich für die Sozialstruktur des Tourismus: Nur sein Preis bildet eine wesentliche ökonomische Schranke gegen den Andrang der unteren Schichten. Im venezianischen Luxushotel mögen die Superreichen unter sich sein; der Markusplatz aber steht auch den Trampern offen.

Fast nie sind touristische Räume wirklich *exklusiv*. Grundsätzlich ist jedes Reiseziel jedem Touristen zugänglich – und in der Praxis zeigt sich, wie immer wieder die Refugien der Oberschicht zu Orten des Massentourismus ›absinken‹. Die Entwicklung der Transportmittel stellt den entscheidenden Faktor in diesem Prozeß dar. So ermöglichte es die Eisenbahn den Mittel- und Unterschichten, zügig und preiswert in Gebiete zu gelangen, die einstmals der Aristokratie vorbehalten waren. Die gleichmacherische Tendenz der Bahn wurde schnell erkannt. Der Dichter William Wordsworth wandte sich gegen den Bau einer Strecke in den schottischen Lake District, weil »Handwerker und Arbeiter und die unteren Klassen von Ladenbesitzern nicht versucht werden sollten, besondere Orte aufzusuchen, für deren Wertschätzung sie nicht erzogen sind«. Andere Autoren des 19. Jahrhunderts klagten, die Bahn ermutige »die unteren

Schichten, nutzlos durchs Land zu ziehen«; sie begünstige eine »gefährliche Tendenz der Gleichheit«; sie sei »ein großer Gleichmacher nicht nur der Straßen, sondern des sozialen Rangs«.[4] In vergleichbarer Weise hat die Entwicklung des Flugverkehrs einst exklusive Territorien großen Mengen von Touristen zugänglich gemacht; heute sind – anders als vor 40 Jahren – die Südsee, Bali oder die Karibik nicht mehr bloß Urlaubsgebiete der *happy few*.

Gewiß schlägt sich soziale Ungleichheit im Tourismus nachhaltig nieder: in der Reisehäufigkeit und Dauer der Fahrten, der Auswahl der Ziele, im Komfortniveau und im Reisestil. Die Hierarchie aber ist brüchig, die Rollen sind nicht eindeutig definiert, Touristen sind in erster Linie Touristen und können sich nicht als Abteilungsleiter, Professor oder Chefarzt zur Geltung bringen. Das gilt nicht nur am Strand, sondern ebenso im Skiurlaub, auf der Besichtigungsreise, beim Wandern oder Bergsteigen. Touristische Räume sind offene Räume, in denen weitgehend gleichartige Aktivitäten ausgeübt werden.

Am Beginn des modernen Reisens, in den hierarchisch organisierten Gesellschaften des 18. und 19. Jahrhunderts, fielen die egalisierenden Tendenzen des Tourismus deutlicher ins Auge als heute. Sie erregten Aufsehen und Bedenken. 1825 berichtete der *Westminster Review* über das »Gemisch aller Klassen, Altersstufen, Geschlechter und Bedingungen«, das in Rom versammelt sei: »Der Erste unseres Adels mit dem letzten unserer Bürger begegnen und berühren sich an jeder Ecke… kurz gesagt, Engländer jeder Art, hoch und niedrig, klug und dumm, reich und arm, schwarz, braun und blond.« Das *New Monthly Magazine* schrieb 1829: »Alle Arten von Untertanen Ihrer Britischen Majestät scheinen sich… auf Dampfern, Kutschen, der Schnellpost zu finden, in der gemeinsamen Verfolgung ständiger Bewegung.«[5]

Die strenge Raum- und Zeit-Ordnung der Höfe mit ihren »exakt abgestuften Zugänglichkeitschancen zu bestimmten sozialen Räumen« löst sich im modernen Reisen auf. »Naturzeit und Naturraum«, schreibt Götz Großklaus über den beginnenden Alpen- und Landschaftstourismus, »konnten als für jeden gleich zugänglich erfahren werden, bar jeder sozialen Gliederung, bar unterschiedlicher Zugangsschwellen. Im herrschaftsfreien Raum der Natur ließ sich eine neue egalitäre Ordnung aufrichten: eine Ordnung *ästhetischer*, nicht mehr sozialer Differenz... Vor der Natur war gewissermaßen jeder gleich; die Natur: ihre Räume und Zeiten unterlagen keiner Art von sozialer Kontrolle: des Zutritts oder der Verfügung.« Klaus Laermann hat gezeigt, wie die Reiseliteratur des 18. Jahrhunderts vorgibt, »keine Hierarchie der sozialen Räume zu kennen... Gerade dieses egalitäre Moment der Raumerfahrung muß für die große Beliebtheit der Reiseliteratur am Ende des 18. Jahrhunderts von ausschlaggebender Bedeutung gewesen sein.«[6]

Rob Shields hat die »Vermischung der Klassen und Geschlechter« als charakteristischen Zug des britischen Badetourismus im 19. Jahrhundert analysiert. Paul Bernard beschreibt, wie das Aufkommen des Ski-Tourismus Hierarchien untergräbt: Im Wettkampf spielen soziale Rangstufen keine Rolle, die sozial niedrig gestellten Schweizer Einheimischen sind den ausländischen Gästen sogar überlegen.[7]

Im Tourismus lassen sich soziale Privilegien nur mit Mühe verteidigen; wenige Orte der touristischen Weltkarte sind exklusiv genug geblieben, um die ›Massen‹ nachhaltig abzuschrecken. Daraus erklärt sich die erbitterte Ideologie des ›richtigen Reisens‹: Sie stellt einen Ersatz für den vorübergehenden Verlust der hierarchischen Ordnung dar. Doch der Trost ist schwach. Was hilft es den Angehörigen der Ober- und Mittelschichten, in den besseren Hotels zu wohnen und informierter zu reisen, wenn sie sich auf der Promenade, am Strand, im Café doch mit den kleinen Angestellten und Proleten mischen und nicht mehr als Besondere *unterscheidbar* sind? Die Gleichheitstendenzen des Tourismus sind heute ein Stein des Anstoßes wie vor 150 Jahren. –

Trotz aller egalisierenden Strömungen macht der Fremdenverkehr andererseits soziale Unterschiede in mancher Hinsicht *verstärkt sichtbar*. Das gilt besonders für das Verhältnis von Reisenden und Einheimischen, vor allem in den Ländern der Dritten Welt. Hier geben Besucher aus den wohlhabenden Regionen der Erde manchmal an einem Tag so viel Geld aus, wie ein Landesbewohner in einem Jahr verdient; ihr Auftreten steht in äußerstem Kontrast zur Realität der Einheimischen. Gewiß werden solche Unterschiede nicht durch den Tourismus hervorgerufen; doch er bringt sie in unübersehbarer Deutlichkeit vor Augen. Das hat Folgen für die Einheimischen. Die Sichtbarkeit eines reicheren, angeblich überlegenen Lebensstils kann zu verzweifelten Versuchen der Anpassung und Nachahmung führen, aber auch zu Abwehr und Neid oder zum depressiven Akzeptieren eigener ›Minderwertigkeit‹. Tourismus verschärft dann die ohnehin bestehenden Probleme, die aus den Unterschieden an Macht und Wohlstand hervorgehen.

Von der Kaffeefahrt zur Trekking-Tour: Typen des Tourismus

Auf Reisen verschwinden viele Zeichen der Ungleichheit, doch die sozialen Differenzen sind damit nicht aufgehoben. *Den* Tourismus gibt es ebensowenig wie *den* Touristen. Auch im Reiseverhalten, wie in fast allen anderen Lebensbereichen, spiegeln sich die Disparitäten der finanziellen Möglichkeiten, Lebensvorstellungen und Interessen. Ferienreisen entfalten sich in der *Spannung* zwischen Ungleichheit und Gleichheitstendenzen. An einem gegebenen Ort wirken Urlauber einander oft zum Verwechseln ähnlich; aber zugleich existiert eine Vielzahl unterschiedlicher Typen des Reisens.

Dieser Sachverhalt hat seinen Niederschlag in Klassifizierungen von Tourismus-Typen gefunden. So werden beispielsweise ›experimentelle‹ und ›entspannende‹ Tourismus-Stile oder *ethnic, cultural, historical, recreational tourism* unterschieden. Aussagekräftige empirische Befunde gibt es aber nur zu einem Thema, nämlich zu der Frage: *Wer reist wieviel?* Wir wissen mit einiger Genauigkeit, wie sich die sozialen Unterschiede in der Häufigkeit der Urlaubsreisen ausdrücken. In den großen Linien sind die entsprechenden Tendenzen seit Jahrzehnten stabil; auch treten dabei keine wesentlichen Unterschiede zwischen den westlichen Industrienationen auf.

Die Reiseintensität steigt mit *Einkommen, Bildungsstand* und *sozialem Status.* So traten 1993 in Deutschland 40 % der Bürger mit einem Haushaltseinkommen unter 1500 DM eine Urlaubsfahrt von mindestens fünf Tagen an, in der Einkommensstufe zwischen 1500 und 3000 DM waren es 52 %, bei Einkommen über 6000 DM mehr als 80 %. Im selben Jahr verreisten in der Bundesrepublik rund 60 % der Arbeiter, 75 % der Angestellten und Beamten, mehr als 80 % der leitenden Angestellten und höheren Beamten. Menschen aus Großstädten fahren deutlich häufiger in die Ferien als Bürger aus kleineren Orten und vom Lande. Es gibt mehr junge (zwischen 20 und 45 Jahren) als ältere Touristen. Besonders niedrig ist die Reisehäufigkeit bei Arbeitslosen, Rentnern, Arbeitern, Handwerkern, bei älteren Menschen und Landbewohnern.

Diese Ergebnisse gelten, wie gesagt, seit langer Zeit und für viele unterschiedliche Länder. Sie scheinen eine Konstante des Tourismus darzustellen. Im großen und ganzen sind sie banal. Bezieher höherer Einkommen konsumieren mehr touristische Erlebnisse, so wie sie auch andere Waren in stärkerem Maß konsumieren – einfach aufgrund ihrer höheren Kaufkraft. Damit ist zwar noch nicht alles erklärt. Außer den ökonomischen wirken auch kulturelle Unterschiede in der Einstellung zum Reisen. Wenn junge Menschen häufiger reisen als ältere, so hat das vermutlich wenig mit unterschiedlichen finanziellen Möglichkeiten zu tun. Insgesamt aber sind Reisehäufigkeit und -dauer vor allem von der Stellung in der sozialen Hierarchie und damit von der wirtschaftlichen Situation abhängig.

Im *Weltmaßstab* wirkt sich die soziale Ungleichheit noch erheblich stärker aus als innerhalb der einzelnen Gesellschaften: Der grenzüberschreitende Tourismus kommt gegenwärtig zu 95 % aus den reichen Ländern Europas und Nordamerikas sowie aus Japan.

Der Zusammenhang von sozio-ökonomischer Lage und Reisehäufigkeit ist also eindeutig. Wir erfahren damit aber noch nichts über unterschiedliche Reiseformen und -stile, über bevorzugte Reiseziele und das Verhalten unterwegs. Differenziert es sich ebenfalls nach sozialen Kriterien? Die Vermutung ist naheliegend, doch gibt es dazu keine hinreichend aussagekräftigen empirischen Untersuchungen.

Seit jeher werden bestimmte Ziele von unterschiedlichen sozialen Gruppen bevorzugt. Im Großbritannien des späten 19. Jahrhunderts gab es Badeorte für die Wohlhabenden und für die Arbeiter – obwohl sich die Trennung zum Leidwesen der Oberschichten nicht immer konsequent durchhalten ließ. Heute werden – jedenfalls in Deutschland – inländische Reiseziele eher von sozial schwächeren Schichten, von älteren Menschen sowie von Land- und Kleinstadtbewohnern aufgesucht. In Frankreich ist die östliche Mittelmeerküste (Côte d'Azur) ein bevorzugtes Reisegebiet der Ober- und gehobenen Mittelschicht, der westliche Mittelmeerbereich (Languedoc-Roussillon) wird mehr von der Mittelklasse, die Kanalküste stärker von Arbeitern besucht. In der Praxis des Tourismus-Marketings spielen Hypothesen über die Beliebtheit bestimmter Zielgebiete eine wichtige Rolle.

Über Einzelbefunde hinaus besitzen wir aber kaum Daten zum Zusammenhang von Sozialstruktur, Reiseformen und touristischen Zielen. Dabei sind die damit zusammenhängenden Fragen von großem Interesse. Unterschiedliche Reisestile wirken nachhaltig auf die Fremdenverkehrsgebiete. So wie der Alltag Nizzas um die Jahrhundertwende durch die russische und britische Aristokratie beeinflußt wurde, die dort ihr Winterquartier aufschlug, wirken auf Mallorca heute Verhaltensstile der britischen *working class*. Die Eigenarten der Ferienregionen sind zu einem wesentlichen Teil mit der Sozialstruktur derjenigen Gesellschaften verbunden, aus denen die Touristen stammen. Der touristische Raum wird, wie Jean-Pierre Lozato-Giotart schreibt, »nicht nur betrachtet, er wird hergerichtet (ummodelliert, umstrukturiert) und sogar konsumiert.«[8] Die unterschiedlichen Formen, in denen sich die touristische ›Herrichtung‹ vollzieht, sind von zentraler Bedeutung für die ästhetische Gestalt der Reisegebiete und für das Leben der Einheimischen; sie haben weitreichende ökologische und sozio-kulturelle Wirkungen. Warum beispielsweise entstehen in Torremolinos Hotel-Hochhäuser und in Castellina in Chianti diskrete Landhotels mit Naturstein-Fassaden? Wieso sprechen am Gardasee viel mehr Kellner und Hotelportiers deutsch als in der ebenso stark besuchten Toskana? Solche Differenzen haben mit Erwartungen und Reisestilen der Gäste zu tun und diese wiederum – so können wir annehmen – mit sozialen Unterschieden.

Eine Theorie, die solche Zusammenhänge aufgriffe, kann allerdings nicht allein mit sozio-ökonomischen Schichtungsmerkmalen operieren. Diese bringen zwar signifikante, aber in der Reichweite der Erklärung begrenzte Ergebnisse. Weiterführen können eher der Begriff des *Lebensstils* sowie – vor allem – die von Gerhard Schulze entwickelten Konzepte der *Milieus* und *alltagsästhetischen Schemata*.

Ökonomische Knappheit und die Abwehr existentieller Bedrohungen stellen in Schulzes Theorie der Erlebnisgesellschaft für die Mehrzahl der Menschen in den westlichen Gesellschaften heute keine elementaren Lebensprobleme mehr dar. Durch das Nachlassen des Drucks der Existenzsicherung haben sich die individuellen Wahlmöglichkeiten enorm vergrößert. Die Grundeinstellung verlagert sich zur *Erlebnisorientierung*. Es geht nicht mehr in erster Linie um das Erreichen äußerer Ziele. Der Lebenssinn bestimmt sich vielmehr durch »die Qualität subjektiver Prozesse«; man erstrebt »ein schönes, interessantes, angenehmes, faszinierendes Leben«. Mit dieser – als Massenphänomen historisch neuartigen – Orientierung bilden sich neue kollektive Muster der Wahrnehmung, der Sinngebung und der sozialen Beziehungen. Ästhetische Momente treten gegenüber funktionalen in den Vordergrund. Um bestimmte Zeichenkonfigurationen – die alltagsästhetischen Schemata – gruppieren sich soziale Milieus »als Erlebnisgemeinschaften«.[9]

Diese Kategorien können als Ausgangsbasis für Tourismus-Untersuchungen dienen. Bedauerlicherweise wurde in Schulzes empirischer Erhebung das Reiseverhalten der Befragten nicht berücksichtigt; wir sind daher diesbezüglich auf Vermutungen angewiesen. Es läßt sich aber annehmen, daß die Begriffe des Milieus und der alltagsästhetischen Schemata auch für den Tourismus – als einen besonders ›erlebnisorientierten‹ gesellschaftlichen Sektor – fruchtbar gemacht werden können. Ich deute einige Hypothesen an. In empirischen Untersuchungen wäre ihnen nachzugehen.

Im *Niveaumilieu* der älteren Bildungsschichten dominiert das Hochkulturschema. Es ist wesentlich durch Zurücknahme des

Körpers und die Wahrnehmung formaler Strukturen geprägt. Wir finden es in der klassischen Bildungs- und Studienreise, im Besuch der Kirchen und Museen, aber auch der ›pittoresken‹ Landschaften und Städte. Bevorzugte Reiseziele sind beispielsweise Rom und Florenz, die Pyramiden Ägyptens oder die romanischen Kirchen des Burgund. Das Muster wirkt nicht nur bei der Auswahl der Reiseziele, sondern auch im Reisestil. Der ›kontemplativen‹ Einstellung entspricht eine Suche nach ›Stille‹, die schon im 19. Jahrhundert ein wesentliches Distinktionsmerkmal der Reisenden aus höheren sozialen Schichten darstellte.[10] Touristenmassen, Lärm, starker Autoverkehr, Unterhaltungsbetrieb werden abgelehnt. Urlaub soll nicht dem Amüsement, sondern der Bildung und persönlichen Entwicklung dienen.

Angehörige des *Selbstverwirklichungsmilieus* – jüngere Menschen der gehobenen Bildungsschichten: Studenten und Lehrer, Architekten und Therapeuten, Ärzte und Ingenieure – finden sich in auffälliger Weise massiert an ›untouristischen‹ und ›unverdorbenen‹ Orten: auf Gomera und in den Cinque Terre, in abgelegenen Dörfern der Hochprovence oder auf dem Himalaya-Treck. Diese Wahlen gehen auf den anti-konventionellen Distinktionstypus zurück. Mehr als in anderen Milieus bemüht man sich, ›abseits der ausgetretenen Pfade‹ zu reisen. Doch sind daneben auch klassische Bildungsziele, wie die Toskana oder Andalusien, beliebt, da das Selbstverwirklichungsmilieu am Hochkulturschema teilhat. Konsequent abgelehnt werden die Ziele des ›Massentourismus‹ wie Rimini oder Palma de Mallorca.

Diese sind vermutlich eher bei Angehörigen des *Integrationsmilieus* beliebt, dem vorwiegend Personen der mittleren Bildungsschicht angehören. Das Integrationsmilieu kombiniert Hochkultur- und Trivialschema. Die Haltung gegenüber dem Fremden ist skeptisch, Neues wird eher abgelehnt als begrüßt. Ein charakteristischer Zug ist die sehr positive Bewertung von Konformität. Bevorzugte Reiseziele wären dann, so läßt sich vermuten, die erprobten und bekannten, gut durch eine touristische Infrastruktur erschlossenen Orte: die Adria oder die Balearen, der Gardasee und die österreichischen Berge. Andererseits aber hat man, anders im Harmoniemilieu der Unterschichten, Interesse an den Elementen des klassischen Bildungskanons. Daher gehören im Integrationsmilieu auch die Bildungsreise nach Paris oder in die Provence zum Programm. Die Angehörigen dieser Gruppe, so können wir annehmen, sind durchaus reiseaktiv; doch erwarten sie im Reisegebiet eine ›sichernde‹, teilweise vertraute Umgebung: Sprachkenntnisse des ausländischen Personals und einheimische Gerichte.

Relativ schichtunabhängig wirkt bei Angehörigen der jüngeren Generation das *Spannungsschema*, das durch Dynamik, körperliche Bewegung und die Suche nach Abwechslung charakterisiert ist. Es erscheint in den Diskotheken der Badeorte und im Skiurlaub, in Abenteuer- und Städtereisen, in allen Formen der Sportferien und im extensiven Herumfahren etwa der jugendlichen Inter-Railer. Bevorzugte Reiseziele sind Orte, ›an denen etwas los ist‹. Dabei kann es sich um Großstädte wie Paris, London und Berlin handeln, aber auch um Ferienorte mit einem großen Unterhaltungsangebot und vielfältigen Aktivitätsmöglichkeiten. Der Reisestil ist durch dauernde Bewegung und *action* gekennzeichnet; es werden große Strecken zurückgelegt und ständig etwas unternommen.

Im *Harmoniemilieu*, zu dem mehrheitlich Angehörige der älteren Jahrgänge mit niedriger Schulbildung zählen, dominiert das *Trivialschema*. Es steht dem Reisen eher fern. In der Tat ist in dieser sozialen Gruppe die Reiseintensität am geringsten. Gemütlichkeit und Geborgenheit bilden die zentralen Werte. Neues macht Angst, man sucht die Wiederholung des Bekannten. Wenn man überhaupt verreist – so können wir annehmen –, sucht man vertraute und beruhigende Orte, vorzugsweise im Inland, allenfalls im deutschsprachigen Ausland. Der Schwarzwald und Südtirol sind beliebter als Sizilien und Florida. Der Wunsch nach körperlicher Bewegung ist gemäßigt; ihm wird mit Spaziergängen und kleinen Wanderungen Genüge getan. Zum Unterhaltungsprogramm zählen das gemütliche Beisammensein in der Familienpension, der Besuch des Freibads oder ein Heimatabend. –

Wir greifen nochmals die eingangs gestellte Frage auf: Wie kommt es zur unterschiedlichen touristischen Struktur der Reisegebiete? Warum werden an der Adria den Fremden Würstchen

mit Sauerkraut geboten, in den Cinque Terre noch nicht einmal eine übersetzte Speisekarte? Wieso zeigen die Ansichtskarten der Provence edel stilisierte Landschaftsaufnahmen und
schläfrige Katzen vor blumengeschmückten Fenstern und diejenigen von Cesenatico barbusige Mädchen? Der Charakter
touristischer Räume entwickelt sich gewiß zum Teil aus einer
Eigendynamik dieser Gebiete: aus Traditionen, sozialen und
wirtschaftlichen Strukturen, auch aus den Interessen der Tourismusindustrie. Prägend wirken aber auch die Erwartungen
und Einstellungen der Touristen. Sie lassen die Kultur ihrer eigenen Gesellschaft in das Reiseland einsickern und wirken auf
seine Lebensformen. Mit den Begriffen der sozialen Milieus und
der alltagsästhetischen Schemata können diese Phänomene in
Beziehung gesetzt werden zu den sozialen Unterschieden unter
den Reisenden. Die empirische Untersuchung solcher Zusammenhänge bleibt eine offene Aufgabe.

5. Alltag, Fest und Ritual

Das Rätsel des Reisens: Was treibt uns in die Ferne?

Warum reisen wir? Warum reisen in unserem Jahrhundert mehr Menschen als jemals zuvor, scheinbar ohne sachlichen Zweck? Was treibt Jahr für Jahr Millionen von Menschen in die Ferne? Die Frage nach den Motiven und Bedingungen modernen Reisens ist die Grundfrage der Tourismus-Theorie. Sie hat verschiedene Antworten gefunden. Populär wurde vor allem die Vorstellung, der Tourismus stelle wesentlich eine Flucht vor den Belastungen der Industriegesellschaft dar, das moderne Reisen sei ein Ausweichen in ein fiktives Glück; es liefere eine Scheinlösung für die Probleme des Alltags. Eine Scheinlösung aber ist eher die Flucht-These selbst. Sie wächst auf dem Humus des Anti-Tourismus, der Verachtung der ›Massenreisenden‹ und ihrer Beweggründe. Von der *Faszination* des Reisens weiß sie nichts; sie behandelt die Glücksmomente des Unterwegsseins, als seien sie pure Illusion. Eine Theorie des Tourismus aber kann die subjektiven Erfahrungen der Reisenden nicht ignorieren. Die Steigerung des Lebensgefühls vieler Menschen in den Ferien läßt sich nicht einfach als unerheblich abtun. Vielleicht ist, wie Hans Magnus Enzensberger schreibt, »die Trostlosigkeit... dem Touristen vertraut«.[1] Mit Sicherheit vertraut sind ihm die Gefühle der Freiheit, des Genusses, der erhöhten Lebensintensität. Die Frage nach den Bedingungen solcher Erfahrungen wird nicht beantwortet mit der bequemen und überheblichen These, das sei alles nur Illusion.

Mit den historischen und sozialen Fakten stimmt die Flucht-These nicht überein. Am meisten reisen seit jeher die Angehörigen jener Schichten, die zur ›Flucht‹ am wenigsten Anlaß haben. Die ersten Touristen waren Aristokraten, die sich in ihren heimischen Villen, von einer großen Dienerschar umsorgt, durchaus wohlfühlen konnten. Noch heute ist die Reiseintensität am höchsten unter den Wohlhabenden, bei Menschen mit behaglichen Eigenheimen und angenehmen Arbeitsverhältnissen. Selbstverständlich *kann* das touristische Reisen der Realitätsflucht dienen – so wie die Lektüre, das gute Essen oder die Sportbegeisterung. Nur radikale Puritaner verurteilen deshalb Lesen, Speisen und Sport.

Das Reisen stellt seit jeher einen der großen kollektiven Träume der Menschheit dar. Zwar gab es immer gute Gründe, sich *nicht* auf den Weg zu machen. Vor allem die Gefahren und Anstrengungen des Unterwegsseins haben die Menschen vom Aufbruch abgeschreckt. Bis in die Neuzeit gestaltete sich das Reisen äußerst mühselig; in vielen Weltgegenden war man bereits im benachbarten Land oder Stammesgebiet seines Lebens nicht mehr sicher. Dennoch zieht sich das Reisemotiv machtvoll durch die Imagination aller Zeiten und Völker, von den schamanischen Riten vieler Stammesgesellschaften über das Gilgamesch-Epos und die Odyssee bis zu den Phantasie-Wanderungen der romantischen Dichter.

Besondere historische Bedingungen – Wohlstand, relative Sicherheit, gute Transportmöglichkeiten – erlauben heute die massenhafte Verwirklichung dieses uralten Traums. Seine Wurzeln aber sind nicht mit diesen Faktoren zu verwechseln; sie liegen tiefer. Die Bewegung, die Reisen grundlegend charakterisiert, ist universell verbreitet und in allen Kulturen nachweisbar: der Impuls, *die Ordnungsstruktur des Alltags zu verlassen und in andere Wirklichkeiten einzutreten.* In diesem Zusammenhang ist die Faszination des Reisens zu sehen: Es stellt eines der wirksamsten Mittel dar, der eingespielten sozialen Ordnung vorübergehend zu entkommen – nicht in blinder Flucht, sondern als produktive menschliche Leistung, die neue Erfahrungen ermöglicht. Insofern steht es den Ritualen und Festen, dem Spiel, dem Mythos und dem Theater nahe; es ist allen Formen menschlicher Symbolproduktion und Phantasietätigkeit verwandt, die aus der Gebundenheit ans jeweils Gegebene hinausführen.

Tourismus und Fest

In jeder Nacht schickt die Stadtverwaltung von Palma de Mallorca Wagen durch die Stadt, um besinnungslos betrunkene Touristen aufzusammeln. Feriengäste essen in Kirchen, ziehen mit Weinflaschen um Altäre, singen anzügliche Lieder; einige Touristen zündeten unlängst in einem Gotteshaus einen Haufen alter Schuhe an. Andere fahren in Leihwagen durch die Dörfer und werfen mit Abfällen auf die Einheimischen. Herumgrölende Reisende machen einen solchen Lärm, daß in Badeorten häufig die gesetzlich zulässigen Dezibelwerte überschritten werden. Bei Schlägereien unter Urlaubern auf der Insel gibt es zahlreiche Verletzte; jährlich kommen mehrere Menschen dabei ums Leben.

Berichte aus dem Horrorkabinett des Tourismus; sie sind nicht wahr. Diese Szenen haben sich in einer anderen Zeit und unter anderen Umständen ereignet. Sie fanden bei Karnevals- und Narrenfesten vergangener Jahrhunderte statt. Der Karren zum Auflesen von Betrunkenen wurde 1540 in Nürnberg angeschafft; Gewaltexzesse und höllischer Lärm waren als Begleiterscheinung mittelalterlicher Feste gang und gäbe; das respektlose Verhalten in Kirchen und das Bewerfen der Passanten mit Unrat bildeten einen üblichen Bestandteil der ›Narrenfeste‹ in vielen europäischen Ländern.[2]

Doch wir sind bereit, uns das Geschehen so ähnlich auf Mallorca vorzustellen (und uns entsprechend über die blöden Urlauber zu entrüsten). Wenn der *Spiegel* oder andere ernsthafte Journale über die »Insel des Irrsinns« berichten, so ist der Ton nicht wesentlich anders als bei den Gegnern der undisziplinierten und obszönen volkstümlichen Feste vor 400 Jahren. Erregte man sich damals über junge Männer, die in Frauenkleidern herumzogen und »seltzam bossen gerissen«, so stößt man sich heute daran, daß »Kegelbrüder Sangría aus Eimern« trinken oder »Kollegen eine Bierflasche zwischen die Beine stecken«.[3] Solche vergleichsweise harmlosen Vergnügungen, werden – heute wie damals – von seriösen, kultivierten Menschen nicht goutiert.

Die ›vulgären‹ Formen des Tourismus haben viel gemein mit den einst populären Festen: exzessives Trinken und Essen, Geschrei und Gesang, groteske Kleidung und obszöne Scherze, unverbindliche sexuelle Beziehungen, Rücksichtslosigkeit gegenüber Tabus, provozierende Betonung des Körperlichen – wissenschaftlich zusammengefaßt: einen »grobianischen Integrationsstil«[4].

Die Parallelen zwischen Tourismus und Festen gehen weit über solche Ähnlichkeiten hinaus. Roger Caillois hat Feste als *kollektive Durchbrechung der sozialen Regeln* beschrieben. Charakteristisch sind Transgression und Exzeß: der hemmungslose, ungeordnete Verstoß gegen die herrschenden Normen. Die gewohnte Welt löst sich vorübergehend auf. Die Feiernden treten ein in eine ›Urzeit‹, die zugleich Züge des bedrohlichen Chaos und eines paradiesischen Goldenen Zeitalters trägt. Sie bewegen sich in einer Traumwelt, in der das Universum formbar ist, die Identitäten der Menschen und Dinge nicht feststehen, in der Metamorphosen und Wunder sich ereignen und das Außergewöhnliche die Regel bildet. Damit gehen sie zugleich in die Erfahrungen der eigenen Kindheit zurück. Im Fest finden sie die Fülle des Lebens wieder, erleben intensive Gefühle, eine Erneuerung und Verwandlung des Selbst.

Viele dieser Züge erscheinen in abgeschwächter Form im Tourismus. Auch im modernen Reisen stellt die *Aufhebung der gewohnten Regel* die zentrale Struktur dar. Es bilden sich besondere Erfahrungswelten mit eigenen Normen und eben jenen Qualitäten des Außergewöhnlichen, die auch das Fest kennzeichnen. Sie tragen häufig den Charakter des Traums und der Regression. Das Erlebnis des ›voll gelebten‹ Lebens, starker Emotionen, der Erneuerung des Ichs ist eng mit dem Urlaub verbunden. Und wie im Fest, so sind auch in den Ferien die Identitäten der Menschen und Dinge beweglicher als gewöhnlich; die Welt ist weniger durchschaubar und weniger definiert, sie zieht gleichsam ›im Fluß‹ am Blick der Reisenden vorüber. Diese schaffen sich, wie die Teilnehmer der Feste, einen eigenen Kosmos mit Zügen des Traums und der Phantasie.

Fest und Tourismus haben gleichermaßen eine Tendenz zu Freiheit und Gleichheit. Sie wirken entdifferenzierend: die Aufsplitterung der Identitäten in verschiedene Rollen wird zugunsten einer ›Ganzheitserfahrung‹ überwunden, die sozialen Gruppen jenseits ihrer Unterschiede erlebt. Sie entlasten von den Schwierigkeiten des praktischen Lebens, vom Druck der Alltagssorgen und Zukunftsplanungen.

Beide erfüllen auch ähnliche Funktionen für die *Gliederung der Zeit*. Das Zeitempfinden ist auf Akzente und Unterbrechungen des gewohnten Rhythmus angewiesen; es verlöre sich sonst in einer melancholischen Gleichförmigkeit. Thomas Mann hat diese Überlegung im *Zauberberg* entfaltet: »Wenn ein Tag wie alle ist, so sind sie alle wie einer; und bei vollkommener Einfömigkeit würde das längste Leben als ganz kurz erlebt werden und unversehens verflogen sein.« Das Lebensgefühl ist an das Zeiterlebnis gebunden; es erschlafft im »ungegliederten Einerlei der Lebensführung... Wir wissen wohl, daß die Einschaltung von Um- oder Neugewöhnungen das einzige Mittel ist, unser Leben zu halten, unseren Zeitsinn aufzufrischen, eine Verjüngung, Verstärkung, Verlangsamung unseres Zeiterlebnisses und damit die Erneuerung unseres Lebensgefühls überhaupt zu erzielen. Das ist der Zweck des Orts- und Luftwechsels, der Badereise, die Erholsamkeit der Abwechslung und der Episode.«[5]

Das Reisen akzentuiert so die Wahrnehmung der Zeit. Damit übernimmt es eine wesentliche Funktion der Feste in traditionellen Gesellschaften. »Ohne Feste«, schreibt der Kulturanthropologe Edward Leach, »verschwände alle Ordnung aus dem sozialen Leben. Wir sprechen von Zeitmessung, als wäre Zeit ein konkreter Gegenstand, der darauf wartet, gemessen zu werden; aber in Wirklichkeit *schaffen wir die Zeit*, indem wir Intervalle im sozialen Leben schaffen... Feste dienen dazu, die Zeit zu gliedern.«[6]

Der Tourismus füllt so in mehrfacher Hinsicht den Platz, der einst von Festen eingenommen wurde. Im mittelalterlichen Europa wurde der Lebensrhythmus in heute kaum vorstellbarer Weise durch den Wechsel von Feiern und Alltag geprägt. Zwischen 100 und 150 Tage des Jahres waren arbeitsfrei. Bei religiösen Feiern, Märkten und Messen, zur Weinlese und bei zahlreichen anderen Gelegenheiten entfaltete sich neben den kirchlichen Riten ein ausgelassenes Volksfest-Treiben. In Großstädten wie Rom, Venedig, Paris oder Nürnberg nahm allein der Karneval etwa drei Monate des Jahres in Anspruch.

Diese Feierlichkeiten waren durch eine exzessive, chaotische Auflösung der Alltagsordnung gekennzeichnet. Herrschende Wertvorstellungen und Verhaltensregeln wurden auf den Kopf gestellt. Die mittelalterliche ›Lachkultur‹ verschonte weder religiöse Symbole und Riten noch die weltlichen Machthaber. Während des Karnevals waren die Städte wochenlang erfüllt von Lärm und Tanz, Festgelagen und Besäufnissen, Maskeraden und Umzügen. Die kirchlichen Rituale wurden hemmungslos persifliert; Gewaltexzesse waren nicht selten. An den ›Narrentagen‹, die vor allem in den Wochen nach Weihnachten begangen wurden, wandelte sich die Liturgie zum Possenspiel. Mitglieder des niedrigen Klerus oder Chorknaben lasen maskiert oder in weltlichen Gewändern die Messe, aßen und tranken auf dem Altar, tanzten und würfelten im Kirchenschiff. Gläubige folgten mit obszönen Bewegungen parodistischen Prozessionen, sangen anstößige Lieder und riefen unanständige Sprüche.

Die volkstümlichen Feste fanden seit jeher im Klerus und den Oberschichten ihre Gegner. Bischöfe und Bürgermeister versuchten, das wilde Treiben nach Kräften einzudämmen. Doch erst ab dem 16. Jahrhundert begann eine wirkungsvolle Disziplinierung des exzessiven Feierns. Die stärksten Provokationen und Tabubrüche wurden nach und nach verboten; die Feste verloren ihre unkontrollierten, chaotischen Züge. Der heutige Karneval gibt nur noch einen schwachen Widerschein jener elementaren Intensität, mit der Volksfeste einst begangen wurden.

Der Niedergang der Festkultur vollzog sich parallel zur Entfaltung des modernen Reisens. Gewiß stehen beide Entwicklungen nicht in einem unmittelbaren Zusammenhang. Der Tourismus stellt nicht eine direkte Fortsetzung der Tradition des Feierns dar. Doch er hat viele ihrer Funktionen übernommen.

Tourismus und Ritual

Das ›Massenreisen‹ entspricht der derb-volkstümlichen Seite mittelalterlicher Feste. Rimini mit seinen Diskotheken, Mallorca mit den Bier-Bars und viele andere Badeorte bilden ›karnevaleske‹ Ferienziele. ›Offizielle‹ Riten, wie sie einst im religiösen Kern der Feiern zum Ausdruck kamen, werden heute in Salzburg oder Florenz, an den Stätten Mozarts und Michelangelos, zelebriert. Der moderne Tourismus, wie das Fest, kennt das ausgelassene und ungeregelte Amüsement, aber auch die seriösen Rituale.

»Mein Buch vertritt die These, daß Sightseeing ein Ersatz für religiöses Ritual ist. Die Besichtigungsreise als säkulare Pilgerfahrt. Erlangung göttlicher Gnade durch Verweilen an den Schreinen der Hochkultur... Tourismus ist die neue Weltreligion: Katholiken, Protestanten, Hindus, Muslime, Buddhisten, Atheisten – sie alle eint der Glaube, daß man unbedingt den Parthenon gesehen haben muß. Oder die Sixtinische Kapelle oder den Eiffelturm.«[7] Der Wissenschaftler Roger Sheldrake in David Lodges Roman *Neueste Paradies Nachrichten* faßt ironisch eine Auffassung zusammen, die vor allem in der Tourismusforschung des englischen Sprachraums verbreitet ist. Um das Verhältnis von Pilgertum und Tourismus hat sich eine intensive Diskussion entfaltet. Ist die Triebkraft des modernen Massenreisens, wie diejenige der mittelalterlichen Pilgerfahrten, die Suche nach Erlösung? Finden im heutigen Tourismus *sacred journeys* zu den höchsten, transzendenten Werten unserer Kultur statt?

Der amerikanische Soziologe Dean MacCannell hat in der 1976 erschienenen Arbeit *The Tourist: A New Theory of the Leisure Class* diese Fragen nachhaltig bejaht. MacCannell sieht das Besichtigen als Ritual, in dem die Differenzierungen der modernen Gesellschaft zugunsten einer Einheitserfahrung überwunden werden. Beim *Sightseeing* kommt, anders als in der alltäglichen Erfahrung, die Totalität der Gesellschaft zum Ausdruck. Sehenswürdigkeiten werden durch ›Sakralisierung‹ als bedeutend definiert; sie weisen eine »genau analoge« Struktur zum »religiösen Symbolismus archaischer Völker« auf. Im Besichtigungs-Ritual gelangen die Individuen über die Begrenzung ihrer Alltagsexistenz hinaus; zugleich fördert es, als eine gemeinsame Erfahrung zahlloser einzelner, den sozialen Zusammenhalt.[8]

MacCannell hat mit seinem Text wichtige Anregungen gegeben. Er bezieht sich in seiner Analyse jedoch zu einseitig auf das Besichtigen, das ja nur eine – und oft nicht die wichtigste – unter vielen touristischen Aktivitäten darstellt. Zudem ist seine Darstellung der Objekte des *Sightseeing* unzureichend. Die Frage nach dem Verhältnis von Tourismus und Ritualen wird daher nicht überzeugend geklärt.

Die Diskussion ist generell durch das Schillern des Ritualbegriffs erschwert. In der Wissenschaft wie in der Umgangssprache hat er eine Fülle unterschiedlicher Bedeutungen. Es sagt infolgedessen wenig über den Tourismus, wenn ihm eine rituelle Struktur zugeordnet wird; zunächst wäre jeweils erst einmal zu klären, *in welchem Sinn* vom Ritual die Rede ist. Der Begriff ist mit großer Vorsicht zu verwenden, auch wenn man damit auf ein interessant klingendes Etikett verzichtet. Weiterführen kann vor allem der *konkrete Vergleich* touristischer Reisen mit traditionellen Ritualen – insbesondere der Pilgerfahrt – und ihren Funktionen.

Reisen, Ritual und religiöse Erfahrung stehen in einer systematischen Beziehung. Sie rührt aus dem Bruch mit dem gewöhnlichen Leben her, der gleichermaßen die Reise wie das spirituelle Erleben kennzeichnet. In beiden Formen wird der Alltag transzendiert und im Licht einer anderen Weltsicht neu interpretiert. Die Phasen der Übergangsrituale, die Arnold van Gennep in einem klassischen Text analysiert hat, lassen sich formal umstandslos auf das Reisen übertragen: Auf die Trennung folgen Übergang/Umwandlung und Wiedereingliederung. Vor allem in der Umwandlungsphase sind die Regeln des normalen Alltagsleben aufgehoben; oft geht sie mit einer physischen Trennung vom gewohnten Ambiente einher. Sie ist die Zeit der grundlegend anderen, das gewöhnliche Leben übersteigenden Erfahrung – ein Zwischenstadium jenseits der üblichen Rollen, Normen und Identitäten. Es stellt sich größere Nähe und Gleichheit ein als in der Normalwelt; Statussymbole verlieren ihre Bedeutung. In dieser Periode des Rituals sind die Menschen befreit von den üblichen Verpflichtungen; es werden »Faktoren oder Elemente der Kultur auf vielfältige, oft groteske Weise neu kombiniert«; die Menschen »›spielen‹ mit den Elementen des Vertrauten und verfremden sie.«[9]

Die Parallelen von Ritual und Reise sind offenkundig. Trennung von der gewohnten Umgebung, neue Verhaltensregeln, Tendenz zu Nähe und Gleichheit, Schwächung der üblichen Identitäten, andere Anordnungen vertrauter Elemente – all diese Momente gehen mit dem Reisen in mehr oder minder ausgeprägter Form einher. Zwar wird dadurch das Reisen noch nicht zum Ritual. Es weist dessen Formelemente auf, aber nicht notwendig seinen Inhalt: den Bezug zu übernatürlichen Wesen und Mächten oder zu den höchsten Werten einer Kultur, die enge Verbindung zu »nichtsozialen oder asozialen Lebens- und Todeskräften.«[10] Doch seine Struktur macht das Reisen zu einem geeigneten rituellen Medium. Reisen und Sakralität verbinden sich in allen Hochreligionen und vielen Stammesgesellschaften: *Pilgerfahrten* gehören zu den weltweit am stärksten verbreiteten religiösen Praktiken. Im europäischen Mittelalter stellten sie die quantitativ bedeutendste Form des Reisens dar. Heute führen sie zu den größten Menschenansammlungen auf der Erde. In Allahabad versammeln sich zum *Kumbha Mela* alle zwei Jahre rund 10 Millionen Menschen; die Pilgerfahrt nach Mekka steht im Zentrum islamischer Glaubensvorstellungen; für Europa hat man die Gesamtzahl der Pilger auf gegenwärtig rund 300 Millionen im Jahr geschätzt. Allein Lourdes hat jährlich doppelt so viele Besucher wie ganz Tunesien.

In der Pilgerreise sollen der *Bruch mit der Alltagswelt* und das *Erreichen eines heiligen Ziels* eine innere Erneuerung und das ›Heil‹ bringen. Im Begriff der re-creatio, der ›Neu-Erschaffung‹, kommt diese Vorstellung klar zum Ausdruck. Die Trennung von der heimischen Umgebung führt zu einer Schwächung der bisherigen Identität; auf dem harten Weg der Fremde wird der Pilger, gleichsam ein unbeschriebenes Blatt, bereit für die Begegnung mit dem *sacrum*, das ihn verwandeln und heilen soll. Wie in den Übergangsriten muß sich auch auf der Pilgerfahrt der Gläubige von der Alltagsumgebung lösen, um bereit zu werden für den verändernden Kontakt mit den übernatürlichen Kräften.

»Ein Tourist ist ein halber Pilger, ein Pilger ein halber Tourist«, schreiben die Anthropologen Edith und Victor Turner in der Studie *Image and Pilgrimage in Christian Culture.* »Selbst wenn Menschen sich in anonymen Massen an Stränden begraben, suchen sie eine fast sakrale, oft symbolisch verstandene Art der Gemeinschaft, die sie normalerweise im strukturierten Leben des Büros, der Geschäftsetage, des Bergwerks nicht finden können. Selbst wenn Intellektuelle auf Thoreaus Spuren einsam die Wildnis aufsuchen, streben sie nach der materiellen Vielfalt der Natur als einer Quelle des Lebens.«[11]

Im modernen Tourismus ist das Erbe religiöser Pilgerfahrten vor allem bei *Kunst- und Besichtigungsreisen* deutlich spürbar. Bereits die verbreitete Terminologie vom ›Kunstpilgertum‹ weist darauf hin. Die Formulierungen der Kunstreisenden knüpfen seit 200 Jahren unmittelbar an den religiösen Sprachgebrauch an. In der Schicht des Bildungsbürgertums wurde die ›Begegnung‹ mit dem Kunstwerk als quasi-religiöses Erlebnis begriffen. Von großer Kunst war der kenntnisreiche Betrachter ›ergriffen‹, ›berührt‹, ›erschüttert‹. »Denn da ist keine Stelle, die dich nicht sieht. Du mußt dein Leben ändern«, dichtete Rilke angesichts des *Archäischen Torsos Apollos.* Über eine andere römische Apollo-Stuatue schrieb Goethe: »Und so hat mich Apoll von Belvedere aus der Wirklichkeit hinausgerückt.«[12] Der Moment der Begegnung mit dem Kunstwerk ist in dieser Tradition ein sakraler Augenblick.

Seit jeher war die Kunst Träger religiöser Gehalte. Zwar brachte ihre Säkularisierung seit dem 15. Jahrhundert den allmählichen Niedergang ihres Kultwertes. In der Verehrung ästhetischer Qualitäten aber wurde die alte Hochschätzung der Kunst als einer sakralen Sphäre bewahrt. Der *divino artista* der Renaissance schafft gottgleich eine neue Welt. Sakralität liegt nun im Werk selbst, nicht in einer transzendenten Realität, die durch die Kunst hindurchscheint. Diese Vorstellungen leben im touristischen Besichtigen fort. Noch immer verkörpert das Kunstwerk den meisten Reisenden eine höhere Realität. Das läßt sich deutlich an der Bedeutung der *Authentizität* für das *Sightseeing* ablesen. Das große Publikum ist – wie der Kunstmarkt – nahezu ausschließlich an Originalen interessiert. Dafür sind nicht deren ästhetische Qualitäten verantwortlich; der Unterschied von guten Kopien und Originalwerken ist allenfalls von Fachleuten – und häufig noch nicht einmal von ihnen – durch Augenschein erkennbar. Dem von Rembrandt oder Cézanne eigenhändig geschaffenen Werk wird ein rational und ästhetisch nicht begründbares ›Mehr‹ zugeschrieben, das seine Anziehungskraft ausmacht; an die Stelle des Kultwerts tritt heute die Authentizität.

Strukturelle Analogien zwischen Kunstwerken als Zielen des Tourismus und Reliquien als Zielen der Pilgerfahrt sind so historisch begründet. Die Parallelen gehen bis in Details des Verhaltens. Wie für die mittelalterlichen Pilger spielt auch im heutigen Kunsttourismus die *physische Nähe* eine wesentliche Rolle. Suchte man einst das Heiligengrab zu berühren oder womöglich in unmittelbarer Nähe der Reliquien zu übernachten (die sogenannte *incubatio*), so ist heute ebenfalls die körperliche Begegnung von zentraler Bedeutung. Vor der florentinischen Accademia warten in der Sommersaison die Gäste oft mehr als eine Stunde, um den *David* Michelangelos zu sehen; die Verweildauer vor der Skulptur beträgt dann allenfalls wenige Minuten. Es geht dabei offenkundig nicht so sehr um eine Aneignung im ästhetisch-kunsthistorischen Sinn wie um einen kurzen – fast magisch verstandenen – physischen Kontakt mit dem Bildwerk. Dieser körperliche Bezug verlängerte sich einst im Andenkenwesen: An Wallfahrtsorten wurden Heiligenbilder, aber auch Fläschchen mit heiligem Öl und Wasser, sogar Kerzenwachs und Staubkörner aus den heiligen Räumen verkauft. So wie die Pilger kehren auch heutige Kunstreisende beladen nach Hause zurück; sie haben Reproduktionen, Ansichtskarten, Bildbände bei sich; ja manch ein Bildungsreisender steckt auf antiken Ausgrabungsstätten verstohlen eine Scherbe oder ein Steinchen in die Tasche. Nun bewahrt aber eine Ansichtskarte der Mona Lisa aufgrund des kleinen Formats und der veränderten Farben vom Original gerade noch eine Andeutung der Formen; ihre Betrachtung hat wenig mit ästhetischem Genuß zu tun. Eine solche Karte ist nur noch ein *Zeichen*, das sich zum Original ähnlich verhält wie der Staub vom Grab des heiligen Jakob zu den Reliquien des Heiligen.

Die Kunstorte, gleichsam heilige Stätten, reihen sich auf den klassischen Toskana-, Provence- oder Andalusien-Touren aneinander wie einst die Kirchen und Klöster an den Strecken nach Santiago de Compostela oder Rom. An die Stelle der Liturgie sind die Lesung aus dem Reiseführer oder die Erklärungen des Reiseleiters getreten, die obligatorisch zum Kunstkontakt gehören. Dieser vollzieht sich im Tourismus selten kommentarlos; nach gängiger Auffassung bedarf große Kunst der Interpretation. David Horne hat Reiseführer in diesem Sinn als »Devotionalientexte« bezeichnet.[13] Für diese These spricht, daß Kunstreiseführer und Ausstellungskataloge mit ihrem Fachjargon (»Lisenen, Obergaden, Risaliten«) vielfach nur für Experten verständlich sind, dennoch aber von großen Mengen der Besucher gleichsam ›rituell‹ erworben und genutzt werden.

Der Reliquiencharakter kunsttouristischer Ziele erstreckt sich auch auf Objekte, denen keinerlei ästhetische Qualitäten zugeschrieben werden. So sind etwa die Geburts-, Wohn- und Sterbehäuser von Schriftstellern beliebte Reiseziele; sie werden allein in Großbritannien jährlich von rund 2 Millionen Besuchern aufgesucht.[14] Mozarts Geburtshaus in Salzburg stellt das klassische Beispiel eines säkularisierten Heiligenschreins dar. In Westminster Abbey, dem Lenin-Mausoleum und an anderen Gräbern von Berühmtheiten kommt ein moderner Totenkult zur Erscheinung: zu sehen gibt es dort nichts, doch die Knochen und der Geist der verblichenen Größen üben eine – im wahrsten Sinn des Wortes – magische Anziehungskraft aus.

Die Parallelen zwischen Pilgerwesen und Tourismus treten bei Kunstreisen am deutlichsten auf, da sich hier die sakrale Tradition des Kultbilds niederschlägt. Sie sind aber auch in anderen Bereichen spürbar. So können auch *Natur und Bevölkerung* zu den Zielen eines Reisens werden, das auf Verwandlung des eigenen Ich, Erlösung und Heilung zielt. »Verschiedene Aspekte des Landes, des Meeres, des Himmels leisten ihre magische Erneuerungsarbeit«, schreibt der Anthropologe Nelson Graburn. »In der extremsten Form ist die Abwesenheit anderer Menschen ein Wirkfaktor... Wenn Natur heilt, magische Erneuerung und andere Wunder bewirkt, die gewöhnlich Lourdes, Gott oder Gurus zugeschrieben werden, dann wird die Medizin durch die

Gegenwart anderer Menschen geschwächt... Ein anderer Weg, dem Busen der Natur nahezukommen, geht über ihre Kinder, die Naturvölker, die einst als Bauern- und Primitiv-Völker und als instinktive Geschöpfe gesehen wurden. Kontakt mit ihnen ist möglich und ihre Natürlichkeit und Einfachheit versinnbildlicht alles, was in der Natur selbst gut ist.«[15]

Alexander Moore hat selbst für die *Disney World* in Florida eine strukturelle Nähe zu Pilgerzielen festgestellt. Die einzelnen Attraktionen sind nach dem Muster ritueller Passagen – im Dreischritt von Trennung, Übergang und Wiedereingliederung – aufgebaut; ihre Symbole evozieren historische, literarische, wissenschaftliche Mythen von der Heldengalerie der amerikanischen Geschichte bis zu Symbolisierungen des Todes; die gebundene Kreisform der gesamten Anlage geht auf das Vorbild barocker Residenzen zurück, die sich ihrerseits an einen Sonnensymbolismus anlehnen.

Die sakralen Motive im modernen Tourismus sind unverkennbar. Sie beschränken sich nicht nur auf die Parallelen zur Pilgerreise, obwohl diese das religiöse Ritual darstellt, welches dem Tourismus am nächsten steht. Wir haben gesehen, daß im Badeurlaub die Symbolik des Wassers als auflösende und regenerierende Kraft eine Rolle spielt und daß eine so ›banale‹ Urlaubsform wie das Campen Beziehungen zu archaischen Vorstellungen der rituellen Neuschaffung der Welt aufweist. Rituelle Elemente im Tourismus sind von zahlreichen Beobachtern konstatiert worden.

Die Verbindungen entstehen nicht zufällig. Zum einen weist das Reisen, wie wir gesehen haben, strukturelle Ähnlichkeiten mit dem religiösen Ritual auf. Der gemeinsame Nenner beider Formen ist der Bruch mit dem Alltagsleben. Soziale und individuelle Funktionen, die einst vom Pilgerwesen – und von anderen Ritualen – erfüllt wurden, lagern sich dem Tourismus an. Auf *individueller* Ebene suchen viele Menschen im Reisen bewußt oder unbewußt noch immer jene ›Erlösung‹, jene Transformation der Identität und innere Erneuerung, die auch das Ziel der Pilgerreisen darstellte. Goethe hat diesen Wunsch auf seiner Italienreise deutlich formuliert: »Gewiß, es wäre besser, ich käme gar nicht wieder, wenn ich nicht wiedergeboren zurückkommen kann.«[16] Heute arbeitet bereits die Tourismuswerbung mit solchen Vorstellungen: »Niemand, der je seinen Fuß auf afrikanischen Boden setzte, ist unverändert abgereist, und viele wurden für immer verwandelt.«[17] Die Hoffnung auf Erneuerung gehört zum modernen Reisen wie zur Pilgerfahrt.

Zugleich übernehmen Urlaubsreisen, jedenfalls partiell, auch die *soziale* Funktion der Pilgerfahrten: die Umwandlung gewöhnlicher Regeln und gleichzeitig die Stärkung des Zusammenhalts durch gemeinsame Erfahrung. Wie Jonathan Culler geschrieben hat, drücken Sichtweisen und Impulse des Tourismus »den mächtigsten und verbreitetsten modernen Konsens« aus.[18] Über alle ideologischen und sozialen Differenzen hinweg sind Menschen sich darüber einig, was sehenswert ist und wie man sich angesichts des Sehenswerten verhält. Die Hierarchie der *sights* – gleichzeitig eine Hierarchie kultureller Werte – und die gemeinsame Erfahrung des Reisens wirken sozial integrierend.

Dennoch ist die Verwendung des Ritual-Begriffs bei der Analyse des Tourismus oft problematisch. Zum einen läßt ihn seine Unbestimmtheit in der gegenwärtigen Diskussion als fragwürdiges Instrument für einen Gegenstandsbereich erscheinen, der selbst durch große Unschärfe charakterisiert ist und für den über Grundkategorien der Analyse keine Einigkeit besteht. Wird im Zusammenhang des Tourismus von ›Ritualen‹ gesprochen, so ist zunächst zu klären, in welchem Sinn von Ritual die Rede ist – eine ungute und komplizierte Situation.

Darüber hinaus gelten die Parallelen zum Pilgerwesen und den religiösen Ritualen nur für manche Urlaubertypen und bestimmte Reiseformen – und auch hier nur in begrenztem Maß. Keineswegs reichen sie aus, auf allgemeiner Ebene Funktionen und Formen des Tourismus zu ›erklären‹. Insbesondere der Bezug auf transzendente Mächte und Werte, der im Ritualbegriff mitschwingt – seien es übernatürliche Kräfte oder die höchsten Werte einer Kultur –, läßt sich auf den Urlaub nur mit äußerster Vorsicht anwenden. Tourismus berührt zwar häufig tiefe Erfahrungsebenen und Fragen der individuellen Sinngebung; er wird aber von zahlreichen Urlaubern zugleich als unverbindliches Vergnügen erfahren. Diese subjektive Wahrnehmung muß in die Begrifflichkeit eingehen. Als *Schlüsselkategorien* wären die Vorstellungen des Rituals oder der ›sakralen Reise‹ für eine Analyse des Tourismus zu ›schwer‹. Unter ihrem Bedeutungsgewicht verlöre er den Aspekt ›festlicher‹ Leichtigkeit, der ihm in der Realität zukommt.

Tourismus und Spiel

Dieser Aspekt erscheint eher im Begriff des Spiels. Spiel-Elemente der Ferien sind von kulturwissenschaftlich orientierten Forschern immer wieder betont worden. William Burch hat *The Play World of Camping* analysiert, Henri Raymond die Freizeitwelt des Club Méditerranée als ›Spiel-Raum‹ (espace de jeu) betrachtet, Alexander Moore sah Touristenverhalten in der Disney World als »organisiertes, routinisiertes Spiel«, James W. Lett hat die *ludic aspects* des Charter-Yacht-Tourismus in der Karibik hervorgehoben.

Vor allem zwei Spielformen treten im Urlaub auf: die *Verwandlung* und der *Rausch*.[19] Im Verwandlungsspiel wechseln wir vorübergehend unsere Identität. Prototypen dafür sind das Theater und das Rollenspiel der Kinder. Das Reisen bietet mannigfache Möglichkeiten für solche Veränderungen. In der fremden Umgebung sind wir nicht festgelegt durch die Persönlichkeitszuweisungen des Alltags. Intellektuelle oder Reiche spielen in den Ferien den Landwirt oder Handwerker, kleine Angestellte werden im Urlaub zum *king*. Alma Gottlieb hat diese Formen des Rollentauschs in einer Analyse des *Urlaubs auf amerikanisch* als »König für einen Tag« bzw. »Bauer für einen Tag« bezeichnet. Paul Theroux schildert die Metamorphosen auf Reisen in *Der alte Patagonien-Express*: »Wir waren weit weg von zu Hause und konnten sein, wer wir wollten. Reisen bieten wunderbare Entfaltungsmöglichkeiten für Amateurschauspieler.«[20]

Im Rausch, dem Spiel der veränderten Wahrnehmung, gerät die Stabilität der Welt auf lustvolle Art ins Wanken. In diesen fast tranceartigen Zustand, »der mit kühner Überlegenheit die

Wirklichkeit verleugnet«[21], führen Karussell und Achterbahn, aber auch das Sich-Drehen der Kinder, bis ihnen schwindlig wird. Im Tourismus sind ähnliche Spiele allgegenwärtig. Sie finden sich überall dort, wo Geschwindigkeit und Nervenkitzel auftreten: im Skifahren oder Drachenfliegen, beim Bungee-Springen und Wildwasser-Rafting, in den Attraktionen der Ferienparks, die den Besuchern immer raffiniertere ›Free-Fall-Türme‹, ›Outside-Looping-Bahnen‹ oder ›Space Mountains‹ bieten.

Darüber hinaus aber trägt das Urlaubsreisen als Ganzes – nicht nur einzelne seiner Formen – Züge des Spiels. Wie dieses ist es eine freie, zeitlich und räumlich abgegrenzte Aktivität, die auf keinen materiellen Nutzen zielt. Es bildet eine »zeitweilige Aufhebung der ›gewöhnlichen Welt‹«, in seiner Sphäre »haben die Gesetze und Gebräuche des gewöhnlichen Lebens keine Geltung«.[22] Es »entspannt, lenkt ab und läßt Gefahren, Sorgen und Arbeit vergessen... Man wählt selbst die Risiken, die im voraus bestimmt werden und nicht das übersteigen, was man eben aufs Spiel setzen will... Gewiß setzt der Spieler sich aus, aber schließlich entscheidet er selbst, in welchem Maß er es tut. Auch ist er freier und unabhängiger im Spiel als im Leben und in gewisser Weise geschützter vor dem Unglück.«[23] In ihrer besonderen Kombination von Unverbindlichkeit und Engagement, Freiheit und Sicherheit ähneln sich Tourismus und Spiel und erzeugen ein vergleichbares Vergnügen.

In allen Kulturen stellt das Spiel einen Königsweg aus der Alltagsordnung dar. Es ist nach anderen Regeln strukturiert als das ›wirkliche Leben‹. Insofern ähnelt es dem Fest und dem Ritual. Während das religiöse Ritual aber bedeutungsschwerer und ›wesentlicher‹ ist als der Alltag, treten wir im Spiel in eine unverbindlichere, gleichsam leichtere Realität ein. Der durch die Regeln abgesteckt Spiel-Raum steht im Kontrast zum Ernst des Lebens.

An diesem Punkt treten Spiel und Tourismus auseinander. Unauflöslich gehört zum Spielen das Bewußtsein, es sei alles nicht völlig ernst, ›nicht so gemeint‹, man tue ›bloß so, als ob‹. Spiel hat Fiktionscharakter; den Beteiligten ist klar, daß sie sich nicht in der ›wahren Wirklichkeit‹ bewegen, sondern eben in einem Spiel-Raum.[24]

Diese Voraussetzung aber gilt im Tourismus nicht. Das Verhältnis von Realität und Fiktion ist hier komplexer. Die Phantasie-Elemente im Tourismus verknüpfen sich in kaum durchschaubarer Weise mit der ›Wirklichkeit‹. Touristen – oder jedenfalls viele von ihnen – erleben die Reise als wirkliches Leben. Oft sogar in der Steigerungsform: als das ›wahre Leben‹, im Gegensatz zum blassen Alltag zu Hause. Das Bewußtsein des Scheinhaften, das sich mit dem Spielen verbindet, ist vielen Formen des Reisens ganz fremd. Im Gegenteil, hier strebt man nach ›authentischen‹ Erfahrungen, ›echten‹ Eindrücken vom Land, ›realen‹ Kontakten. Das Mexiko oder China der touristischen Reiseerfahrung wird nicht wie ein Theaterspiel als Fiktion erlebt. Es ist auch nicht in gleicher Weise Fiktion. Die Inszenierung der bestgeplanten Reise hat ihre Grenzen, die Wahrnehmung trifft immer wieder auf Unvorhersehbares, die Fahrt findet in der sozialen und materiellen Realität des fremden Landes statt.

Zwar kann das Reisen auch reinen Spielcharakter annehmen, wenn es im Bewußtsein der Touristen um die Erfahrung der Fremde gar nicht mehr geht, sondern nur darum, ›etwas zu erleben‹ oder ›sich zu amüsieren‹. Der Besuch der Vergnügungs- und Freizeitparks ist in solchem Sinn ein Spiel: Hier wissen alle Beteiligten – mit Ausnahme der Kritiker, die einen ›Zerfall des Wirklichkeitsbegriffs‹ durch künstliche Ferienwelten befürchten[25] –, daß sie eine ›nicht-reale‹ Welt mit eigenen Gesetzen betreten: Die Grenze ist durch den Eingangsschalter klar definiert. Solch klare Grenzen aber kennt die touristische Wirklichkeit gewöhnlich nicht. Ihre Regeln und ihre Fiktionen sind nicht als solche erkennbar. Sie hat eine kompliziertere Struktur und zugleich für die Reisenden eine tiefere Bedeutung als die meisten Spiele. So wie der Ritualbegriff für die Analyse des Tourismus zu ›schwer‹ ist, ist das Konzept des Spiels zu ›leicht‹. Spiel-Elemente durchziehen das moderne Reisen, doch Tourismus ist mehr als ›nur ein Spiel‹.

Der Nutzen sozialer Unordnung

Fest, Spiel und Ritual sind Formen außerhalb der Ordnung des Alltags. »In der heiligen Phase des sozialen Lebens sind die Regeln aufgehoben«, schreibt Roger Caillois; »In der Sphäre eines Spiels haben die Gesetze und Gebräuche des gewöhnlichen Lebens keine Geltung«, heißt es bei Johan Huizinga.[26] Im Bruch mit dem Alltag liegt ihre strukturelle Gemeinsamkeit mit dem Tourismus. Die Parallelen gehen aber darüber hinaus. Fest, Spiel, Ritual und Tourismus tragen anti-hierarchische, *egalisierende Züge*. Sie wirken *entdifferenzierend*: Ihre sozialen Gefüge sind vergleichsweise einfach aufgebaut, die Anforderungen an die einzelnen weniger komplex als gewöhnlich. Sie führen zu *Ganzheitserfahrungen* jenseits der Aufsplitterung in unterschiedliche Rollen. Das seelische Engagement der Teilnehmer ist oft größer als im Normalleben, das Lebensgefühl intensiviert.

Die Frage nach Motiven und Funktionen des Tourismus steht so in einem größeren Zusammenhang. Daß Menschen massenhaft ohne praktischen Zweck reisen, ist offenbar nur der Sonderfall eines universell verbreiteten Phänomens: des periodischen Abschieds vom Alltag. Alle bekannten Gesellschaften institutionalisieren einen Wechsel von Gewöhnlichem und Außer-Gewöhnlichem; fast alle Menschen ergreifen die Gelegenheit, in bestimmten Abschnitten des Lebens aus der Normalität herauszutreten. Die Frage »Warum reisen?« stellt sich damit in allgemeinerer Form: Welche Kräfte treiben Menschen immer neu in nicht-alltägliche Erfahrungswelten?

Zu den universell verbreiteten Grundvorstellungen des menschlichen Geistes gehört die Idee der *Metamorphose*. Wir träumen davon, jemand anders zu werden – den Begrenzungen des eigenen Ichs und der gewohnten Umgebung zu entkommen. Kinder verwandeln sich spielerisch in Tiere, Zauberer, Prinzessinnen, Könige; Erwachsene phantasieren ein Leben als Filmstar oder Millionär. In der archaischen Weltsicht sind, wie Edgar Morin schreibt, »alle Metamorphosen möglich und vollziehbar. In einer ungeheuren flutenden Verwandtschaft schwimmen alle lebendigen oder handelnden Dinge, denn sie sind noch nicht in den Kerkern der Objektivität und der Identität eingeschlossen.«[27]

Soziale Ordnung und persönliche Identität haben ein doppeltes Gesicht. Sie stabilisieren die Individuen und belasten sie zugleich. Einerseits verbürgen sie Sicherheit. Als reine Naturwesen könnten Menschen nicht überleben. Gesellschaft und Kultur vermitteln ihnen erst die Verhaltenssicherheit, mit der Tiere bereits biologisch ausgestattet sind. Bräche die soziale Struktur zusammen, so wären auch die individuellen Selbstbilder gefährdet bis hin zur völligen Auflösung – dem Wahnsinn.

Zugleich aber üben die sozialen Normen Druck aus. Sie kanalisieren Gedanken, Emotionen und Wahrnehmungen. Erwachsene – ›vollwertige‹ Mitglieder der Gesellschaft – sollen viele Verhaltensweisen und Gefühle zurückhalten, die Kindern noch erlaubt und selbstverständlich sind. Die spontane Symbolproduktion geht immer über das gesellschaftlich Erlaubte hinaus; die abgedrängten Phantasien erscheinen in den Träumen und Wünschen.

Die – durch das Sozialsystem verbürgte – Identität ist für unser Überleben notwendig; sie stellt aber auch eine Belastung dar. Sie bildet unsere psychische Existenzgrundlage und wirkt zugleich als Begrenzung. Sie legt die einzelnen fest auf ihr jeweiliges beschränktes, von Schmerz, Scheitern, Krankheit und Tod bedrohtes Dasein; sie schließt andere – reale oder nur phantasierte – Lebensmöglichkeiten als »nicht zu uns gehörig« aus. Zudem trennt sie vom Nicht-Identischen: den anderen Menschen, der Umwelt, der Natur.

Menschen streben mit einem Teil ihres Wesens daher immer aus den Grenzen des Ich und der Sozialordnung hinaus. Die Aufhebung der Alltagsnormen und der Identität ist zwar bedrohlich; andererseits kann sie aber als rauschhafte, beglückende Einheitserfahrung empfunden werden: in der Sexualität und im Drogengenuß, im Tanz und im Feiern, in allen Formen der Ekstase.

Starke psychische Kräfte – Bedürfnisse, die im praktischen Leben nicht zu befriedigen sind – drängen also nach einer Befreiung vom Druck der sozialen Ordnung und der Identitätskonstitution. Diesen Kräften geben alle Gesellschaften Raum. In symbolischen Konstruktionen vom Comic-Strip bis zum Mythos erscheinen Phantasien, die im Alltag keinen Platz haben.

Theater, bildende Kunst und Literatur erlauben es, kollektiv von anderen Realitäten zu träumen. Auch in den Zeiten der Feste, der Rituale und des Reisens betreten die Menschen ein Reich der Freiheit und Imagination. Sie erfahren eine vorübergehende Befreiung von der Last der fixen Identitäten und der Normen.

Phasen der Aufhebung gewöhnlicher Regeln sind für die Erhaltung der Ordnung unerläßlich. Die Entlastung vom Druck des Sozialen nimmt angestauten Wünschen und Trieben ihre Energie. In solchen Perioden wird zudem konkret erfahren, wie das Sozialsystem Sicherheit gibt und Identität verbürgt. Die Erfahrung des Nicht-Gewöhnlichen erneuert das Bedürfnis nach der Stabilität der bekannten Abläufe. Wer aus dem Karneval ins Arbeitsleben zurückkehrt, macht sich klar, daß ein ewiger Karneval viel anstrengender wäre als der normale Alltag.

Auf der anderen Seite fehlt den Gesellschaften, die einseitig ihre Ordnungsprinzipien durchzusetzen suchen, ein wesentliches Regulativ. Ihnen droht Erstarrung und damit die Unfähigkeit, auf veränderte Bedingungen zu reagieren. Die unterdrückten Impulse sind nicht mehr zu integrieren und wirken unkontrolliert im ›Untergrund‹. Solche Prozesse wurden zuletzt in den bürokratisch-sozialistischen Gesellschaften Osteuropas offenkundig. Nicht zufällig bildete das Bedürfnis, uneingeschränkt zu reisen, eines der treibenden Motive in den Protestbewegungen jener Länder. Der Reisewunsch entwickelt heute in Gesellschaften, die der ›sozialen Unordnung‹ keinen ausreichenden Raum lassen, eine enorme Sprengkraft.

Den Alltag verlassen

Schon immer haben Reisen – wie Spiele und Feste – der Entlastung vom Druck des Sozialen gedient. Bei den mittelalterlichen Pilgerfahrten spielte die Befreiung von den Alltagsnormen eine wichtige Rolle; das ungeordnete und schwer kontrollierbare Pilgerleben wirkte zugleich immer als Stein des Anstoßes. Doch waren Reisen bis in die Neuzeit hinein zu mühselig und gefährlich, um großen Menschenmassen einen genußvoll-spielerischen ›Ausstieg aus dem Alltag‹ zu erlauben. Wege und Transportmittel ließen die Reisenden leiden; unterwegs drohten Krankheiten und Kriminelle. Zudem war die Mehrzahl der Menschen nicht wohlhabend genug, um sich für längere Zeit den Aufgaben der materiellen Reproduktion zu entziehen.

Heute sind die mit den Fahrten einst verbundenen Erschwernisse und Gefahren weitgehend verschwunden. Durch die Entstehung der Freizeit, den zunehmenden Wohlstand, die Verbesserung der Transportmittel und die Ausweitung des staatlichen Gewaltmonopols ist nur noch mit geringen Risiken behaftet, was sich früher als Abenteuer mit ungewissem Ausgang darstellte. Damit ist ein Reisen möglich und sinnvoll geworden, das ohne praktische Ziele allein dem Zweck dient, nicht-alltägliche Erfahrungswelten zu erleben. Der moderne Tourismus hat Vorläufer nur in historischen Situationen mit vergleichbaren Zügen: vor allem im antiken Rom, wo ein gutes Straßennetz, relative Sicherheit und Wohlstand ›zweckfreie‹ Vergnügungsreisen erlaubten.

Ein weiterer Faktor trägt dazu bei, daß Reisen zu einem zentralen Medium nicht-gewöhnlicher Erfahrung wurde. In der neuzeitlichen Gesellschaftsordnung Europas und Nordamerikas haben Feste und Kollektivrituale an Bedeutung verloren. Ihre radikal ›antistrukturellen‹ Formen fielen seit dem 16. Jahrhundert Rationalisierungsprozessen zum Opfer. Es verschwanden die starken Exzesse des Karnevals und der Narrenfeste, die ›wilden Jagden‹ junger Burschen und Frauen, die Umzüge in Tierverkleidungen, die als ›Hexenwesen‹ verfolgten Riten, der zeitweilige Rollentausch zwischen den Geschlechtern. Diese archaischen, z. T. auf schamanistische Vorstellungen zurückgehenden Praktiken haben in den ›rationalen‹ Gesellschaften der Neuzeit keinen Platz.

Erfahrungen des Nicht-Gewöhnlichen verlagerten sich daher in neue Formen und neue Bereiche. Sie durchziehen heute *in verdünnter Form* das Alltagsleben und werden damit zugleich ›normaler‹ und schwächer als früher. Der Routine der Reproduktion entkommen wir schneller als die Mitglieder traditioneller Gesellschaften. Zahlreiche Hilfsmittel stehen dafür zur Verfügung: Fernsehen und Computer-Spiele, Fitness-Studios und Freizeitparks, Psycho-Workshops und Diskotheken, Bier und Kokain – kurz: das gesamte Angebot der legalen und illegalen Erlebnisindustrie. Immer wieder können sich die Individuen kurzzeitig aus dem Alltag ›ausklinken‹ und in Welten des Spiels und der Imagination eintreten. Waren einst ›heilige‹ und ›profane‹ Zeit klar getrennt, so sind heute Elemente der Regelaufhebung im gesellschaftlichen Leben ständig präsent. Der hohe Differenzierungsgrad moderner Gesellschaften ermöglicht die Entstehung von Freiräumen in vielen Nischen der Wirklichkeit.

Doch die meisten dieser Wege haben wenig Kraft. Meist handelt es sich nur um kurze Trips, die zudem weitgehend auf der Ebene der *Imagination* angesiedelt sind. Ihre Wirkungen sind denen traditioneller Rituale und Feste nicht vergleichbar. Diese erstreckten sich über Tage oder Wochen; alle oder die meisten Gesellschaftsmitglieder nahmen an ihnen teil; Entgrenzung wurde physisch erlebt: im stundenlangen Tanz bis über die Grenze der Erschöpfung hinaus, im Rückzug in Höhlen, im Fasten, in der durch Stimulantien veränderten Wahrnehmung. Die zeitlich begrenzten, individualisierten und vorwiegend symbolischen Tätigkeiten im modernen Freizeitbereich geben nur noch Schattenbilder solcher Erfahrungen.

Das touristische Reisen dagegen ist besser geeignet, die Funktionen herkömmlicher Feste und Rituale zu übernehmen. Wie diese führt es für einen *längeren Zeitraum* hinaus aus dem Gefüge des Alltags; es wird – jedenfall partiell – als *kollektive Erfahrung* erlebt; es bezieht in der räumlichen Bewegung und den Urlaubsaktivitäten den *Körper* ein. Indem Touristen sich aus der gewohnten Umgebung lösen, steht es ihnen frei, ›jemand anders‹ zu werden und sich vom Identitätsdruck zu befreien, ähnlich wie die maskierten Teilnehmer des Karnevals. Der Tourismus nähert sich den traditionellen Formen der Regelaufhebung stärker an als die meisten anderen Erfahrungsmodi unserer Gesellschaft. Gewiß bleiben wichtige Unterschiede bestehen. Die exzessive Qualität gemeinschaftlichen Feierns mit ihrer starken Gefühlsintensität wird im heutigen Reisen kaum je erreicht; es ist individualistischer angelegt und von stärkerer Affektkontrolle beherrscht.

Die Erleichterung des Reisens durch wirtschaftliche und technische Entwicklungen und der Funktionsverlust traditioneller Feste und Rituale wirken so zusammen als treibende Kräfte des modernen Tourismus. Erstmalig in der Geschichte bietet sich der Mehrheit der Bevölkerung die Möglichkeit, im Reisen nicht-alltägliche Welten zu erfahren. Dabei erlangt der Tourismus besondere Bedeutung dadurch, daß er – wie die traditionellen Rituale – Phantasietätigkeit und physische Handlungen miteinander verknüpft. Er findet seinen Schauplatz *zugleich* im Reich der Imagination und in der Körperwelt. Er führt, im Gegensatz zu Literatur oder Film, in ›wirkliche‹, materiell greifbare Welten – und bleibt dennoch dem Imaginären, den Träumen und Wünschen, verhaftet.

Imaginäre Geographie

Das Bedürfnis nach ›Aufhebung der Regeln‹ ist ein Kind der Vorstellungskraft. Die Symbolproduktion operiert unabhängig von praktischen Erfordernissen. Die Einbildungskraft der Kinder entwirft eine Vielzahl von ›zwecklosen‹ Bildern. Mit zunehmendem Alter werden die frei flutenden Phantasien kanalisiert und in ›sinnvolle‹ oder ›unnütze‹, ›wahre‹ oder ›falsche‹ Vorstellungen geschieden. Doch immer gärt ein Überschuß von Imagination, der im gewöhnlichen Leben nicht aufgeht. Er tritt bei den Individuen vor allem in Träumen hervor, liegt zugleich aber den kollektiven Bildern zugrunde, die sich in Kunst, Literatur, Werbung, Film manifestieren.

Immer werden solche Phantasiebilder *im Raum lokalisiert*. Kollektive wie individuelle Imagination braucht ihre Orte, denn eine nicht-räumliche Welt vermögen wir uns kaum vorzustellen. Umgekehrt regen reale Landschaften oder Städte die Vorstellungskraft an und dienen ihr als Material. Phantasien und Wissen zusammen formen die unauflösbare und schwer durchschaubare Einheit der imaginierten Welt. Sie wächst aus Informationen und Sehnsüchten, aus Berichten und Träumen; innere Vorstellungen und äußere Welt verschränken sich miteinander.

In allen Kulturen existiert daher eine *Geographie des Imaginären*. Der Olymp, die Inseln der Seligen, die Elysäischen Felder, der Hades sind Orte der räumlichen Welt. Märchen und Mythen berichten von geheimnisvollen Wäldern, magischen Quellen, göttlichen Bergen, verderbenbringenden Schluchten. Phantasie und Reisen sind eng miteinander verbunden. Phantasien werden an imaginären Orten angesiedelt, die man auf fiktionalen Reisen erreicht. Auch in der modernen Weltvorstellung tummeln sich Edle Wilde (die etwa die Gestalt des von der Zivilisation unverdorbenen griechischen Schafhirten annehmen können), blühen Irdische Paradiese (von Bali bis zu den Seychellen), strahlen Orte der Erlösung, wirken Plätze der Liebe, der Freiheit, des Todes. Imagination belebt und koloriert unsere inneren Landkarten. Am eindrucksvollsten erscheinen die mythischen Räume des modernen Bewußtseins in der Werbung: die Weiten Nordamerikas als Schauplätze männlicher Selbstbehauptung, die schmeichelnde Tropennatur als fruchtbarer Raum der Erotik, die Einsamkeit nordischer Fjorde als Bereich unbegrenzter Freiheit. Doch die imaginierten Orte sind heute real erreichbar. Touristen können der Wahrheit der Träume auf den Grund gehen; sie können sich überzeugen, daß es wirklich tropische Paradiese gibt und daß in Spanien die Nächte heiß sind.

Vor der Reiseerfahrung steht die Fiktion; daher hat das *Wiedererkennen* im Tourismus fundamentale Bedeutung. Der Regisseur Jim Jarmusch beschreibt diesen Mechanismus: »Am Anfang war der Mythos dieser Orte. New Orleans, aus einer Kombination von Südstaatenliteratur, Filmen und Musik. Memphis mehr durch Musik allein ... Ich habe alles, was ich mir ausgemalt habe, auch gefunden. Das war eine aufregende Erfahrung: Es war in meinem Kopf, und jetzt ist es da.«[28] Es geht im touristischen Reisen selten darum, etwas vollständig Neues zu sehen; vielmehr hoffen wir, die Wahrheit der kollektiven Phantasien zu erleben. Unsere imaginäre Geographie siedelt in Marokko malerische Araber mit Turban und farbige Basare an, in Venedig Gondeln und verfallende Palazzi, in Andalusien Flamenco-Tänzerinnen und rauschende Fiestas. Solche Bilder suchen wir auf unseren Reisen; wir sind beglückt, wenn wir auf sie treffen, und enttäuscht, wenn wir sie nicht finden.

Der Tourismus entfaltet sich im Spannungsfeld von kulturell vermittelten Phantasien und realer Ortsveränderung. Sein Ziel besteht wesentlich in einer scheinbar paradoxen Form des Erlebens: in der *sinnlichen Erfahrung imaginärer Welten.* Seine materiell-konkrete Seite läßt ihn als praktische Aktivität wie jede andere erscheinen, auf einer Wirklichkeitsebene mit dem Autofahren, Essen oder Einkaufen, die ja durchaus zum Reisen gehören. Zugleich nähert er sich aber den Bereichen der Phantasietätigkeit an: dem Traum, der Literatur, dem Film. Wir reisen in der wirklichen und der imaginären Welt zugleich, wenn wir als Touristen unterwegs sind.

Wir verstehen nun besser, warum sich das Besichtigungs-Reisen in engem Zusammenhang mit der Kunst entfaltet hat: Beide schöpfen aus dem gleichen kollektiven Ideenvorrat der imaginären Geographie. Seit dem 18. Jahrhundert nehmen Touristen die Sichtweisen von bildender Kunst und Literatur auf, suchen ihre Bilder wiederzufinden und folgen den Routen der Maler, Schriftsteller und ihrer Romanhelden. Rousseaus *Nouvelle Héloïse* oder Madame de Staëls *Corinna* haben Tausende von Reisenden geführt; ebensoviele blickten mit den Augen Claude Lorrains oder Nicolas Poussins auf die klassischen Landschaften Italiens und Frankreichs. Heute sehen Kultur-Reisende in der Provence die Motive Cézannes und in Lübeck die Schatten der Buddenbrooks.

Die Kraft der Fiktion: Reisen, Traum und Film

Besonders nahe aber steht der touristische Blick dem filmischen Sehen. Foto und Film prägen wesentlich die touristische Wahrnehmung. Die Hochglanzfotos der Reisezeitschriften und -bücher bringen die Bilder der imaginären Geographie in unübertrefflicher Eindeutigkeit zum Ausdruck. Sie zeigen die Welt, wie wir sie uns vorstellen und wünschen: Die Toskana ist zypressenbesetzt, New York glitzernd-modern, Venedig voller Gondeln, Marokko bietet Palmen und Basare. Auf Reisen halten wir nach den Szenen aus *GEO* und *Merian* Ausschau, so wie die frühen

Touristen durchs Claude-Glas blickten, um klassische Landschaftsmotive wiederzufinden.

Die Verbindung Kamera – Tourist wirkt nahezu unauflöslich. Fotografieren gehört zur Fahrt; »es scheint schlechterdings unnatürlich, zum Vergnügen zu reisen, ohne eine Kamera mitzunehmen« (Susan Sontag).[29] Das Foto schafft die Gegenwärtigkeit des Abwesenden. Es ist daher geeignet, die außergewöhnliche Erfahrung des Urlaubs zu fixieren und nach Hause zu transportieren. Die Erfahrung der Reise verlängert sich mit seiner Hilfe in den Alltag hinein und hellt ihn auf. So wie das Marienbild die Gläubigen an eine bessere Welt erinnert, sind Ferien-Dias und Reisebilder Ikonen, in denen die Realität des Urlaubs durchscheint. Mit der Erinnerung liefern die Ferienbilder zugleich eine magische Präsenz jenes anderen Lebens.

Die touristische Wahrnehmung wird wesentlich auch durch *Filme* geformt. Auf der Plaza von Veracruz fühlt sich Paul Theroux an einen Humphrey-Bogart-Film erinnert und notiert: »Möglicherweise liefert diese Art von Kinophantasie, in die man eintauchen kann, wenn man allein unterwegs ist, eins der Hauptmotive für das Reisen überhaupt.«[30] Das ist übertrieben. Doch von *Casablanca* über den *Tod in Venedig* bis zu *Zimmer mit Aussicht* ist die Zahl der Filme Legion, die auf unser Bild der Welt einwirken. In Italien entdecken Reisende Fellini-Szenen, in England hat man die Wahl zwischen edlen Landhäusern à la *Howard's End* und den Slums der sozialkritischen Regisseure, Kreta gemahnt an *Alexis Sorbas*. Vollends ist das europäische Bild Nordamerikas vom Kino geformt, ob es sich nun um das New York Woody Allens oder den Wilden Westen John Waynes handelt.

Nicht nur prägen Filme unsere Wahrnehmung, sondern die Filmstätten werden auch zu Touristenzielen eigener Ordnung. Kulissenorte für Western-Movies ziehen Zehntausende von Reisenden an. Alexander Moore hat die Bedeutung der Sehenswürdigkeiten von Los Angeles für japanische Touristen untersucht. Das Hauptinteresse konzentriert sich auf Disneyland als Heimat von Micky Maus, Dornröschen und Aschenbrödel, auf Hollywood (wo es aus Mangel an öffentlich zugänglichen Studios gar nichts zu sehen gibt) sowie auf Beverly Hills, das Wohnviertel der Stars. Moore schließt, die wichtigsten *sights* von Los Angeles seien »Ausdruck der Mythologie der Filme in der wachsenden post-modernen Weltzivilisation«.[31]

Besonders stark ist der Einfluß des Kinos in den Themen- und Erlebnisparks, die heute zu den meistbesuchten Touristenzielen der Erde gehören. Die größten dieser ›künstlichen Ferienwelten‹ – Disneyland in Kalifornien und Japan, Disney World und Universal Studios in Florida, Euro Disney bei Paris – wurden von Filmgesellschaften aufgebaut und sind weitgehend an Kino-Themen orientiert. Disneyland wurde vielfach mit einem Filmdekor vergleichen; nach Reyner Banham stellt es das Set für einen Film dar, der nie gedreht wurde und nur im Kopf der Besucher abläuft.[32]

Die enge Verbindung von Film und Tourismus ist nicht zufällig; sie basiert auf gemeinsamen Strukturen der Wahrnehmung und Imagination. Beide schaffen Erfahrungswelten, in denen sich *Wirklichkeit und Traum wechselseitig durchdringen.* Aus ›realen‹ Einzelelementen entsteht jeweils ein fiktionaler, mit Gefühlselementen aufgeladener Raum. Die Grundprinzipien dieser Konstruktion sind *Montage* und *Bewegung.*

Die Nähe des Kinos zum Traum ist immer wieder festgestellt worden; sie kommt im Begriff der ›Traumfabrik‹ zum Ausdruck. Im Film sind nach einer Beobachtung von Paul Valéry »alle Attribute des Traums mit der Präzision des Wirklichen ausgestattet«.[33] Der Film respektiert zwar die objektiven Formen, er zeigt – mit Ausnahme des Zeichentrickfilms – die Gegenstände physisch genau, beachtet das Gesetz der Konstanz und schafft so »scheinbar authentische Objekte und Milieus«.[34] Doch die realistischen Mittel dienen der Erschaffung fiktiver Welten. Das Imaginäre bildet im Kino die beherrschende Strömung. Es setzt sich in den Inhalten, aber auch über Selektion, Ästhetisierung, Typisierung in der Darstellungsform durch.

Die Montage akzentuiert das Moment der *Bewegung.* Schnitte, Einstellungswechsel, zeitliche Dehnung und Beschleunigung, Rückblenden, Großaufnahmen, Umkreisungen sprengen das Raum-Zeit-Kontinuum und intensivieren den emotionalen Gehalt. Die Kamera ist allgegenwärtig, sie erreicht Vergangenheit und Zukunft, die versteckteste Höhle und die Weiten des Weltalls.

Mit Hilfe dieser Techniken dringen Gefühlsfaktoren in das Geschehen ein. Gegenstände und Handlung werden mit Emotionen aufgeladen. Die Dinge bekommen eine ›Seele‹. Ein Wassertropfen in Großaufnahme, eine knarrende Tür, der Löffel in einer Kaffeetasse können zu Bedeutungsträgern werden. In der magischen Welt des Kinos ist nichts ohne Leben und Sinn. Am deutlichsten wird dieser Zug im Zeichentrickfilm, in dem wie im Mythos die Tiere sprechen und alle Verwandlungen möglich sind.

Die auf Bewegung basierende Durchdringung von Realität und Traum kennzeichnet auch den Tourismus. Auch hier sind die wahrgenommenen Elemente ›real‹, das von Stimmungen und Gefühlen gefärbte Gesamtbild aber weitgehend imaginär. Die touristischen Eindrücke sind gleichsam am Schneidetisch montiert. Vieles wird als ›unbrauchbar‹ aus der Wahrnehmung ausgeschlossen, die ›gelungenen Szenen‹ gehen in die Urlaubsvorstellung ein. Die touristische Wahrnehmung *ästhetisiert* und *typisiert* wie der Film. Sie ist durch ständige Bewegung charakterisiert. Ortswechsel und Standpunktänderungen schaffen eine Fülle von Bildern und immer neue Perspektiven. Die Abstände wechseln zwischen Panoramablick und Nahsicht, es gibt Sprünge, Schnitte, Umkreisungen. Wie die Filmkamera, so ist auch der Tourist potentiell allgegenwärtig: im Turmverlies wie in der weiten Landschaft, in der Vergangenheit der Museen und in der Zukunft hypermoderner Bauten.

Das filmische Sehen reproduziert sich am ausgeprägtesten in der Verbindung von Auto und Fotoapparat. Hinter dem Wagenfenster ziehen die Bilder vorbei, zwischen den Reisenden und die Außenwelt schiebt sich die technische Apparatur. Betrachter und Landschaft befinden sich nicht in einem Raumkontinuum. Der ›panoramatische Blick‹ aus dem Auto konzentriert sich auf den Gesamteindruck, der Vordergrund und die Details treten zurück. Sie kommen wieder zu ihrem Recht, wenn der Wagen geparkt und die Kamera gezückt ist. Ein gekrümmter Olivenbaum, ein einsames Gehöft, ein Mohnfeld – solche Einzelheiten, die hinter dem Autofenster bedeutungslos waren, entscheiden über das Gelingen der Aufnahme. Sie laden sich wie im Film mit Gefühlswerten auf und erhalten ›Bedeutung‹.

Davon zeugen die Ansichtskarten, auf denen einzelne Steinmauern, Portale oder Zypressen zu sehen sind.

Wie das Kino, so ist auch der Tourismus ein Bereich ständiger *Verwandlungen.* Was im Film der Schnitt leistet, erreicht man auf Reisen durch den Ortswechsel: das plötzliche Verschwinden und Auftauchen von Gegenständen und Menschen, die schnelle Änderung von Gefühlszuständen, ein ›Flüssigwerden‹ der Zeit, die sich im Rhythmus der wechselnden Erfahrungen verlangsamt oder beschleunigt. Dies alles sind zugleich Qualitäten des *Traums.* Der Traum spielt nicht im Raum-Zeit-Kontinuum, er läßt Dinge auftauchen und verschwinden, schafft makro- und mikroskopische Effekte, zeigt Teile stellvertretend für das Ganze, färbt die Geschehnisse mit Wünschen und Ängsten. Von den Parallelen zwischen Traum und Tourismus weiß das Alltagsbewußtsein; sie kommen in Begriffen wie ›Traumstraßen‹, ›Traumstrände‹, ›Traumreisen‹ zum Ausdruck. Der gemeinsame Nenner von Film, Tourismus und Traum liegt darin, daß subjektive Kräfte die Realität ergreifen, mit Gefühlselementen aufladen und transformieren. Im praktischen Leben werden solchen Projektions-Prozessen ständig Grenzen gesetzt; im Film – wie im Tourismus – haben dagegen die Bedürfnisse und Phantasien freien Lauf. Hier läßt sich folgenlos träumen.

Im Leben der meisten Menschen ist das filmische Element heute vor allem durch das *Fernsehen* gegenwärtig. Das Fernsehen ist gleichsam die ›kleine Reise‹. So realistisch es sich gibt, besteht eine seiner wichtigen Funktionen doch darin, Welten darzustellen, die nicht durch die üblichen Normen determiniert werden. Wie im Märchen sieht man den Hans im Glück, der binnen weniger Minuten durch einige Quiz-Antworten reich wird; wie im Mythos begegnet man Grund- und Grenzsituationen des menschlichen Daseins: dem Kampf zwischen Gut und Böse, den Taten des Helden, der tragischen Liebe, dem Tod. Das Fernsehen transportiert für Minuten oder Stunden aus der Normalwirklichkeit und schafft dem Nicht-Gewöhnlichen Raum. Es übernimmt in dieser Hinsicht ähnliche Funktionen wie das Reisen. »Zweifellos ist es der Zeitung, dem Radio, dem Fernsehen zuzuschreiben«, schreibt Edgar Morin, »daß das *Zuhause* wie nie zuvor ein *Woanders* ist.«[35]

Die Parallelen zwischen Film und Tourismus verdeutlichen, wie sehr sich die touristische Erfahrung den fiktionalen Welten annähert. Es geht im modernen Reisen darum, imaginäre Vorstellungen real zu erleben; Phantasien sollen für einige Wochen im Jahr Wirklichkeit werden. Der Anspruch ist nicht so paradox oder illusionär, wie er auf den ersten Blick erscheinen mag. Der ›Überschuß‹ an Symbolen, der sich in den Träumen zeigt, drängt nach Darstellung. Im Alltag hat er keinen Platz. Traditionelle Gesellschaften schaffen ihm Raum in Festen, Spielen, Ritualen, Kunst. Film, Fernsehen, Tourismus sind spezifisch moderne Bereiche für die im Alltag ›überflüssigen‹ Gefühle und Symbole.

6. Tourismus und Natur

Ein ambivalentes Verhältnis

Seit den achtziger Jahren hat die Tourismuskritik problematische Umweltfolgen des Massenreisens aufgezeigt. Sie liegen auf der Hand: der gesteigerte Energieverbrauch durch Auto- und Flugverkehr, die Vergeudung von Wasser- und Brennstoffressourcen in Ländern der Dritten Welt, die Zerstörung von Naturräumen durch Ferienanlagen, der in den Bergen des Himalaya wie an den Ufern tropischer Inseln herumliegende Touristenmüll. Die ökologischen Wirkungen des Tourismus werden in der Öffentlichkeit heute relativ gründlich diskutiert.

Die Vertreter der Branche haben sich der Kritik gegenüber vergleichsweise offen gezeigt. Zügig wurden Umweltschutzmaßnahmen ergriffen – vorzugsweise allerdings solche, die wenig kosten, wie die Ausgabe von Abfallbeuteln an Ferntouristen und die Verbannung der Plastikverpackungen vom Frühstückstisch der Hotels. Große Unternehmen beriefen Umweltbeauftragte und versuchten, auf ökologisch angemessene Entwicklungsstrategien in den Reiseländern hinzuwirken. Relativ schnell entwickelte sich eine Zusammenarbeit der Tourismusbranche mit ihren Kritikern. »Jeder, der im Tourismus etwas auf sich hält, hat nun als Qualitätsmaßstab die Umwelt im Programm«,[1] schreiben Christel Burghoff und Edith Kresta. Sie sehen diesen Prozeß vorwiegend als Resultat geschickten taktischen Verhaltens. In der Tat kann die Aufgeschlossenheit der Unternehmen nicht darüber hinwegtäuschen, daß die großräumige Erschließung neuer Feriengebiete – mit allen zerstörerischen Folgen – weitergeht. Völlig ungelöst bleiben auch die Probleme des Energieverbrauchs und der Emissionen des Freizeitverkehrs.

Doch das ambivalente Verhältnis von Tourismusbranche und ökologischer Kritik wird nicht nur durch Marketing-Überlegungen bestimmt. Grundsätzlichere Fragen spielen eine Rolle. Tourismus nutzt und unterwirft die Natur. Insofern geht er den

Weg allen modernen Wirtschaftens. Er bleibt aber, anders als die Produktion von Gebrauchsgütern, unmittelbar auf die Natur und ihre ästhetischen Qualitäten angewiesen. Umweltzerstörung kann eine Folge des Tourismus sein; zugleich aber bedroht sie sein Funktionieren. Im Unterschied zu anderen Branchen hat die Tourismuswirtschaft ein direktes ökonomisches Interesse an der Bewahrung ›intakter‹ Naturräume. Algen- und Ölpest, Luftverschmutzung und Lärmbelastung entwerten ihr Produkt.

Das Verhältnis des Tourismus zur Natur ist strukturell widersprüchlich: zugleich eine Beziehung der *Ausbeutung* und der *Idealisierung*. Beide Momente sind in anderen gesellschaftlichen Bereichen getrennt. In der europäischen Moderne haben sich ein objektives und ein subjektives Moment der Naturwahrnehmung entwickelt. Ihr polarer Gegensatz bestimmt unser widersprüchliches Verhältnis zur natürlichen Umwelt. Technik und Warenproduktion zielen auf ihre Beherrschung, gefühlsmäßiges Erleben und Ästhetik sehen sie in romantischer Verklärung. In der Arbeit nutzen wir Natur als Rohmaterial, im emotionalen Bezug ist sie das Projektionsfeld für Vorstellungen von Liebe und Schönheit, ja sogar Spiegel religiösen Erlebens. Im realen Verhalten zwingen wir ihr unseren Willen auf und schänden sie, in der ästhetischen Kontemplation und in der Phantasie erleben wir sie als umfassend, schön und mächtig, als ›Mutter Natur‹.

Im modernen Reisen verbinden sich diese gewöhnlich getrennten Pole des neuzeitlichen Naturbezugs. Das liegt daran, daß der Tourismus sowohl an der objektiven als an der subjektiven Sphäre teilhat, sowohl reales Handeln darstellt als auch Phantasietätigkeit.

Als *konkretes Handeln* wirkt der Tourismus zunächst naturzerstörend. Er wird nach den Maßstäben der Effizienz organisiert, die unser gesamtes ökonomisches und auch wesentliche Bereiche des nicht-wirtschaftlichen Verhaltens strukturieren. Ästhetische Kriterien oder gar die Vorstellung von Natur als einem aus ethischen Gründen zu respektierenden Subjekt spielen dabei keine Rolle. Wir wollen schnell an unsere Ziele kommen – unabhängig davon, welche Umweltbelastungen mit Auto- und Flugverkehr verbunden sind. Wir wollen komfortabel wohnen

– auch wenn die nötige Infrastruktur Ressourcen verschlingt und Naturräume zerstört. Wir wollen preiswert reisen – und sind kaum bereit, die Mehrkosten für einen schonenden Umgang mit der Natur zu tragen.

Solche Einstellungen hängen nur in geringem Maß vom guten Willen der einzelnen ab. Sie gehören zur Struktur unseres Handelns. Auch ökologisch bewußte Reisende können sich ihnen kaum entziehen. An Schnelligkeit, Bequemlichkeit, ökonomischem Vorteil sind wir grundsätzlich orientiert. Nur äußerste moralische Rigidität führt konsequent aus diesem Verhalten hinaus; sie endet aber leicht an der Grenze zum Skurrilen.

Zurück zur Natur

Das auf materiellen Vorteil bedachte Verhalten stellt im Tourismus aber nur eine Seite der Medaille dar. Natur dient zugleich als Projektionsfläche für Phantasien und Bedürfnisse, als Raum für schweifende Gefühle und als Gegenwelt zu den Defiziten der Industriegesellschaft. Die *Sehnsucht nach der Natur* bildet einen zentralen Antrieb des modernen Reisens. Sie drückt sich in zwei Formen aus: als *ästhetische Kontemplation* ›intakter‹, von den Zeichen der modernen Zivilisation unberührter Landschaften und als Nutzung der Natur für *Freizeitaktivitäten*. Im ersten Fall wird die Natur vor allem *betrachtet*: aus dem Autofenster, durchs Objektiv der Kamera, von Berggipfeln und Aussichtspunkten. Im zweiten liefert sie Rohmaterial und Kulisse für *Tätigkeiten* wie Baden, Skifahren, Surfen, Wildwasserfahren usw. Beide Typen der Urlaubserfahrung sind nicht immer klar voneinander abzugrenzen. Beim Wandern, Bergsteigen, Radfahren beispielsweise können sich physische Aktivität und ästhetische Kontemplation miteinander verbinden. In den meisten Urlaubsformen jedoch läßt sich der Schwerpunkt des Naturerlebens – Betrachtung oder *action* – eindeutig bestimmen.

Das bis heute einflußreichste Modell touristisch-ästhetischen Naturgenusses ist die Suche nach dem *Pittoresken*. Es leitet sich aus Vorstellungen des späten 18. Jahrhunderts her, die erstmalig von dem britischen Geistlichen William Gilpin formuliert wurden. Gilpins *picturesque tours* durch Schottland, Wales und Südengland ab 1770 haben Generationen von Reisenden und Reisebuchautoren beeinflußt. »Traumlandschaften« waren in seinem Sinn vollkommen, wenn sie »wie gemalt« aussahen. Sie sollten zugleich harmonisch und rauh, abwechslungsreich und wild wirken; vor allem aber mußten sie als unberührt von jeder menschlichen Tätigkeit erscheinen. Der polnische Kunsthistoriker Jacek Woźniakowski bringt diese Auffassung auf den Punkt: »In Landschaften höchsten Ranges – erhaben-pittoresken, homerischen – soll es weder eine Spur des Menschen noch eine seiner Wirtschaft geben, es sei denn in Form von Ruinen.«[2]

Nicht immer erreicht die Natur dieses hohe Ideal. In Gilpins eigenen Worten: »Wir können nicht erwarten, daß jede Szene, die diese Gegenden bieten, *korrekt pittoresk* ist.« Doch die Reisenden hatten die Chance, Mängel der Landschaft zu korrigieren: Unerfreuliche, ›moderne‹ Aspekte wurden durch die Wahl geeigneter Aussichtspunkte aus dem Bild eliminiert. Gilpin rät beispielsweise, die Ruinen des Klosters Tintern in Wales von einem Standpunkt aus zu betrachten, der eine nahegelegene Fabrik und ärmliche Arbeiterwohnungen aus dem Blickfeld verschwinden läßt. In diesem Sinn geben Reiseführer des späten 18. Jahrhunderts genaue Hinweise zu den angemessenen Perspektiven: »Bei der Bootsanlegestelle achten Sie auf die beiden kleinen Eichen zu Seiten der Straße. Hinter dem Baum an der Westseite steigen Sie auf die Spitze des nächstgelegenen Felsens, und von dort sehen Sie alle Schönheiten dieses wunderbaren Sees«, heißt es in Thomas Wests *Guide to the Lakes* von 1778. In solchem Stil geht es fort von Aussichtspunkt zu Aussichtspunkt.[3]

Noch heute demonstrieren die Fotos jeder beliebigen Reisezeitschrift, jedes Reiseführers, jedes Prospekts, wie sehr diese Sichtweise touristische Naturbetrachtung dominiert. Auf den Hochglanzfotos ziehen Schafherden durch grüne Weiten, schimmern Olivenbäume silbern im Gegenlicht, stehen einsame Zypressen als stumme Wächter des Landes. Da ist kein Lastwagen unterwegs, da kommt kein Mähdrescher ins Bild, sondern allenfalls mal eine Vespa oder – besser noch – ein Ochsenpflug. Wer je mit Reisefotografen unterwegs war, weiß, welcher Anstrengungen es bedarf, alle Zeichen der Modernität aus dem Blickwinkel verschwinden zu lassen: Baukräne, Straßen, parkende Autos, Hochspannungsleitungen müssen eliminiert werden. Die Akzente der selektiven Wahrnehmung haben sich seit dem 18. Jahrhundert kaum verändert.

Die Tradition des Pittoresken wirkt nahezu ungebrochen. Auf touristischen Landschaftsaufnahmen steht auch heute die Natur fast immer für sich, unberührt von den Spuren menschlicher Tätigkeit. Wenn aber Menschen auf den Bildern erscheinen, so dominieren sie und ihre Werkzeuge nie die Umgebung. Vielmehr passen sie sich demütig an: Sie rudern auf farbigen Booten, lesen Trauben, hocken neben Schafherden, treiben Kühe zur Alm.

Industrialisierte Landschaften wie die Po-Ebene sind im Sinn des Pittoresken touristisch uninteressant – ihnen fehlt der malerische Reiz. Als landschaftlich anziehend gelten Regionen, die zumindest ästhetisch den Eindruck einer vormodernen Bauernkultur bieten – wie die Toskana, die Hochprovence, Andalusien – oder von menschlicher Zivilisation völlig unberührt erscheinen.

Allerdings sind nicht alle Formen des Tourismus in diesem Sinn an ›intakten‹, idyllischen Umgebungen orientiert. Für Strand- und Skiurlauber spielt die Natur in der Urlaubserfahrung zwar eine zentrale Rolle, jedoch gerade nicht als ›unberührte‹, sondern als vorbereitete *Bühne der Urlaubsaktivitäten*. Skipisten müssen präpariert, Langlaufloipen gespurt werden, Lifte und Bergbahnen sollen zur Verfügung stehen, wenn der Skiurlaub gelingen soll. Auch der moderne Strand stellt ein aus Naturelementen montiertes Kunstprodukt dar.

In den Ferienwelten des Ski- und des Badeurlaubs wird die Natur nach den Bedürfnissen der Urlauber umgeformt. Sie ist Rohstoff für Arrangements, die den Wünschen der Touristen entsprechen. Ihre Elemente – der Sand, der Wind, die Sonne, das Wasser, der Schnee – entwickeln sich gleichsam zu Konsumartikeln. In der Tat werden Sonne und Schnee von der Tourismuswerbung wie *Waren* angeboten; um so größer ist die Enttäuschung, wenn sie nicht wie geplant zur ›richtigen‹ Zeit zur Verfügung stehen.

Natur wird dann auch außerhalb des kulturellen Zusammenhangs gerückt, der sie gewöhnlich prägt. Bade- und Skiorte können ›aus dem Nichts‹ entstehen, wie es etwa in Deauville, Cabourg, Zandvoort, Bornemouth und neuerdings im Languedoc der Fall war. Die Natur der Bade- und Skiferien ist ein ›abstrakte‹, von störenden Elementen und historischen Ablagerungen weitgehend gereinigte Natur.

Das Ambiente der Ferienaktivitäten wird konstruiert und inszeniert. Das Moment des Arrangements spielt aber auch im kontemplativen Naturbezug eine wesentliche Rolle. In einem Fall verändert sich die Umgebung durch materielle Eingriffe, durch die Errichtung von Ferienanlagen, Skiliften, Badekabinen usw.; im anderen ereignet sich die Inszenierung in den Selektionen der Wahrnehmung: im Weglassen einzelner Elemente (der Hochspannungsleitungen) und der Betonung anderer (der Schafherden). Badetouristen bewegen sich in einer nach ihren Bedürfnissen arrangierten Welt; die Betrachter ›unberührter Landschaft‹ arrangieren sich Erfahrungsräume, die ihren Projektionen und Träumen entsprechen. In beiden Erlebnisformen wird die Natur den Wünschen der Reisenden dienstbar gemacht. Allerdings sind die konkreten Folgen unterschiedlich. Die ›kontemplativen‹ Inszenierungen, die vor allem auf Phantasietätigkeit beruhen, haben andere Wirkungen als die direkten materiellen Eingriffe in die Landschaft. Wir werden auf diesen Unterschied zurückkommen.

Angst und Faszination: Natur als Raum der Affekte

Der Alltag in den Gesellschaften Europas und Nordamerikas ist durch ein hohes Maß an Gefühlskontrolle gekennzeichnet. Norbert Elias hat gezeigt, wie spontane emotionale Äußerungen seit dem Mittelalter zunehmend aus dem öffentlichen Raum verdrängt wurden. »Große Furcht und große Freude, großer Haß und große Liebe müssen in ihrem äußeren Erscheinungsbild verkleinert werden... Um als normal angesehen zu werden, müssen Erwachsene, die in Gesellschaften wie der unseren groß geworden sind, das Anwachsen gefühlsmäßiger Erregung rechtzeitig kontrollieren. Generell haben sie gelernt, anderen nicht zuviel davon zu zeigen. Oft genug sind sie gar nicht mehr in der Lage, ihre Gefühle überhaupt zu offenbaren. Ihre Selbstkontrolle hat sich teilweise automatisiert.«[4]

In den hochgradig interdependenten Gesellschaften der Moderne wurde affektive Spontaneität zum unberechenbaren Störfaktor, der mit den vielfältigen Verknüpfungen und präzisen Zeitplanungen nicht vereinbar ist. Wenn Menschen wie Werkzeuge in den technologischen und bürokratischen Verfahren dienen, sollen sie ›neutral‹ funktionieren; Gefühle sind dann Fehlerquellen: »Das Individuum ist gezwungen, sein emotionelles Leben zu ›managen‹, das Ingenieurethos der modernen Technologie darauf zu übertragen.«[5]

Dämpfung der Gefühle aber bedeutet Langeweile. Gleichförmigkeit des Empfindens breitet sich aus. Sie ist seit jeher ein wesentliches Reisemotiv. Neue Umgebungen sollen jene emotionale Erregung verschaffen, die im Alltagsleben fehlt. Die Suche nach den verlorenen Affekten treibt in die Ferne. Lermontows ›Held unserer Zeit‹ kannte diesen Zustand:

«›Alles ist mir stets zuwenig, an die Trauer kann ich mich ebenso schnell gewöhnen wie an den Genuß, und so wird mein Leben von Tag zu Tag leerer; ein einziges nur ist mir geblieben: Reisen. Ich will, sobald es geht, fortgehen, aber nicht nach Europa, bewahre mich Gott davor! – ich will nach Amerika reisen, nach Arabien oder nach Indien.‹ ... ›Nicht wahr, es sind die Franzosen, welche die Mode, sich zu langweilen, eingeführt haben?‹ ›Nein, die Engländer‹.«[6]

Die Engländer – sie waren die großen Reisenden jener Zeit und zugleich diejenigen, die den Prozeß der Affekt- und Körperkontrolle am stärksten vorangetrieben hatten. Eine Reaktion auf die Verarmung der Gefühle war die Entstehung des *Sports*. »Zeitvertreib in Form des Sports löste das Problem, wie man das volle Vergnügen einer Schlacht erlebte, ohne Menschen zu verletzen«, schreibt Norbert Elias.[7] Doch auch das Reisen setzte Gefühle frei, die im Alltag keinen Platz mehr hatten. Die Touristen der britischen Oberschicht – dieselben, die das Boxen und die Hunderennen erfanden – entdeckten in den Alpen und an den Meeresküsten neue Empfindungen. Sie projizierten das zurückgedrängte Gefühlsleben auf die Natur – als Gegenbild zur ›entzauberten‹, affektgereinigten Gesellschaft. In der Natur kam das Spektrum der gehemmten Empfindungen zur Entfaltung: Sie wurde der Raum für Liebe und Todesnähe, Erregung und Schmerz, Sehnsucht und Erfüllung, Schrecken und Mut, physische Kraft und Erschöpfung.

Beim Bergsteigen, das Ende des 18. Jahrhunderts einen raschen Aufschwung nahm, verbanden sich die Spannungsreize des Sports und des Reisens. Neben den Bergen wurden vor allem die Küsten zum Territorium der Gefühle. Alain Corbin hat beschrieben, wie das Meer als Auslöser von Emotionen aufgesucht wurde. »Das Wellenbad ... impliziert, daß man sich dem stürmischen Wasser aussetzt, jedoch ohne ein reales Risiko; daß man so tut, als würde man verschlungen, um sich an der Täuschung zu ergötzen; daß man die Wellen mit voller Wucht auf sich zukommen läßt, aber stets mit den Füßen auf dem Boden bleibt.« Auch erotische Gefühle spielen eine Rolle: »Der Anblick der Badenden, die umschlungen von starken Männerarmen ihr gewaltsames Eindringen in das flüssige Element erwarten, und die von spitzen Schreien begleiteten Erstickungsanfälle erinnern so sehr an den Koitus, daß Le Cœur sich um die Wohlanständigkeit des Wellenbades sorgt ... Für eine Frau der Bourgeoisie hatte es etwas Ungeheuerliches, wenn sie den Ort der *privacy* ... verließ und mit aufgelöstem Haar, nackten Füßen und kaum verhüllten Hüften, das heißt in jener Aufmachung, die der Intimität mit dem auserwählten Partner vorbehalten sein sollte, den öffentlichen Raum betrat.«[8]

Auch Schiffbrüche und Bergunfälle wurden als Auslöser für Gefühlsbewegungen genutzt. Spektakuläre Abstürze verstärkten den Touristenandrang in den Alpen-Orten; die Matterhorn-Tragödie von 1865, bei der vier Bergsteiger den Tod fanden, erregte in ganz Europa ein ungeheures Echo. Schiffbrüche, noch im 18. Jahrhundert wohl die häufigste Unfallart, zogen ebenfalls zahlreiche Neugierige an. Da sie sich oft in Küstennähe ereigneten, konnten Badeurlauber vom sicheren Ufer aus voyeuristisch dem Überlebenskampf der Opfer beiwohnen. Gern wurden solche Unglücke auch in der bildenden Kunst und der Literatur dargestellt. Manche Maler, wie die Briten Thomas Luny und Thomas Whitcombe oder die Franzosen Jean-Antoine Gudin und Ferdinand Perrot, waren auf Schiffsbruchszenen geradezu spezialisiert. Ihre Bilder rührten die Betrachter zu den Tränen, die im zunehmend organisierten Alltag immer weniger flossen.

Das Spannungsverhältnis von Angst, Sicherheit und Faszination, das seit dem 18. Jahrhundert auf Reisen als Gegengewicht zur alltäglichen Affektverarmung gesucht wird, ist unter dem Begriff des *Erhabenen* in die philosophische Reflexion gelangt. Edmund Burke und Immanuel Kant verarbeiten die Erfahrungen der zeitgenössischen Touristen, wenn sie vom zugleich peinvollen und angenehmen Schrecken, von der »Idee von Schmerz und Gefahr…, ohne tatsächlich selbst in entsprechenden Umständen zu sein«, und vom »Wohlgefallen aber mit Grausen«, sprechen.[9] Die Erfahrung des Erhabenen läßt die Reisenden gleichsam über den Rand des gesellschaftlichen Lebens schauen; sie empfinden den »Schrecken unter Abwendung jeder realen Gefahr«[10] und damit eine gesteigerte Intensität der Gefühle.

Wasserfälle, überhängende Felsen, Gewitterstimmungen, Paßstraßen, Abgründe, Gletscher wurden zu Auslösern des *enthusiastick terrour*. In den Reisebeschreibungen gehört das Angsterleben seit dem späten 18. Jahrhundert zu den konventionellen Topoi. William Gilpins Bericht aus Schottland zeigt solche Strukturen in konzentrierter Form: »Als wir die Fahrt am See fortsetzten, wurde die Straße wilder und romantischer. Es gibt keine furchtbarere Vorstellung, als am Rand eines Abgrunds zu fahren, der von keinem Geländer geschützt ist, unter überhängenden, von oben drohenden Felsen, während die Wogen einer Flut oder die Strudel eines schnellen Flusses unten Angst und Schrecken einjagen.«[11]

Der Blick in den Abgrund, die hoch über der Steilküste ausgesetzte Straße, die Risiken des Kletterns zählen noch heute zu den Reizen des Reisens. Dosierte Gefahr verschafft die emotionale Spannung, die im Alltagsleben fehlt. Dahin führen die vielfältigen Formen des Abenteuerurlaubs, die Fotosafaris, bei denen man Löwen und Nashörner aus dem sicheren Geländewagen beobachtet, die organisierten und geführten Trecks durch den Himalaya oder die Antarktis. Das Abfahrts-Skifahren bietet den Reiz des Tempos und der psycho-physischen Erregung. Badeurlauber gehen spielerisch mit den Vorstellungen des Untergangs (im Tauchen) und des Sturzes (beim Surfen) um. Im Extremfall setzen Urlauber dabei Gesundheit und Leben aufs Spiel. Jean-Didier Urbain hat in diesem Zusammenhang vom *tourisme suicidaire*, dem ›Selbstmord-Tourismus‹, gesprochen.[12] Die knapp 20.000 Gleitschirmflieger der Schweiz haben mehr Unfallopfer zu beklagen als die erheblich größere Gruppe der Bergsteiger. Realen Gefahren sind auch Schluchtenkletterer oder Wildwasserschwimmer ausgesetzt. Mit dem Kitzel des Risikos spielen Snowboardfahrer und Bungee-Springer, die sich an elastischen Seilen 150 m tief von Brücken oder aus Hubschraubern fallen lassen.

Die Natur wird so zum Bereich starker, im Alltag kaum noch erfahrener Emotionen. Das gilt nicht nur für die eingebildeten oder wirklichen Reize der Gefahr. Natur ist auch das Projektionsfeld sanfterer Gefühle. Mit dem Naturerlebnis verbinden sich für Spaziergänger, Wanderer, Bergsteiger, Betrachter von Sonnenuntergängen und Verfasser von Reisefeuilletons alle nur denkbaren Empfindungen und Stimmungen. Hugo von Hofmannsthal hat in der Toskana, einem Lieblingsziel der Landschaftsfreunde des 20. Jahrhunderts, Überschwang und Unbestimmtheit auf den Begriff gebracht: »Kaum auszudrücken ist aber erst, was diese Landschaft für Gefühle erregt... Die Spuren der Menschen, die ewigen unveränderten Hügel und Täler, ja die untergehende Sonne und die Wolken werden hier zu einer Einheit...«[13]

Unbestimmte Sehnsüchte, diffuse Erotik, Gefahr und Todesnähe, Angst, seelische Harmonie – die Natur gibt Gefühlen Raum, die im gewöhnlichen Leben begrenzt und beschränkt sind. Sie kann sogar zum Objekt quasi-religiöser Verehrung werden. Unendlichkeit und Ewigkeit des physischen Raums sind in einer modernen Naturmystik für viele Menschen an die Stelle Gottes getreten; vor den Bergen oder am Meer werden Gefühle der sakralen Verehrung wach.

Wildwasserschwimmer und kontemplative Betrachter der Alpengipfel, Drachenflieger und besinnliche Wanderer, Mountain-Biker und Free-Climber stehen in einer gemeinsamen Tradition: Sie nutzen die Natur zur Spiegelung und Steigerung der Affekte. Gewiß verlieren sich in der touristischen Landschaftserfahrung nicht die emotionalen Panzerungen, die in einer langen kulturellen Entwicklung entstanden sind. Aber es dringen doch ungewohnte Reize in das Gefühlsleben ein und verleihen ihm für Augenblicke und Tage eine neue, die Alltagserfahrungen übersteigende Intensität.

Umweltschäden durch Tourismus

Die ökologischen Wirkungen des Tourismus entfalten sich im Spannungsfeld der ambivalenten Beziehung zur Landschaft und der unterschiedlichen Formen des Naturbezugs. Tourismus richtet beträchtliche Umweltschäden an. Zugleich aber entfaltet er auch erhaltende, im ökologischen Sinn positive Kräfte.
Eine Fülle von Studien informiert uns zunächst über die *Schäden*, die der Tourismus mit sich bringt. Wir können sie in vier große Bereiche unterteilen: Umweltverschmutzung, Verbrauch natürlicher Ressourcen, Zerstörung von Naturräumen, ästhetische Wirkungen.
Umweltverschmutzung. Am Wetterstein in den bayrischen Alpen liegen 50 000 leere Konservenbüchsen. Die jährlich in den Bergen Österreichs zurückgelassene Abfallmenge wird auf 4500 Tonnen, die entsprechende Abwassermenge auf 90 000 Kubikmeter geschätzt. Am Mount Everest transportierte eine Räumungs-Expedition 1984 anderthalb Tonnen Unrat zu Tal. Touristen hinterlassen Dreck, und vor allem in den schwierig zugänglichen Regionen des Hochgebirges ist dieser Dreck nur mit großem Aufwand zu beseitigen. Theoretisch scheint das Problem des Touristenmülls leichter lösbar als andere ökologischen Folgewirkungen des Tourismus: strukturelle Veränderungen sind nicht erforderlich, es reicht ein ›besseres Verhalten‹ der Reisenden. Große Touristikunternehmen gehen daher gern

das Müllproblem an, wenn sie sich ökologischen Fragen zuwenden. So werden die Fernreise-Kunden mancher Agenturen mit Abfallbeuteln ausgestattet und ermahnt, die Landschaft des Ziellandes zu schonen. Die Wirkungen von Erziehung und Aufklärung sind aber erfahrungsgemäß begrenzt. Einige Erfolge stellen sich zwar ein, doch wird Ferienmüll vermutlich auf absehbare Zeit die Reisegebiete belasten.

An vielen, wenn nicht den meisten Ufern der Welt fehlen ausreichende Kläranlagen für die Massen der Badeurlauber. Öl und Schadstoffe aus den Motoren der Sportboote führen zur Wasserverunreinigung. Selbst das Sonnenöl der Badegäste schädigt die Gewässer. Das Ökosystem des kalifornischen Lake Tahoe wurde, wie eine detaillierte Studie nachwies, nachhaltig verändert durch Düngemittel, die vor allem für Golfplätze und Landschaftsgestaltung, aber auch zur Verhärtung des Schnees auf Abfahrtspisten Verwendung fanden.

Den größten Anteil an der Umweltverschmutzung jedoch hat der mit dem Tourismus verbundenen *Reiseverkehr*. Der Großteil der Urlauber fährt heute mit dem Pkw. Daneben wächst der Anteil der Flugreisen kontinuierlich. Beide Fortbewegungsarten führen zu starker Luftverschmutzung. In Touristenorten wie Davos wurden Schwefeldioxid-Werte gemessen, die denjenigen einer Großstadt entsprechen, in Grindelwald liegen die Kohlenmonoxid-Konzentrationen gelegentlich über den in den USA zulässigen Grenzwerten, auf Gletscherstraßen entstehen ähnliche Abgaskonzentrationen wie im Stadtverkehr. Die Emissionen der Autos wirken zudem nicht nur am Ort ihrer Entstehung. Sie tragen, ebenso wie die Abgase des Flugverkehrs, wesentlich zur globalen Klimaveränderung bei.

Verbrauch natürlicher Ressourcen. Tourismus – wie nahezu jede wirtschaftliche Aktivität – verbraucht natürliche Ressourcen. Das ist nicht an sich problematisch. Die Frage ist, ob die Ressourcen schneller abgebaut werden, als sie sich erneuern können, und ob sie anderen, vorrangigen Zwecken entzogen werden. Beides ist häufig der Fall. Das Problem stellt sich vor allem in der Dritten Welt. Der Tourismus beansprucht hier häufig – gerade im Vergleich zum Standard der Einheimischen – in unverhältnismäßig hohem Maß die Energieressourcen, beispielsweise in Luxushotels mit ihren Klimaanlagen und Schwimmbädern. In manchen Reisegebieten lassen die Pumpanlagen der touristischen Siedlungen, mit denen Duschen, Schwimmbassins und Ziergrünanlagen gespeist werden, den Grundwasserspiegel absinken und führen zu Wassermangel bei örtlichen Kleinbauern und Nomaden. In Tunesien ist der Pro-Kopf-Wasserverbrauch der Touristen rund zehnmal größer als derjenige der Einheimischen. In Nepal hat der Trekking-Tourismus zu einem problematischen Verbrauch von Holz, dem wesentlichen Energieträger der Region, geführt.

Wie bei der Umweltverschmutzung, so ist auch beim Verbrauch natürlicher Ressourcen der Verkehr der destruktivste Faktor. Auto- und Flugverkehr bringen einen hohen Energieaufwand mit sich. Rund 90 % des gesamten touristischen Energiekonsums entstehen durch die Reise zum Urlaubsziel. Angesichts des großen Anteils des Freizeit-Reiseverkehrs am gesamten Verkehrsaufkommen trägt heute der Tourismus erheblich zum Verbrauch fossiler Energiereserven – vor allem des Erdöls – bei.

Zerstörung von Naturräumen. Tourismus zerstört in vielen Fällen Biotope und Ökosysteme und gefährdet die Lebensgrundlagen von Tieren und Pflanzen. Den wesentlichen Faktor stellt dabei die Errichtung von Ferienanlagen und Unterkünften dar. Aber es führen beispielsweise auch die Präparierung von Skipisten, das Skifahren selbst, die Frequentierung von Wanderwegen zu Erosionsprozessen und Schädigung der Vegetation. Surfen und Segeln, selbst das Angeln haben vielfach negative Auswirkungen auf die Lebensräume von Wasservögeln und manchen Pflanzenarten. Skilangläufer und Tiefschnee-Fahrer versetzen Birkhühner, Auer- und Schalenwild in Unruhe. Die in ihren Ruhephasen gestörten Tiere benötigen aufgrund größerer Bewegung mehr Energie und verhungern unter Umständen aufgrund des im Winter knapperen Nahrungsangebots.

Am Meer können Tauchen und Unterwasserjagd Flora und Fauna gefährden. Die Herrichtung von Küstenzonen für touristische Zwecke ist mit der Vernichtung von Biotopen verbunden: Dünengürtel werden eingeebnet, Bäume gefällt, Häfen und künstliche Buchten angelegt, Feuchtgebiete vernichtet, Korallenbänke abgetragen. In Thailand wurden zwischen 1980 und

1990 nach Schätzungen 87 % der Küsten-Mangrovenwälder abgeholzt.

Ästhetische Wirkungen. Die ästhetische Verunstaltung von Naturräumen gehört zu den schwerwiegendsten und verbreitetsten Formen der Umweltschädigung durch den Fremdenverkehr. Die ästhetischen Negativ-Effekte – vor allem durch die Errichtung von Unterkünften und Freizeiteinrichtungen – sind zwar an sich nicht stärker als in anderen Wirtschaftsbereichen. Sie erweisen sich aber deshalb als besonders problematisch, weil sie vorzugsweise Landschaften treffen, die besonders schön und/oder besonders fragil sind. Touristische Bauprojekte werden naturgemäß in den reizvollsten Umgebungen realisiert: an Meeres- und Seeufern, in Gebirgszonen und ›intakten‹ Hügellandschaften. In solchen Gebieten aber können Siedlungsformen, die in urbanisierten Zonen unproblematisch wirken, das ästhetische Bild der Landschaft nachhaltig beeinträchtigen.

Vor allem an den Meeresküsten und im Hochgebirge haben touristische Ansiedlungen und Freizeitanlagen der Natur tiefe Wunden geschlagen. Die Ufer des Mittelmeers sind von Spanien bis in die Türkei auf Tausenden von Kilometern durch die Badeorte mit ihrer unseligen Mischung aus Hotel- und Appartementbauten, Tankstellen und Geschäften bis zur Unkenntlichkeit verunstaltet worden. Auch an vielen anderen Küsten der Welt findet sich eine vergleichbare, ungeplante und auf kurzfristigen Profit ausgerichtete Architektur.

In den Alpen fielen viele der schönsten Landschaften einer intensiven Zersiedlung zum Opfer. Ca. 7-8 % der gesamten überbauten Fläche der Schweiz dienen touristischen Zwecken; allein zwischen 1970 und 1985 wurde hier eine Fläche von der Größe des Zürichsees mit Ferien- und Zweitwohnungen überzogen. Die Raumbelastung durch Siedlungstätigkeit wirkt sich nach der von der UNESCO angeregten Studie »Man and Biosphere« in der Schweiz nicht so sehr in Verschmutzung von Luft und Wasser aus als vielmehr vorwiegend im »subjektiven Empfinden der visuellen Belastung«[14], also in einer Verschlechterung ästhetischer Qualitäten. Noch intensiver als in der Schweiz ist die touristische Verbauung des Landes in Österreich. Immer mehr Gebiete verlieren ihre Physiognomie angesichts der Ansprüche der touristischen ›Landschaftsfresser‹, die das Land mit Wochenendhäusern, Appartementsiedlungen, Hotelkomplexen überziehen.

Das Landschaftsbild wird daneben nachhaltig durch Liftanlagen beeinträchtigt. Ihre Zahl beläuft sich im Alpenraum auf rund 12 000, die Länge der dadurch erschlossenen Pisten ist mit 120 000 km dreimal so groß wie der Erdumfang. Die technische Zivilisation hat von einigen der ›ursprünglichsten‹ Naturräume Europas Besitz ergriffen und ihre Physiognomie nachhaltig verändert.

Naturschutz durch Tourismus

Der Fremdenverkehr gefährdet, wenn er die Umwelt nachhaltig schädigt, seine eigenen Grundlagen. Er ist, jedenfalls in einem bestimmten Maß, auf ›unzerstörte‹ Natur angewiesen. Die Ferienwelt soll ja gerade nicht die Mängel der alltäglichen Umgebung reproduzieren. Algenwachstum an der Adria und Luftverschmutzung in Rom treiben die Touristen davon. In den Tourismus sind Gegenkräfte eingebaut, die auf die *Erhaltung* natürlicher und historischer Strukturen zielen. Das zugleich zerstörende und bewahrende Verhältnis zur Natur rührt aus dem strukturellen Doppelcharakter des Tourismus her. Er funktioniert nicht allein nach Effizienzgesichtspunkten, wie andere Wirtschaftszweige, sondern trägt zugleich Elemente der Imagination und des Traums in sich. Diese zielen auf eine Bewahrung der ›intakten‹ Natur als Gegenwelt zum Alltag der Industriegesellschaft. Die ökologischen Folgen des Tourismus sind daher, der langen Negativliste zum Trotz, nicht nur nachteilig.

Der Tourismus ist heute die mächtigste gesellschaftliche Kraft, die ein *ökonomisch motiviertes Interesse* an der Bewahrung ökologischer Gleichgewichtssysteme hat. Aus diesem Grund konnte die Tourismuskritik der siebziger und achtziger Jahre von den großen Unternehmen der Branche relativ leicht integriert werden. Dahinter stand nicht nur geschickte Taktik. Vielmehr stellt sich im Tourismus das Verhältnis von Branchenkritikern und Betrieben grundsätzlich anders dar als in der Chemie- oder Autoindustrie. Es gibt gemeinsame Interessen beider Gruppen, die Kritik fungiert häufig als Frühwarnsystem für die Unternehmen.[15]

Ökonomische Interessen am Fremdenverkehr haben vielfach zum Schutz und zur Erhaltung gefährdeter Naturräume geführt. In British Columbia wurde der Kahlschlag von Wäldern verhindert, in Jamaika blieben Feuchtgebiete und ihre Fauna erhalten, in Afrika trägt der Tourismus zum Schutz gefährdeter Tierarten bei. Im Himalaya wurde im Nationalpark Annapurna ein Projekt gestartet, das unter anderem den Schutz der Holzreserven und die Vermeidung von Touristenmüll zum Ziel hat. Die italienische Küstenregion der Cinque Terre wurde als touristisch beliebte Wander- und Naturregion nicht für den Autoverkehr erschlossen. In der Toskana, Umbrien und anderen Regionen des Mittelmeerraums hat die touristische Nachfrage zur Erhaltung des architektonischen Bestandes an alten Bauernhäusern geführt, die – von ihren Bewohnern in den fünfziger Jahren verlassen – dem Verfall preisgegeben waren. Nizza bildet das seltene Beispiel einer Großstadt, die sich wesentlich durch den Tourismus entwickelte und daher auf jede umweltverschmutzende Industrie verzichten konnte – und mußte. Zahlreiche Stadtzentren und Kulturdenkmäler sind im Interesse des Fremdenverkehrs restauriert oder vor einer geplanten Zerstörung bewahrt worden.

Bei diesen Beispielen handelt es sich um die *Konservierung von Ökosystemen* oder um die *Erhaltung ästhetischer Strukturen* – oft um beides zusammen – für touristische Zwecke. Der Fremdenverkehr stabilisiert bestehende Landschafts- und Kulturräume noch auf einem weiteren Weg. Er kann *traditionelle Wirtschaftsformen ökonomisch stützen* und damit den Zerfall überkommener Lebensweisen verhindern. Das ist beispielsweise in den österreichischen und Schweizer Alpen der Fall. Hier wird die für sich allein nicht mehr rentable Landwirtschaft durch den Tourismus gleichsam abgesichert. Vielfach stammt über die Hälfte des Einkommens der Bergbauern aus dem Fremdenverkehr, vor allem aus der Zimmervermietung.

Der europäische Alpenraum tendiert – unabhängig vom Einfluß

des Tourismus – zu einer zweipoligen Entwicklung: auf der einen Seite zu *Verstädterung*, auf der anderen zur *Verödung*. Weite Bereiche – schwerpunktmäßig in den Tal- und Beckenlagen der Schweiz, Österreichs, Bayerns und Südtirols – werden urbanisiert; andere Gebiete, vor allem in den französischen und italienischem Westalpen, entvölkern sich. Die traditionellen ländlichen Alpenregionen spielen heute nur noch eine untergeordnete Rolle und werden voraussichtlich in den nächsten Jahrzehnten ganz verschwinden.[16]

Angesichts dieser Entwicklung ist die Klage über die angebliche Zerstörung gewachsener Strukturen durch den Tourismus fehl am Platz. Der Fremdenverkehr unterstützt vielmehr die Entstehung gemischter Wirtschaftsweisen, in denen die Landwirtschaft und die bäuerlichen Lebensformen erhalten bleiben. Damit trägt er auch zur Bewahrung der Ökosysteme bei. Georges Grosjean hat gezeigt, daß ohne Tourismus die Landwirte der Bergregionen zur Aufgabe ihrer Betriebe oder zu extremen Formen der Rationalisierung genötigt sind. Die Folgen sind »Niederlegen von Hecken und Einzelbäumen, Trockenlegung von Naßstandorten, Verlust des historischen Baubestandes, Reduktion der Zahl der Landwirtschaftsbetriebe, Aufstockung der verbleibenden Konzentration der Bauten in modernen, rein technologisch konzipierten Gebäuden.«[17] Die ökologischen Folgen sind extrem negativ: Der Wald degeneriert, Bäume setzen den Lawinen nicht mehr genügend Widerstand entgegen, Bäche überfluten das Land.

Positive ökologische Folgen hat im allgemeinen ein sich langsam entwickelnder, quantitativ begrenzter Fremdenverkehr, dessen Erträge zum guten Teil in die örtliche Landwirtschaft fließen. Grosjean beschreibt diesen Zustand am Beispiel Grindelwalds. Die Bauern sind nicht zu extremer Rationalisierung gezwungen, ästhetische Gesichtspunkte behalten im Umgang mit der Natur Bedeutung. Jedoch ist ein solches Gleichgewicht meist prekär aufgrund der Eigengesetzlichkeiten des Baumarkts und der Kapitalbildung, »die nach Investition in immer neuen Touristikanlagen ruft«.[18] Am entgegengesetzten Pol der positiven Entwicklungen steht ein überdimensionierter, fremdbestimmter, zu rasch wachsender Tourismus, der »in eine finanzschwache, wenig widerstandsfähige und geistig unvorbereitete Landwirtschaft«[19] einbricht. In diesem Fall kommt es zur Aufgabe landwirtschaftlich genutzter Flächen und zur Abwanderung der Einheimischen. Die ökologischen Wirkungen des Tourismus können so in mehrere Richtungen ausschlagen; politische Rahmenbedingungen und örtliche – oft sehr kleinräumig bestimmte – soziale Strukturen sind von wesentlicher Bedeutung.

Öko-Bilanz

Die ökologischen Wirkungen des Fremdenverkehrs hängen von einer Fülle von Einzelfaktoren ab, die sich nur schwer in ein allgemeines Konzept einordnen lassen. Lokale Traditionen, politische Vorgaben, der Typus des jeweiligen Reisens spielen eine Rolle. Generelle Thesen haben angesichts der Komplexität des Gegenstandsbereichs nur eine begrenzte Aussagekraft. Das gilt schon für die naheliegende Vermutung, die ökologischen Schäden stiegen mit der *Intensität der touristischen Nutzung* eines Gebiets, insbesondere mit der Zahl der Besucher. Diese ›Massenhypothese‹ ist in allgemeiner Form gewiß richtig. Im einzelnen aber wirken so viele Faktoren (Art der Nutzung, Organisation der Besucherströme, Struktur des Aufnahmegebiets), daß sich die quantitative Belastbarkeit einer Stadt oder Region konkret nur schwierig bestimmen läßt.

Einen wesentlichen Bestimmungsfaktor bildet die Widerstandskraft der unterschiedlichen *touristischen Räume* gegenüber Umweltschäden durch den Fremdenverkehr. In Großstädten, industrialisierten ländlichen Bereichen und generell ›modernen‹ Zonen sind die Einflüsse des Tourismus meist gegenüber anderen Faktoren vergleichsweise gering. Bei sehr großem Touristenandrang können sich zwar auch in Städten Umweltprobleme ergeben, vor allem aufgrund des gesteigerten Verkehrsaufkommens. Im allgemeinen fallen hier aber andere Elemente stärker ins Gewicht. Ökologisch empfindliche Zonen werden dagegen oft bereits durch wenige Besucher überlastet. Besonders gefährdet sind störungsanfällige Ökosysteme wie Oasen, Feuchtgebiete, kleine Inseln, Korallenriffe usw.

In ländlich geprägten Regionen führt ein massenhafter Touristenandrang im allgemeinen zu *Urbanisierungsprozessen*. Es entsteht eine Infrastruktur von Unterkünften, Restaurants, Supermärkten, Boutiquen, Diskotheken, Tankstellen, Straßen, Flughäfen usw. mit wesentlich städtischem Charakter. Für zuwandernde Arbeitskräfte müssen Wohnungen errichtet werden; steigende Immobilienpreise haben einen intensive Flächennutzung und den Bau von Hochhäusern zur Folge. Landschaftliche und kulturelle Attraktionen des Gebiets überleben dann oft nur noch museal in einer anonymen Umgebung.

Solche Prozesse hängen allerdings nicht nur von der Anzahl der Urlauber, sondern auch vom *Typ des Tourismus* in der jeweiligen Region ab. Urlaub, der auf den ästhetischen Genuß ›unberührter Natur‹ zielt, ist in urbanisierten Zonen nicht möglich. Die ›kontemplativen‹ Reiseformen setzen der Tendenz zur Verstädterung Widerstand entgegen. In den ländlichen Regionen der Toskana beispielsweise sind die Formen der touristischen Siedlung deutlich vom Interesse der Reisenden an ›intakter Natur‹ bestimmt. Der ästhetische Stil der Hotels und Feriendörfer nimmt auf die lokale Tradition Bezug; Modernität wird nur im Komfortniveau, nicht aber in der äußeren Erscheinung demonstriert. Vielfach handelt es sich bei den Touristenunterkünften um restaurierte historische Gebäude: Klöster, Villen oder Bauernhöfe. Grundsätzlich verzichtet man auf Hochhäuser, moderne Appartement-Anlagen und die Verwendung von Baustoffen wie Beton. Beliebt sind Natursteinfassaden und der dazugehörige Blumenschmuck. Der Stil der touristischen Siedlung ist rustikal. Er paßt sich in die bestehenden Bauformen der ländlichen Tradition ein. Dabei sucht man zugleich eine Zersiedlung der Landschaft zu vermeiden. Trotz starken touristischen Andrangs wird das Land kaum durch Neubauten belastet. Vergleichbare Beobachtungen lassen sich in anderen Regionen machen, die vorwiegend das Ziel eines an ›unberührter Natur‹ interessierten Tourismus bilden. Der Tourismus trägt hier zur Erhaltung ästhetischer Strukturen bei und wirkt der Landschaftsgestaltung nach rein funktional-wirtschaftlichen Gesichtspunkten entgegen.

Anders verhält es sich in den klassischen Gebieten des Badeurlaubs. Für Badeurlauber sind zwar Wasserqualität und Sauberkeit des Strandes von Bedeutung; die ästhetische Gestaltung des Umfelds tritt dagegen in den Hintergrund. So ist beispielsweise die italienische Adriaküste heute auf Hunderten von Kilometern von modernen Gebäuden besetzt, die touristischen Zwecken dienen: Hotels, Appartement-Häuser, Ferienwohnungen, Diskotheken, Spiel- und Sportanlagen. Dazu kommen Campingplätze, Parkplätze, Straßen. All diese Bauten wurden nach mehr oder minder zufälligen, meist durch individuelle Gewinnerwartungen geprägten Gesichtspunkten errichtet. Weder die regionalen Stiltraditionen noch der Bezug zur Umwelt spielten dabei eine Rolle. Die ästhetischen Folgen dieser Zersiedlung sind verheerend. Sie schlagen sich aber für den Tourismus nicht ökonomisch nieder. Solange Sonne, Sand, sauberes Wasser und Unterhaltung zur Verfügung stehen, erfüllt die Adriaküste ihre Funktionen für einen Tourismus, der Natur als Hintergrund und Baustein der Ferienerfahrung sieht. Ähnliches gilt für viele Skigebiete der Alpen. Die Zersiedlung der Landschaft tut dem Ferien-Business keinen Abbruch. Das Interesse der Urlauber zielt auf Natur-Elemente wie Schnee, skigeeignete Hänge, Sonne; die ästhetische Konfiguration spielt dabei keine wesentliche Rolle.

Herbert Hoffmann hat vorgeschlagen, bei der touristischen Regionalplanung von den unterschiedlichen Interessen »natursensibler« und »konsumfreudiger« Urlauber auszugehen und für die beiden Gruppen verschiedene Angebotsstrukturen zu schaffen. Es beständen dann in den Alpen einerseits »touristische Zentren, die die Berglandschaft sowohl als reine Kulisse als auch als extrem erschlossenen Sportplatz vermarkten ... Zur Erhaltung einer Mindestqualität der Ökologie sind gezielte Investitionen erforderlich (ähnlich wie die Kurparkpflege)«. Auf der anderen Seite gäbe es Reisegebiete, »die die Berglandschaft als Naturangebot mit technisch notwendiger Minimalerschließung (Maßstab Ökologieschonung) vermarkten«.[20] So unerfreulich die Rede von der ›Vermarktung‹ der Landschaft sich anhört und so wenig angemessen es scheint, das Gebirge als ›Kulisse‹ und ›Sportplatz‹ zu nutzen – vermutlich ist es sinnvoll, sich auf die unterschiedlichen Formen touristischen Interesses realistisch einzustellen, um die notwendig auftretenden Schäden jedenfalls zu begrenzen.

Allerdings erweist sich auch der ›kontemplative‹ Tourismus unter Umwelt-Gesichtspunkten oft als problematisch. Seine ästhetischen Wirkungen sind zwar positiv. ›Unberührte‹, wenig erschlossene Naturräume sind aber oft relativ anfällig für Störungen und besonders gefährdet. Ein massenhafter Tourismus der ›intakten‹ Natur ist daher unter ökologischen Gesichtspunkten in vielen Fällen nicht erstrebenswert.

Einen entscheidenden Faktor für die ökologischen Wirkungen des Tourismus stellen die *politischen Rahmenbedingungen* dar. Die Entwicklung des Fremdenverkehrs kann sich nicht sinnvoll allein nach Gesichtspunkten des Marktes entfalten. Spekulative Interessen führen dann zwangsläufig ökologische Schäden herbei, mit langfristig unabsehbaren Konsequenzen auch in wirtschaftlicher Hinsicht. Angesichts der ökonomischen Eigendynamik der Ferienindustrie ist eine restriktive politische Planung in ökologischer Hinsicht unumgänglich.

Sie hätte sich insbesondere des *Transports* anzunehmen, der zu den ökologisch problematischsten Aspekten des Tourismus gehört. Hier sind die Zusammenhänge theoretisch verhältnismäßig einfach, die praktisch sinnvollen Lösungen aber scheinen unerreichbar. Energieaufwand und Umweltbelastung sind eben bei jenen Verkehrsmitteln am größten, die von Urlaubern vorzugsweise benutzt werden: dem Pkw und dem Flugzeug. Ein mit zwei Passagieren besetzter Pkw verbraucht auf gleichen Strecken pro Person etwa viermal soviel Energie wie Bahn oder Reisebus; noch höher ist der Energieaufwand bei Flugreisen. Die ›Transport-Energiebilanz‹ der Schweizer Wissenschaftler Hansruedi Müller und Roman Mezzasalma gibt als Näherungswert für eine Ägypten-Flugreise im Vergleich zu einer Bahnfahrt nach Spanien einen fast siebenfachen Energieverbrauch an, für USA-Flugreisen liegt der Verbrauch noch um ein vielfaches höher.

Die Abgase des Flugverkehrs tragen zudem wesentlich zur Erwärmung der Erdatmosphäre und zum Abbau der Ozonschicht bei. Vor allem der Ferntourismus, der notwendig auf das Flugzeug angewiesen ist, erweist sich als stark energieaufwendig und umweltbelastend. Dennoch wird der Flugverkehr weltweit politisch gefördert, insbesondere durch den Verzicht auf die Besteuerung des Treibstoffs.[21]

Die Verhältnisse sind klar: Ein umweltverträglicher Tourismus müßte sich wesentlich auf Bahn und Busse stützen. Die große Mehrzahl der Reisen wird aber heute mit Auto und Flugzeug durchgeführt, wobei der Anteil des Flugverkehrs ständig wächst. Eine andere Organisation des touristischen Transports ist zwar grundsätzlich vorstellbar, doch scheint sie konkret nicht in Sicht.

Die Umweltbilanz des Tourismus ist nicht eindeutig. Schäden und positive Wirkungen stehen sich gegenüber. Den negativen ästhetischen Folgewirkungen, der Umweltverschmutzung, dem Ressourcenverbrauch, der Gefährdung von Naturräumen läßt sich durch politische Vorgaben und entsprechende Planung entgegenwirken. Unlösbar scheinen allerdings unter den heutigen Rahmenbedingungen die mit dem Transport verbundenen Probleme. Zumindest für den Ferntourismus ist das Flugzeug unverzichtbar; unter den gegenwärtigen Bedingungen wird daneben der Pkw das bevorzugte Transportmittel der Reisenden bleiben. Beide Verkehrsmittel schädigen die Umwelt nachhaltig. Das massenhafte Reisen wird in dieser Hinsicht auf absehbare Zeit ökologisch negative Wirkungen mit sich bringen.

7. Kulturkontakt: Besucher und Besuchte

Edle Wilde und Barbaren:
Phantasien über die Fremden

«Menschen, frey wie die Adler Gottes und einfältig wie die Tauben.« – »Sie haben alle dieselbe Einfachheit des Charakters.« – »Eine fröhliche Bevölkerung, eine herzliche Bevölkerung, liebenswerte, unkomplizierte Menschen.«[1] Sätze aus drei Jahrhunderten, Blicke von Reisenden auf ›Bereiste‹ zwischen 1775 und 1981. Wie sich die Eindrücke gleichen! Unberührt vom sozialen Wandel der Reisegebiete ziehen sich feste Vorstellungen von den Einheimischen als roter Faden durch die Geschichte des Tourismus. Die Fremden sind ruhig und heiter, offen und ursprünglich, freundlich und von der Zivilisation nicht korrumpiert. Sie leben im Einklang mit der Natur und in Harmonie mit dem Kosmos. Sie blicken nicht ganz durch – ihr Reflexionsstand ist rückständig. Doch ihre Instinkte und Gefühle funktionieren beneidenswert gut.

Dieses altehrwürdige Schema ist vielseitig verwendbar. Es wurde für Südsee-Insulaner und Schweizer Bergbauern benutzt, für Orientalen und Afrikaner, für italienische Landleute und bretonische Fischer. Es ist die solide Projektion des Traums vom einfachen Leben, jenseits der Zwänge der westlichen Zivilisation. Die Bewohner der Reisegebiete dienen als Rohmasse für diese kollektive Phantasie.

Sie entstand vor rund 250 Jahren. Bei den Bewohnern entlegener Weltgegenden, vor allem bei Indianern und Südsee-Insulanern, fanden die europäischen Reisenden Modelle eines anderen Lebens, das bereits damals polemisch der neuzeitlichen Kultur entgegengesetzt wurde. Man rühmte die Einfachheit und Anspruchslosigkeit der ›Wilden‹, ihre unbesorgte Daseinsfreude und instinktive Befolgung natürlicher Gesetze, die Abwesenheit der harten Berufsarbeit und des Besitzstrebens, den zwanglosen Lebensrhythmus und die soziale Gleichheit. In diesen Beschreibungen steckte ein Kern von Wahrheit, doch wurden die Teile der Realität, die nicht ins idyllische Bild paßten, konsequent aus der Wahrnehmung ausgeklammert. Südsee-Reisende wie Bougainville, James Cook oder Georg Forster meinten, elementare Träume – vor allem die jahrtausendealte Vorstellung des Irdischen Paradieses – in der Wirklichkeit wiederzufinden. Seit dem Ende des 18. Jahrhunderts entstanden in der Nachfolge ihrer Reiseberichte vor allem in Frankreich und England Bücher und Theaterstücke, die ein idealisiertes Bild der Südseemenschen frei phantasierten. Die Gesellschaft der ›glücklichen Inseln‹, die den Autoren meist gar nicht aus eigener Anschauung bekannt war, bildete die Folie für die Kritik an der eigenen Kultur.

Die Vorstellung vom *Edlen Wilden* wurde so eines der zentralen Gegenbilder zur sich entwickelnden Industriezivilisation. Sie verband sich eng mit der Idee von der Natur als Gegenwelt. Der Edle Wilde lebt aus den Naturkräften, im Gegensatz zum neuzeitlichen, von den Ursprüngen entfremdeten Menschen. Diese Projektion blieb nicht auf die Bewohner exotischer Gegenden beschränkt. Sie ließ sich auf all jene Regionen ausbreiten, die noch nicht oder erst teilweise in den Modernisierungsprozeß einbezogen waren. So galten die Menschen in den Alpen seit dem 18. Jahrhundert vielen Reisenden als frei, naturverbunden, ursprünglich, als Überlebende einer goldenen Vergangenheit und Zeugen einer unschuldigen Welt. Christoph Heinrich Pfaff brachte 1794 diese Vorstellungen auf den Begriff: »Nun mahlte mir meine Phantasie vollends die unübertrefflichen Alpthäler mit ihren unschuldigen Natur-Menschen vor, unter denen wahre Tugend noch zu Hause, das Laster eine Ausnahme ist, deren patriarchalische einfache Sitten ihr ungestöhrtes Glück, weil sie nichts begehren, als was die Natur jedem Sterblichen im Überfluß reicht; weil sie keine Bedürfnisse erkünsteln, deren Erfindung Sorgen und Laster und Unglück auf diese Welt brachte, einen so dringend einladen, in ihrer Mitte ein harmloses seliges Leben zu führen.« Ganz in diesem Sinn hieß es noch fast hundert Jahre später in einem Bericht über den Bregenzerwald, dort lebe ein »unverdorbenes, naiv-züchtiges und keusches Völklein«. Analog dazu wurden die Einheimischen anderer ›nicht-zivilisierter‹ Gebiete gesehen: Küstenbe-

wohner waren wild, mutig und fromm, Araber und Indianer unabhängig und frei, Italiener heiter und naiv: »Ein Volk, das immer fröhlich singt / Und dessen Sprache süßer klingt.« Selbst in
den Randgebieten des bereits industrialisierten Großbritannien
konnte man mit einigem guten Willen noch Menschen von der
simplen Unschuld der Edlen Wilden antreffen.[2]
Das Leben der ›einfachen‹ Menschen in den vor-modernen Ordnungen erschien als glücklich, spontan, natürlich. Der *Idealisierung* des Fremden steht aber in der Geschichte des Reisens –
nicht nur im modernen Tourismus – polar die *Verachtung* entgegen. Anziehung und Abstoßung durch das Unbekannte sind
zwei Seiten einer Medaille – das Verhältnis zum Fremden bleibt
in allen Kulturen ambivalent. Das Unbekannte bietet sich als
Projektionsfläche für Phantasien und Wünsche jeder Art; ihm
lagern sich negative Vorstellungen ebenso an wie positive. Der
Fremde kann als Edler Wilder erscheinen – oder gar als Gott,
wie die spanischen Invasoren in den Augen der Indianer Süd-
amerikas. Er bildet aber auch eine Negativ-Folie für die eigenen
Kultur und wirkt dann als *Barbar*, als ungeformter Mensch
außerhalb der eigenen, für selbstverständlich gehaltenen Ordnung. Diese Vorstellung taucht in der Geschichte des modernen
Reisens diskreter auf als diejenige des Edlen Wilden, aber sie bildet einen nicht zu überhörenden Unterton. Schon in den Beschreibungen der Südsee-Insulaner wurde die gepriesene ›Natürlichkeit‹ gelegentlich auch negativ gesehen: Die Polynesier
waren für manche europäischen Beobachter primitiv, unver-
nünftig, gesetzlos, triebhaft, faul. Die Küstenbewohner konnten als bedrohlich und tierisch-wild erscheinen, die Älpler als
rückständig, schmutzig und roh. In Italien, dem klassischen
Land der Kultur, fühlten sich viele Reisende durch die ›lauten‹
und ›dreckigen‹ Einheimischen gestört.
Abstoßung und Anziehung durch das Fremde treten auch im
heutigen Tourismus prononciert hervor. Die Betrachtung der
Einheimischen als ›Barbaren‹ ist allerdings – zum Glück – nicht
mehr öffentlich vertretbar. Von Reiseerfahrungen mit ›faulen
Schwarzen‹, ›aufdringlichen Arabern‹, ›betrügerischen Italie-
nern‹ wird zwar am Stammtisch gesprochen. Aus dem öffentlichen Diskurs aber sind die Negativ-Klischees fast vollständig

verbannt. Das ist zum Teil einer gesteigerten Sensibilität gegenüber rassistischen Vorurteilen zu danken. Vor allem aber sollen sich mit dem Tourismus im Interesse der Veranstalter wie in den Augen der Reisenden positive Bilder verbinden. Die wirklichen, aber auch die phantasierten Schattenseiten der fremden Welt bleiben ausgeklammert. Der ›barbarische‹ Fremde wirkt abschreckend; er hat in den modernen Reisevorstellungen, die den Genuß des Unterwegsseins betonen, nichts zu suchen.

Doch der Edle Wilde lebt. Er ist allgegenwärtig in der Tourismuswerbung, in Reisebüchern und -berichten, Dokumentarfilmen und Dia-Shows und vor allem in den Vorstellungen und der Wahrnehmung der Reisenden selbst. Hans Fischer, der Touristen auf Samoa nach ihren Vorstellungen und Eindrücken von der Insel befragt hat, resümiert: »Was dann folgt an Beschreibungen der Menschen, hat wiederum offenbar überhaupt nichts mit diesem Lande zu tun ... Es geht um irgendwelche Menschen in diesem Paradies.«[3] Die »Paradies-Menschen« sind in den Augen der Reisenden friedlich und fröhlich, glücklich und unkompliziert, sorgenfrei und ausgeglichen, warmherzig und hilfsbereit; sie leben ohne Hektik ein genügsames, ursprüngliches Leben. Fast unverändert erscheinen die Bilder, die schon in den Reiseberichten des 18. Jahrhunderts gezeichnet wurden. Konkrete Erfahrung ändert an diesen Vorstellungen nichts; sie bleiben im Lauf der Reise gleich. Und die Realität wird ausgeklammert: West-Samoa hat eine höhere Mordrate als die USA, die Selbstmordquote zählt zu den höchsten der Welt, psychische Erkrankungen sind häufig.[4]

Die Vorstellung vom ursprünglichen, fröhlichen, unkomplizierten Fremden außerhalb »von dem, was wir normalerweise in der ganzen westlichen Gesellschaft haben«[5], zieht sich konsequent durch die touristische Wahrnehmung. Sie ist in der tourismuswissenschaftlichen Forschung in mehreren Analysen untersucht worden. Die Einheimischen erscheinen als unberührt von der westlichen Zivilisation und als außerhalb der historischen Entwicklung stehend. Diese Idee tritt bei allen nichteuropäischen Kulturen in den Vordergrund, etwa bei den Bewohnern Balis, Ostafrikas, Neu-Guineas, Thailands und den nordamerikanischen Indianern. Sie prägt aber auch die Vorstellung der angeblich ›rückständigen‹ Gebiete Europas, vor allem des Mittelmeerraums. Der wettergegerbte, lebensfrohe Bauer oder Winzer stellt ein Standard-Bild jeder Toskana-Reportage dar – die europäische Version des naturverbundenen, seelisch ausgeglichenen ›Wilden‹, der unberührt blieb von Zivilisations-Neurosen. Elisabeth Fendl und Klara Löffler haben gezeigt, wie Reiseführer – auch politisch und ›alternativ‹ orientierte – sogar das Leben in einer modernen Großstadt wie Florenz mit archaischen Zügen versehen.

Der Katalog eines großen deutschen Reiseveranstalters, zu dessen erklärten Zielen es gehört, den Kunden den Kontakt mit der heutigen Realität der Reiseländer zu ermöglichen, präsentierte 1995 auf den Fotos des Abschnitts ›Italien‹ viermal Fischer, Fisch- und Muschelverkäufer, daneben als weitere Berufsgruppen je einen Winzer, einen Hirten, einen Bauern hinterm Ochsenpflug, einen Gondoliere, zwei Carabinieri zu Pferde sowie einige Nonnen. Portugal war wie Italien mehrheitlich durch Fischer und Fischhändler repräsentiert, daneben durch einen Melonenverkäufer und einen Friseur. In Reisezeitschriften und -büchern sieht es nicht anders aus: Immer wieder finden wir dieselben Marktfrauen, Priester, Töpfer, Kupferschmiede, Bauern. Solche Realitätsverzerrungen in der Wahrnehmung fremder Länder gehören strukturell zum Tourismus, der sich, wie wir gesehen haben, wesentlich aus Phantasie-Elementen nährt. Das Bild der unverdorbenen, außerhalb der modernen Zeit stehenden Einheimischen ist eines seiner wichtigsten und beständigsten Elemente.

Nicht immer allerdings läßt sich die Bevölkerung in der touristischen Wahrnehmung in die Gestalt des *Edlen Wilden* pressen. Vor allem bei Angehörigen ›moderner‹ Gesellschaften ist das nicht gut möglich. Aber auch hier können wir, zumindest in der Präsentation der Reiseberichte, der Bücher und Prospekte feststellen, wie die ›störenden‹ Elemente der Zivilisation aus der Darstellung eliminiert werden. Das Berufsleben spielt eine völlig untergeordnete Rolle; die Fotos zeigen uns vorzugsweise Kinder, Jugendliche, alte Leute und vor allem: Freizeit-Szenen. Franzosen mit Baskenmütze spielen Boule, alte Damen sitzen in Wiener Cafés, New Yorker joggen durch den Central Park, spanische Señoritas schwatzen an der Straßenecke. Auch sie, wie die vielen Versionen des Edlen Wilden, repräsentieren ein Leben jenseits der Zwänge der Produktion, der festen Zeitabläufe, des verplanten Alltags. Sie stehen außerhalb eines zweckbestimmten Tageslaufs: zeitlos spielen, reden, trödeln sie, rauchen sie ihre Pfeifen und werfen ihre Boulekugeln.

Einheimische und Reisende

Wie aber stehen die Einheimischen zum Tourismus und zu den Urlaubern? Allgemeingültige Antworten auf diese Frage gibt es nicht. Eine Vielzahl von Faktoren spielt eine Rolle: die Anzahl der Reisenden, der Reisetypus, Sozialstatus, wirtschaftliche Lage und nationale Herkunft von Reisenden und Gastgebern, die Struktur der Tourismusindustrie, politische Faktoren u. v. a. Verschiedentlich ist versucht worden, solche Elemente in ein System zu bringen. Doch das Verhältnis von Einheimischen und Touristen läßt sich offenbar nicht in genereller Form erfassen. Aufschlußreicher sind die Untersuchungen konkreter Beispiele.

In den siebziger Jahren hat Oriol Pi-Sunyer die Reaktionen der Bewohner eines Badeortes an der Costa Brava auf den wachsenden Tourismus untersucht. Er stellte dabei die Entwicklung ausgeprägter Vorurteile fest: Die Franzosen hätten schlechte Manieren, die Deutschen seien geizig, die Italiener nicht vertrauenswürdig. Generell wurden die Touristen, die allerdings in diesem Fall den Ort geradezu überrannten (70 000 Sommergäste bei 6000 Einwohnern), nicht geschätzt. Der Fremdenverkehr trug zur Herausbildung von Negativklischees bei.

Auch andernorts wird von der Herausbildung nationaler Stereotype durch den Tourismus berichtet. Von den meisten Maltesern, behaupten die Anthropologen Jeremy Boissevain und Peter Inglott, werden »Schweden als Geizkragen gesehen, die eine Flasche Cola bestellen und sie mit mehreren Strohhalmen teilen; Franzosen und vor allem Italiener sind übermäßig anspruchsvoll und nicht zufriedenzustellen; Libyer sind unverläßliche Schürzenjäger, Deutsche ernst und wohlhabend und Engländer höflich und anspruchslos.«[6] Für die Bewohner der griechischen Inseln Ios und Serifos sind nach einer Untersuchung von Paris Tsartas die Franzosen arrogant, die Deutschen geben viel Geld aus usw. Mexikanische Geschäftsleute haben Strategien entwickelt, um ausländische Touristen nach nationalen Verhaltensmerkmalen einzuschätzen und entsprechend zu behandeln.

Belastend für die Beziehungen von Reisenden und Einheimischen wirken vielfach die moralisch ›lockeren‹ Verhaltensweisen der Fremden. Vor allem im Mittelmeerraum und in Ländern der Dritten Welt bilden legere Kleidung, nacktes Sonnenbaden und öffentlich ausgetauschte Zärtlichkeiten einen ständigen Stein des Anstoßes. Die ohnehin bestehende kulturelle Differenz zwischen Touristen und Landesbewohnern wird noch durch die Sondersituation des Urlaubs verstärkt, in der Verstöße gegen geltende Regeln zum ›Feriengefühl‹ gehören. Empirische Untersuchungen haben auf den Fiji-Inseln wie auf Malta, in Tunesien und in Griechenland, in der Karibik und in Gambia festgestellt, daß die abweichende Moral der Reisenden den Hauptfaktor für negative Einstellungen der Einheimischen bildet.

Spannungsfrei verlaufen die Beziehungen von Besuchern und Besuchern vor allem dann, wenn der soziale und kulturelle Abstand zwischen beiden Gruppen gering ist. Eine Untersuchung in London ergab eine breite Zustimmung zum Tourismus. Als positiver Effekt wurde der Ausbau der Unterhaltungsmöglichkeiten durch den Fremdenverkehr gesehen; die Präsenz der Touristen stärkte auch den Stolz auf die eigenen Stadt. In Urlaubsorten an der amerikanischen Atlantik-Küste war die Reaktion auf die Feriengäste ebenfalls wohlwollend; die Einheimischen schätzten die verstärkten Kontakt-, Einkaufs- und Unterhaltungsmöglichkeiten, die der Fremdenverkehr mit sich bringt. In Zentral-Florida äußerten sich fast 80% der in einer Untersuchung befragten Bewohner zustimmend zum Urlaubsverkehr, 58 % hofften auf ein weiteres Anwachsen der in dieser Region bereits extrem intensiven Touristenströme.

Kulturelle Nähe zwischen Besuchern und Besuchten scheint also ein positives Verhältnis zu fördern. Doch selbst diese naheliegende Hypothese läßt sich nicht als allgemeine Regel formulieren. So beschrieben Bewohner der Fiji-Insel Viti Levu die Feriengäste mit guten Gründen als »sehr anders«, standen dem Tourismus aber dennoch mit überwältigender Mehrheit zustimmend gegenüber. Auch auf den Seychellen und auf Bali fanden sich überwiegend positive Einstellungen zum – hauptsächlich europäischen und nordamerikanischen – Fremdenverkehr.[7] Auf der lange Zeit abgeschiedenen Mittelmeer-Insel Gozo äußerten Jugendliche gegenüber dem Anthropologen Jeremy Boissevain: »Die Ausländer haben geholfen, eine freiere Gesellschaft zu schaffen, die gegenüber der starren, engen eine Verbesserung darstellt.« – »Viele Dinge, die ich vorher ohne die ›Touristenbrille‹ nicht gesehen hatte, schienen mir sehr interessant und hübsch, wie sie wirklich sind. Für mich ist das die beste Wirkung, die der Tourismus haben kann; denn nur dadurch kann ich besser schätzen, wie glücklich wir sind, in Gozo zu leben.« – »Touristen beeinflussen mich. Meine Kenntnisse werden größer, und ich verstehe die Unterschiede in den Sitten der Völker.«[8] Fast überall werden die ökonomischen Auswirkungen des Tourismus von den Einheimischen positiv eingeschätzt; vielfach entfaltet oder verstärkt sich bei den Landesbewohnern durch den Fremdenverkehr auch der Stolz auf die eigene Heimat. Zudem entstehen neue Möglichkeiten zu Kontakten und häufig ein größerer Abwechslungsreichtum des Alltags. Dabei sind sich die Einheimischen in den meisten Urlaubsregionen auch der negativen Auswirkungen des Ferienbetriebs bewußt, ob es sich nun um Umweltschäden, Verkehrsprobleme, Gefährdung von Sozialstrukturen oder die Erschütterung von Traditionen handelt.

Häufig wurde vermutet, in der Anfangsstufe – vor der Entwicklung eines massenhaften Andrangs von Reisenden – seien Urlauber willkommener als in späteren Phasen. Für diese Annahme lassen sich empirische Belege anführen, doch laufen ebenso entgegengesetzte Entwicklungen ab. Oft stellt sich im Lauf der Zeit durch Gewöhnung eine größere Toleranz gegenüber den Verhaltensweisen der Gäste ein, was z. B. für Mykonos und die Seychellen gezeigt wurde.[9] In dem eingangs erwähnten Badeort der Costa Brava, in dem zu Beginn der siebziger Jahren Touristen sehr negativ betrachtet wurden, hatte sich 1989 die Situation grundlegend gewandelt: Obwohl sich die Besucherzahl versechsfacht hatte, wurden die Fremden nun sehr viel positiver gesehen. Mit dem wachsenden Lebensstandard hat sich der kulturelle Abstand zwischen Einheimischen und Feriengästen verringert; zudem haben die Einheimischen seit dem Ende der Franco-Diktatur mehr Einfluß auf die Tourismusplanung. Die Urlauber werden daher weniger als ›Invasoren‹ erlebt.

Es ergibt sich so kein einheitliches Bild. Zu viele unterschiedliche Faktoren prägen die Beziehungen von Touristen und Einheimischen. Sie lassen sich zwar aufzählen, wie es etwa der britische Soziologe John Urry versucht hat[10], doch nicht in ein aussagekräftiges System bringen. Die Beziehungen von Einheimischen und Touristen nehmen eine unüberschaubare Vielfalt von Gestalten an. Dabei sind keineswegs, wie ein gängiges Vorurteil behauptet, die Landesbewohner gleichsam willenlose ›Opfer‹ des über sie hereinbrechenden Reiseverkehrs. Sie entwickeln im allgemeinen Verhaltenstechniken, in denen sie ihre Würde und ihren Gruppenzusammenhalt wahren können. Ein schönes Beispiel dafür bildet der Umgang der Pueblo-Indianer mit den Besuchern in ihrem Reservat, den Jill D. Sweet beschrieben hat. Die Indianer sind zu den Fremden meist freundlich, betrachten sie aber als *fools*, als zugleich privilegierte, verachtete und tolerierte Außenseiter. Dabei unterscheiden sie verschiedene Besucher-Kategorien. Die *tourists from back East* haben keine Ahnung bzw. nur Klischeevorstellungen von Indianern. *Tourists from Texas* sind wohlhabend, angeberisch und laut. *Hippie tourists* gehen auf die Nerven, weil sie ständig nach halluzinogenen Pflanzen fragen und sich gelegentlich ohne Erlaubnis den rituellen Tänzen anschließen. Auf Festen werden die Besucher von jüngeren Indianern zum Vergnügen der Zuschauer imitiert und von Mitgliedern religiöser Schauspielgruppen auch direkt angegangen. »Besonders gern sondern die Pueblo-Clowns einzelne Touristen heraus und setzen sie in Verlegenheit.«[11] Durch das – freundliche – Provozieren und Lächerlichmachen der Reisenden verstärken die Pueblo-Indianer ihren sozialen Zusammenhalt und versichern sich ihrer Gruppenidentität.

Die Wirkungen des Tourismus auf die Beziehungen zwischen

verschiedenen Kulturen werden vielfach überschätzt. Touristen sind ja praktisch nie die *ersten Fremden*, die das Zielgebiet bereisen. Die Wahrnehmung der Einheimischen ist immer schon durch Vorerfahrungen geprägt (in der Dritten Welt mit Eroberern, Kolonialbeamten, Händlern, Missionaren) und wird heute sehr wesentlich durch die Massenmedien beeinflußt. Die Bedeutung des Tourismus für das Bild der Menschen voneinander ist insofern beschränkt.

Auch die vielbeklagte *Kommerzialisierung der Kontakte* im Fremdenverkehr stellt vielfach nur ein Scheinproblem dar. Wir akzeptieren ökonomisch bestimmte Beziehungsformen in vielen Bereichen unseres Alltagslebens. Das ist an sich nicht problematisch. Von vielen Touristen wird dieser Prozeß allerdings als Verlust an Authentizität empfunden. Im Urlaub sollen andere Gesetzmäßigkeiten herrschen als zu Hause; die Einheimischen sollen ›unverdorben‹ sein von einer auf wirtschaftlichen Nutzen zielenden Haltung. Dieser Anspruch ist nicht einzulösen. Er verweist allerdings auf ein allgemeineres Problem. Wie häufig im Dienstleistungssektor, bilden auch im Tourismus *menschliche Haltungen einen Teil des Produkts*. Freundlichkeit und Kommunikation werden mitverkauft, Professionalität schließt persönliche Haltungen ein, die dem Gast das Gefühl der Besonderheit geben. John Urry schreibt: »Die Qualität der sozialen Interaktion ist selbst Teil der erworbenen Dienstleistung«.[12] Persönliche, emotional getönte Kontaktformen gehören zum Rollenverhalten, sie sind nicht unbedingt ›spontan‹.

Eine Kommerzialisierung in diesem Sinn ist jedoch nicht belastend für die Kontakte von Reisenden und Einheimischen – sie raubt allenfalls den Touristen Illusionen von ›ursprünglichen‹ Sozialbeziehungen und vom moralisch besseren Leben der ›einfachen Menschen‹.

Die oft gestellte Frage, ob der Tourismus Vorurteile verstärke oder aufhebe, ob er gar der Völkerverständigung diene, ist nicht eindeutig zu beantworten. Das moderne Reisen bringt an sich weder Vorurteile noch ihre Auflösung mit sich. Es gibt *Gelegenheiten zum Kontakt* zwischen Angehörigen verschiedener Kulturen. Was aus diesem Kontakt jeweils wird, hängt von den spezifischen Bedingungen ab, die in der Realität unendlich variieren. Der Fremdenverkehr kann durchaus zu den Einsichten führen, die ein Jugendlicher aus Gozo formuliert hat: »Ich stelle fest, daß sie (die Ausländer, C. H.) so menschlich sind wie wir. Sie haben Probleme, sie arbeiten ... der einzige Unterschied ist, daß sie in viel größeren Nationen als unsere Insel leben.«[13] Er kann aber auch Negativ-Stereotype festigen. Und, noch komplizierter: Im realen Kontakt mit den Fremden lösen sich manchmal positive, idealisierende Vorstellungen auf, so daß als Resultat des touristischen Kontakts sich ein zwar realistischeres, aber zugleich negativer gefärbtes Bild des Fremden ergibt.[14]

Modernisierung und Tradition: Drei Beispiele

Tourismus hat dauerhafte Folgen für die *Sozialstruktur der Reisegebiete*, für ihre Lebensformen, Werte, Machtverhältnisse. Vielfach wirkt er im Sinn jener Entwicklung, die gemeinhin als ›Modernisierung‹ bezeichnet wird, und trägt zur Anpassung an die Lebensweisen der westlichen Industriegesellschaften bei. Er unterstützt aber auch die Bewahrung und Neubelebung von kulturellen Traditionen. Wir betrachten diese Prozesse zunächst an konkreten Beispielen. An den *griechischen Inseln* wird beispielhaft ein klassisches Modell der touristischen Entwicklung deutlich: Agrarisch geprägte, ›rückständige‹ Gebiete verändern sich unter dem Einfluß des Fremdenverkehrs; der Lebensstandard steigt, alte Norm- und Verhaltenssysteme lösen sich auf. Der Himalaya-Volksstamm der *Sherpas* bildet dazu in mancher Hinsicht ein Gegenbild. Hier sind überlieferte Formen des sozialen Kontakts unter den neuen Bedingungen des Tourismus in ihrem Kern bewahrt worden. Auf *Bali* schließlich hat der Fremdenverkehr in starkem Maß die Erhaltung und Neuformulierung kultureller Traditionen gefördert.

Bis 1965 zeigten die Inseln des Ägäischen Meers die traditionelle Sozialstruktur ländlicher Gebiete des Mittelmeerraums. Die ökonomische Grundlage bildeten Landwirtschaft, Viehzucht, Fischfang sowie in einigen Regionen der Bergbau; der Lebensstandard war niedrig, die gesellschaftliche Mobilität sehr gering. Religion und kulturelle Traditionen spielten eine zentrale Rolle. Das Leben der einzelnen war gebunden an die hierarchisch strukturierte Familie, in welcher der *koumando* – die Macht – beim ältesten Mann lag. Ein strenge Rollendifferenzierung trennte die Welten von Männern und Frauen.

Bereits in den fünfziger Jahren hatte auf den Inseln, wie in anderen ländlichen Gebieten Griechenlands, eine starke Abwanderung – vor allem nach Athen und Piräus – eingesetzt. Zwischen 1951 und 1971 verringerte sich die Bevölkerungszahl der Ägäischen Inseln um mehr als 20 %, diejenige der Kykladen um rund ein Drittel. Der Fremdenverkehr kehrte diesen Trend binnen weniger Jahre um. Arbeitsemigranten und Seeleute kamen zurück; häufig folgten ihnen Geschäftsleute aus anderen Regionen Griechenlands. In den siebziger Jahren nahm die Einwohnerzahl der meisten Inseln zu. Zugleich entstand eine neue Berufs-und Sozialstruktur. Der Tourismus entwickelte sich zum dominierenden, auf manchen Inseln sogar zum einzig relevanten Wirtschaftszweig. Auf den Kykladen beispielsweise wurden 1981 rund 70 % des Bruttosozialprodukts in der Urlaubsindustrie erwirtschaftet. Die Einheimischen arbeiteten nur noch zum kleineren Teil in der Landwirtschaft. Viele von ihnen eröffneten Läden, Tavernen, Cafés, Pensionen oder fanden eine Anstellung in Hotels, Restaurants, Diskotheken und als Bauarbeiter. Ein ›neues Kleinbürgertum‹ von Geschäftsleuten und eine Schicht von Lohnarbeitern bildeten sich heraus. Die soziale Mobilität wuchs. Damit ging ein rasches Anwachsen des Lebensstandards einher. Allerdings verteilte sich der Wohlstand ungleichmäßig. Vor allem auf kleineren, intensiv besuchten Inseln, aber auch an der kretischen Küste gehören die größeren und profitableren touristischen Betriebe vorwiegend auswärtigen Besitzern.

Die sozialen Beziehungen haben sich verändert. Davon ist insbesondere die Familie betroffen. Die Macht des männlichen Familienoberhaupts wurde geschwächt. Bei den Jüngeren gelten die traditionellen, von den Vätern vertretenen Werte nicht mehr unbefragt; zudem erlangen die Kinder oft relativ früh wirtschaftliche Unabhängigkeit. Die ökonomische Rolle der Frauen ist gewachsen; sie sind im öffentlichen Leben stärker präsent. Die traditionelle Trennung ›weiblicher‹ und ›männlicher‹ Lebensbereiche läßt sich nicht mehr durchhalten.

Zu den Hauptsorgen der älteren Einheimischen zählt die Furcht, »die Kinder zu verlieren«.[15] Darin drückt sich der Wertewandel bei der jüngeren Generation aus. Vor allem für die Männer hat sich die sexuelle Moral verändert; ihnen bietet sich – wie in vielen anderen Gebieten des Mittelmeerraums – die Gelegenheit, als *summer lovers* Beziehungen zu Ausländerinnen aufzunehmen. Auch die Formen der Geselligkeit sind andere geworden. Die traditionellen Feste, einst Höhepunkte des dörflichen Lebens, werden weniger geschätzt. Der Lebensstil der Touristen gilt vielfach als Vorbild. Junge Inselgriechen sind stolz darauf, die Winterferien im Ausland zu verbringen, und verachten die gleichaltrigen Athener, die nicht nach der neuesten Mode gekleidet sind.

In den neuen Entwicklungen erhalten sich aber auch überkommene Strukturen, vor allem im Verhältnis der Geschlechter. Das alte Mitgift-System, bei dem die jungen Frauen Land aus dem Familienbesitz in die Ehe einbrachten, hat zwar an Bedeutung verloren. Mancherorts aber wird es an die neue Realität angepaßt. Nicht mehr Felder und Obstgärten, sondern Geschäfte oder Wohnungen schaffen nunmehr die standesgemäße Ausstattung der Braut. Auf Kreta blieb auch die überlieferte Verpflichtung junger Eheleute, gegen Unterkunft und Verpflegung für den Vater bzw. Schwiegervater zu arbeiten, an manchen Orten zumindest bis in die achtziger Jahre erhalten. Die ökonomische Selbständigkeit der Frauen hat nicht in vergleichbarer Weise zu sozialer Unabhängigkeit geführt. Ihre Arbeitsbelastung ist durch die Doppeltätigkeit in der Familie und in den touristischen Service-Betrieben vielfach enorm angewachsen. Die sexuelle Doppelmoral verbietet den Frauen jene Kontakte, welche die jungen Männer selbstverständlich beanspruchen.

Auf den griechischen Inseln scheint sich im wesentlichen jener Anpassungsprozeß an nordamerikanische und mitteleuropäische Gesellschaftsstrukturen zu entfalten, der gemeinhin als ›Modernisierung‹ bezeichnet wird. Dabei bleiben aber viele Traditionen und Eigenheiten des Gebiets erhalten. Häufig entstehen Mischformen, die sowohl überlieferte als auch moderne Elemente enthalten. In solchen Formen wird ein kulturelles Eigengewicht wirksam, das sich nicht widerstandslos den neuen Tendenzen ausliefert. Zu den Traditionen, die sich in Griechenland trotz der touristischen Modernisierung bewahrt haben, zählen wesentlich die patriarchalischen Einstellungen. Die Fragwürdigkeit der im anti-touristischen Diskurs gern vertretenen Gegenüberstellung von ›guten‹ Traditionen und ›schlechter‹ Modernisierung wird dabei in aller Schärfe deutlich.

Bewahrung sozialer Formen: Die Sherpas

Die Bewohner der Khumbu-Region im Nordosten Nepals, die Sherpas, sind in der ganzen Welt als Bergführer und Träger bekannt; der Name des Volksstamms ist zum Synonym für die Himalaya-Führer geworden. Seit den fünfziger Jahren begleiten Sherpas ausländische Bergsteiger auf ihren Touren. Heute leben die Bewohner der Gegend zu einem wesentlichen Teil vom Fremdenverkehr. In dem von Vincanne Adams untersuchten Sherpa-Dorf Khum Jung beispielsweise bezogen 1987 80 % aller Haushalte Einkommen aus dem Tourismus. Damit haben sich die traditionellen ökonomischen und sozialen Muster in Khumbu gewandelt. Keineswegs aber wurden sie ›zerstört‹. Vielmehr erhielten sich in der neuen Entwicklung überlieferte, für die Lebensweise der Sherpas seit jeher charakteristische Elemente. So entstanden mit dem Tourismus eigentümliche soziale Formen, in denen alte Vorstellungen und Traditionen sich in gewandelter Form bewahren.

Die überlieferte Wirtschaftsweise basierte auf Viehzucht, Landwirtschaft und Handel. Schon immer arbeiteten Sherpas als Träger und Viehtreiber auf den Verbindungswegen zwischen Indien und Tibet. Mit der Schließung der tibetanischen Grenze

1959 kam der Fernhandel zum Erliegen. An seine Stelle trat der Trekking-Tourismus. Die Beschäftigungen als Bergführer und Träger setzen eine jahrhundertealte Tradition fort. Wie der Handelsverkehr, so ist auch der Tourismus saisonal begrenzt und läßt während der Monsunperiode ausreichend Zeit für die Feldarbeit. Zudem erfordert er in dieser Region Tragtiere und gibt damit der Viehzucht ökonomische Unterstützung.

Die traditionellen Produktionsbeziehungen der Sherpas waren durch eine Mischung von Lohnarbeit und ›reziproken‹ Dienstleistungen geprägt. Diese waren persönlich gefärbt und beruhten auf Verwandtschaft, Freundschaft und wechselseitigem Vertrauen. Man arbeitete beispielsweise auf dem Feld des Freundes, half ihm beim Hausbau, lieh ihm die Ochsen zum Pflügen. Die Gegenleistung bestand in vergleichbarer, unter Umständen erst nach längerer Zeit zu erbringender Hilfe. Ein Netzwerk persönlicher, auf wechselseitigen Verpflichtungen beruhender Beziehungen durchzog so die Sherpa-Dörfer.

Mit der Entwicklung des Tourismus verschwanden diese traditionellen Muster nicht. Vielmehr setzte sich ein »strategischer und innovativer Gebrauch von Reziprozität«[16] durch. Die alten Sitten fanden neue Formen, doch ihr Kern hatte Bestand. Immer noch tauschen die Sherpas zahlreiche Leistungen ohne Bezahlung auf der Basis wechselseitigen Vertrauens. Die Geldwirtschaft hat die sozialen Beziehungen nicht unterhöhlt. Weite Bereiche des ökonomischen Handelns werden teilweise nichtmonetär organisiert; dazu gehören die Arbeit auf dem Feld, im Haushalt, beim Hausbau, in Teehäusern und *lodges*, bei Trekking-Expeditionen, beim Holz- und Lebensmitteltransport. Auch nicht-ökonomisches Verhalten – der Austausch von Geschenken, die Einladung zu Hochzeiten und anderen privaten Festen – ist in das System wechselseitiger, persönlich geprägter Verpflichungen einbezogen.

Zahlreiche Sherpas arbeiten heute in der Landeshauptstadt Kathmandu als Besitzer oder Angestellte kleiner Trekking-Unternehmen. Auch in der städtischen Umgebung blieb das System reziproken Austauschs lebendig. Die Agenturen helfen sich gegenseitig nicht nur mit Material (wie Zelte, Schlafsäcke, tragbare Toiletten usw.), sondern auch mit Informationen, Dienstleistungen, Personal, Erlaubnisscheinen für Bergtouren. Sogar die Kunden werden bei wechselseitigem Bedarf ausgetauscht. Obwohl die Unternehmen objektiv in einem Konkurrenzverhältnis stehen, kooperieren sie intensiv. Dieses Muster wirkt allerdings – wie in den traditionellen Dorfgemeinschaften – nicht mit jedem beliebigen Partner, sondern nur innerhalb bestimmter, eindeutig als Verwandtschaft oder Freundschaft definierter Beziehungen. Jede Agentur hat – wie jeder Haushalt im Sherpa-Dorf – ihr Netz der reziproken Hilfe, auf das sie sich verlassen kann und dem sie selbst verpflichtet ist. Die Aufrechterhaltung sozialer Kontakte stellt einen wesentlichen Teil der Arbeit dar.

Vincanne Adams zitiert einen Sherpa-Unternehmer, der nach seiner Rückkehr von einer USA-Reise als entscheidenden Unterschied »the social thing« bezeichnete. Ausländer suchten den Erfolg durch das Geld, Nepalesen arbeiteten mit Hilfe sozialer Beziehungen. Freunde, auf die man zählen könne, seien ebensoviel wert wie finanzielles Kapital.[17]

Durch den Tourismus entstanden in Nepal also soziale Muster, in denen zwar moderne Züge wie die Lohnarbeit an Bedeutung gewannen, zugleich sich aber die traditionellen Formen sozialer Kontakte erhielten. Dabei ist allerdings eine Verschiebung von egalitären zu hierarchischen Modellen festzustellen. Die soziale Differenzierung nahm zu; Unternehmer und Angestellte, Expeditionsleiter und Träger, Herren und Diener haben unterschiedliche Macht. Doch herrscht unter ihnen nicht die nackte Willkür. Sie bleiben eingebunden in Formen wechselseitiger Verpflichtung. Die sozialen und kulturellen Muster kapitalistischen Wirtschaftens haben sich unter den Sherpas nicht uneingeschränkt durchgesetzt, obwohl sie an Geld- und Marktwirtschaft teilhaben; der Tourismus hat die überlieferten Muster sozialer Reziprozität eher noch verstärkt.

Neubelebung von Traditionen: Bali

In der Tourismuswerbung präsentiert sich Bali als Ort der Harmonie und des künstlerischen Reichtums, der magischen

Rituale und der Erotik, der exotischen Fruchtbarkeit und der lebendigen Religion. Die Broschüren der indonesischen Fluglinie Garuda behaupten, »die Balinesen selbst, ein heiteres und harmonisches Volk«, bildeten »Balis größten Vorzug«; sie seien »in einer reinen und entzückenden Weise durchgeistigt«.[18] Besonders herausgehoben werden immer wieder die künstlerischen Neigungen der Bevölkerung, die in Ritualen und Tänzen, Bildern und Handwerksprodukten ihren Ausdruck fänden.

Diese Ideen sind keine Erfindungen cleverer Tourismus-Manager. Sie gehen vielmehr auf das Bild der Insel zurück, das von europäischen und amerikanischen Literaten und Künstlern in der ersten Hälfte des 20. Jahrhunderts entworfen wurde. In Miguel Covarrubias' viel gelesenem *Island of Bali* (1937) heißt es, daß »keine andere Rasse den Eindruck eines so eng mit der Natur verbundenen Lebens vermittelt, ein solches Gefühl von Harmonie zwischen den Menschen und ihrer Umwelt hervorbringt«, zudem scheine »auf Bali ... jedermann ein Künstler zu sein«.[19] Ähnliche Vorstellungen durchziehen große Teile der belletristischen und ethnographischen Literatur über die Insel.

Das Bild von der »Insel der Götter« mit ihrer kreativen Einwohnerschaft und ihrer reichen religiösen und künstlerischen Überlieferung wirkt heute, vermittelt über den Tourismus, nachhaltig auf die Realität zurück. Ein solcher Einfluß westlicher Vorstellungen ist allerdings nichts grundsätzlich Neues. In der balinesischen Kultur spielen europäische Ideen bereits seit dem späten 18. Jahrhundert eine wichtige Rolle. Sie ist nicht, wie das naive Bewußtsein annimmt, von außen unberührt und seit archaischen Zeiten unverändert.

Zahlreiche ›Traditionen‹ wurden erst in unserem Jahrhundert neu geschaffen – oder zumindest gezielt erhalten. Manche scheinbar altehrwürdigen Rituale oder Handwerksprodukte sind Schöpfungen der letzten Jahrzehnte. Sie entstanden aus zwei Gründen: Die nationale Identität des jungen Staats Indonesien sollte durch ›authentische‹ Kulturphänomene gestärkt und die Erwartungen der Touristen sollten erfüllt werden. Die indonesischen Regierungen unterstützen seit Jahrzehnten Tanzgruppen und Handwerker, bemühen sich um die Entwicklung einer ›naturnahen‹ Hotelarchitektur und stehen der Kommerzialisierung des Tourismus – zumindest verbal – skeptisch gegenüber. In den Schulen werden der traditionelle ›Affentanz‹ *(ketjak)*, die überlieferte Musik und die Schnitzkunst gelehrt. Eine komplexe Verschränkung von Überlieferung und Moderne erzeugt neue kulturelle Formen, die Wirklichkeit gleicht sich teilweise dem Image an.[20]

Dabei entsteht keineswegs nur eine für touristische Zwecke manipulierte Pseudo-Kultur. Zwar kommt man den Bedürfnissen der Reisenden entgegen. So formen Holzschnitzer heute – im Gegensatz zu früher – auch Tierfiguren oder gar Sophia-Loren- und Raquel-Welch-Puppen. Daneben aber erhalten sich die alten Modelle und ihr religiöser Bedeutungsgehalt. Der Tourismus gibt den Balinesen die »Möglichkeit, von Dingen zu profitieren, die sie immer getan haben: Tanzen, Malen, Holzschnitzen«.[21] Die Formen dieser Aktivitäten haben sich im Kern nicht geändert, denn sie dienen nach wie vor in erster Linie dem religiösen Kult. Das touristische Interesse ist ein willkommener Nebeneffekt. Der Anthropologe Philip McKean spricht von einem dreifachen Publikum der Rituale: dem göttlichen, einheimischen und touristischen. Die verschiedenen Zuschauer stehen im Bewußtsein der Einheimischen konfliktfrei nebeneinander, »das Touristenpublikum ... hat nicht die Bedeutung verringert, kompetent für die anderen beiden Publika aufzuführen: für die Dorfbewohner und für das Götterreich.«[22]

So wird die Kultur Balis vom Tourismus beeinflußt, ohne sich doch seinen Bedürfnissen unterzuordnen. Traditionelle Formen wurden neubelebt, die kulturelle Identität durch das Interesse der Fremden verstärkt. In einer Verbindung von traditionalen und ›modernen‹ Elementen bilden sich Lebensweisen, die mit den gängigen Schemata vom ›Echten‹ und ›Authentischen‹ nicht recht zu fassen sind. Philip McKean hat solche Phänomene anschaulich gemacht: «Eine junge Frau mag beispielsweise – angemessen für ein Fest gekleidet, bei dem sie tanzen soll – am Dorftempel auf dem Rücksitz eines japanischen 250 cm^3-Motorrads ankommen, das von ihrem Freund in Jeanshosen und -jacke gefahren wird. Später erscheint er vielleicht bei dem Fest in der Rolle des Ersten Ministers Gadja Mada in einer Legenden-Oper über das Madjapit-Reich. Beide werden an den Ritualen teilnehmen, zu denen das Opfer eines lebenden Kükens oder einer kleinen Ente ebenso gehört wie die Möglichkeit der Trance sowie Reis-, Obst- und Blumen-Opfer an göttliche Mächte. Wenn die Feierlichkeiten vor Sonnenaufgang an ihr Ende kommen, werden sie auf dem Motorrad nach Hause zurückkehren und ein wenig schlafen, bevor sie Medizin- oder Volkswirtschafts-Seminare an der Universität besuchen.«[23]

»Vom Tourismus nicht verdorben« – oder: Wie die Urlauberströme auf die Reisegebiete wirken

Einem verbreiteten Vorurteil zufolge zerstört der Tourismus intakte Sozialformen und alte Traditionen. Wo die Urlauber hingelangen, verschwindet – so heißt es – die Gastfreundschaft, löst sich das Gemeinschaftsleben auf, tritt egoistisches Gewinnstreben an die Stelle ehrwürdiger Bräuche und Gewohnheiten. Das Gegenbild sind die vom Tourismus unberührten, ›unverdorbenen‹ Gebiete, in denen die Reisenden noch echte Herzlichkeit, unverfälschte Speisen und authentische Feste erleben dürfen.
Die Beispiele aus Griechenland, Nepal und Bali zeigen, daß es sich so einfach nicht verhält. Die Wirkungen des Fremdenverkehrs auf die Sozialstruktur der Urlaubsgebiete sind keineswegs in erster Linie zerstörerisch. Modernisierung ist eine wesentliche, aber nicht die einzige Folgeerscheinung des Tourismus; er kann auch überlieferte kulturelle Muster stärken und bewahrende Funktionen entfalten.
Vielfach stehen allerdings die *modernisierenden Wirkungen* des Fremdenverkehrs – die wir am Beispiel der griechischen Inseln betrachtet haben – im Vordergrund. Das gilt vor allem für Reisegebiete, die ganz oder teilweise durch vorindustrielle Lebensformen geprägt sind. Hier führt der Fremdenverkehr häufig zu einer *Auflösung traditioneller Berufs- und Sozialstrukturen*. Die Landwirtschaft verliert an Bedeutung; neue Arbeitsplätze entstehen im Dienstleistungsbereich und im Bausektor. Vielfach bilden sich eine Schicht von Kleinunternehmern (Hotel-, Restaurant-, Ladenbesitzer) sowie eine größere Gruppe von lohn-

abhängig Beschäftigten. Auswärtige Geschäftsleute und Arbeitskräfte aus anderen Gegenden wandern zu. Die soziale Differenzierung wächst; überkommene Macht- und Abhängigkeitsverhältnisse lösen sich auf. An ihre Stelle treten neue Hierarchien, in denen stärker als bisher materieller Besitz und Geldeinkommen eine Rolle spielen.

Die neuen Formen der *Arbeitsteilung* berühren das Verhältnis der Geschlechter und der Generationen. Die Rolle des männlichen Familienoberhaupts wird in vielen traditionellen Gesellschaften geschwächt. A. Lever beschreibt, wie sich junge Frauen im Hinterland der Costa Brava aus der männlich dominierten Dorfgemeinschaft emanzipieren, da die Arbeit in den Touristengebieten der Küste ihnen ein unabhängigeres Leben ermöglicht. Sie wohnen während der Sommersaison ohne familiäre Kontrolle mit Freundinnen zusammen und tragen häufig mehr als die Väter zum Familieneinkommen bei. Fast in allen traditionell geprägten Regionen bringt der Tourismus eine größere Unabhängigkeit für die jüngere Generation.

Generell wachsen damit auch *Individualisierungstendenzen.* Überkommene Gruppensolidarität und Systeme gegenseitiger Hilfeleistung können sich auflösen. In dem baskischen Touristenort Fuenterabbia beispielsweise hat der Anthropologe David Greenwood ein Anwachsen der *privacy* – und ihrer positiven Bewertung – beobachtet, zugleich aber auch verringerte Kontakte und eine verstärkte Konkurrenz unter den Haushalten. Ähnliche Befunde werden aus anderen Touristenregionen berichtet.

Der Fremdenverkehr führt zudem zu einer *Ausweitung des ökonomischen Bereichs* und einer stärkeren Betonung *wirtschaftlicher Werte.* Demonstrativer Konsum und finanzieller Erfolg gewinnen an Bedeutung, Kontakte werden ›kommerzialisiert‹, überlieferte Bräuche und Handwerksprodukte verwandeln sich in Waren für den touristischen Markt. Die den Reisenden vorgeführte ›authentische‹ Kultur der Einheimischen ist manchmal nur noch ein Kommerzprodukt. Rituale können ihre Bedeutung verlieren und zu reinen Touristen-Shows verkommen. Alte *Traditionen lösen sich auf* oder passen sich den neuen Erfordernissen an. Auf den griechischen Inseln haben die Angehörigen der jüngeren Generation weniger Interesse an den örtlichen Festen, in der Provence folgen solche Feste heute dem Freizeitrhythmus der Städter.

In vielen Regionen verliert die *Religion* an Einfluß. Überlieferte *Wertvorstellungen* verlieren an Bedeutung – das wird besonders deutlich auf dem Gebiet der sexuellen Moral. Angehörige der jüngeren Generation versuchen vielfach, den Lebensstil der Touristen nachzuahmen. Es entstehen Spannungen zwischen verschiedenen Wertsystemen, die psychische Probleme zur Folge haben können.

Örtliche Gemeinschaften vernetzen sich in *größere Systeme* und verlieren an Autonomie; sie werden abhängiger von äußeren Kräften, etwa von den Strategien der großen Touristik-Unternehmen oder von der nationalen Tourismuspolitik. Die *Machtverhältnisse* tendieren zu einer stärkeren Pluralisierung, weil neue Gruppen Einfluß gewinnen.

Alle diese Phänomene sind im Zusammenhang wirtschaftlicher und sozialer Modernisierung zu sehen. Tourismus trägt dazu vor allem aus zwei Gründen bei. Erstens führt er zu wirtschaftlichem Wachstum und zu einer Intensivierung der Arbeitsteilung. Er wird so zu einem Motor für Rationalisierungsprozesse und soziale Differenzierung. Zweitens erschüttert das Verhalten der Touristen häufig die traditionellen Wertsysteme und führt zur Nachahmung, vor allem bei den jüngeren Einheimischen. Doch ist dieser Prozeß nicht zu überschätzen. Touristen sind nicht die einzigen Botschafter der Industriezivilisation auf Malta, Bali oder den Seychellen. Vor allem der Einfluß der Medien ist im allgemeinen größer. »Tourismus ist in unserem Leben nicht wichtig«, sagte ein einheimischer Führer in Tana Toraja (Indonesien) der Ethnologin Valene Smith, »wir sehen die Welt jeden Abend im Fernsehen.«[24] Die Eskimos in Nordwest-Alaska, die gern als Beispiel ›traditionell‹ lebender Einheimischer besucht werden, betreiben selbst eigene Fernsehsender; sie besitzen Ferienhäuser und fahren auf Urlaubsreisen nach Disneyland oder Hawaii.[25] Das Bild vom rückständigen, von der Zivilisation unberührten Landesbewohner, der vom Tourismus brutal in die Schrecken der Moderne geschleudert wird, ist meist selbst nur eine touristische Fiktion.

Modernisierungsprozesse laufen in den meisten Gesellschaften ohnehin ab. Zahlreiche Faktoren sind dafür verantwortlich: wirtschaftliche und technische Entwicklungen, die kulturelle Dominanz des Westens, staatliche Einflüsse, die weltweite Verbreitung der Massenmedien. Der Tourismus hat in diesem Zusammenhang eher eine untergeordnete Bedeutung. Er beschleunigt – vor allem in Südeuropa und der Dritten Welt – häufig Prozesse, die auch ohne sein Zutun ablaufen. Nur ihr Tempo, nicht aber ihre Qualität wird durch die Reiseströme mitbestimmt.[26]

Gleichzeitig mit den modernisierenden Funktionen entfaltet der Tourismus Wirkungen, die wir als *traditionalisierend* bezeichnen können. Er trägt dazu bei, überlieferte Lebensformen, Gebräuche, handwerkliche und kunsthandwerkliche Techniken zu bewahren. Modernisierung und erhaltende Tendenzen stehen nicht im Widerspruch.

Der Fremdenverkehr bewirkt in diesem Sinn zunächst eine untypische Richtung der *Migrationsströme*. Während Modernisierung gewöhnlich mit Landflucht und Urbanisierung einhergeht, entwickeln sich durch den Tourismus gegenläufige Tendenzen. Arbeitsplätze entstehen in abgelegenen Gebieten, etwa in Berglandschaften oder an Küstenorten. Die Entvölkerung ländlicher Regionen wird verhindert oder rückgängig gemacht, dörfliche Gemeinschaften können den Zerfall vermeiden und finden häufig eine neue Vitalität. Auf Mallorca beispielsweise nahm nach einer längeren Abwanderungsphase (bis 1960) die Bevölkerung in den siebziger und achtziger Jahren um 37 % zu, auf den Kykladen sank die Einwohnerzahl zwischen 1951 und 1971 um 31 %, zwischen 1971 und 1981 stieg sie um 2,5 %. Im Alpenraum hat der Tourismus die Entvölkerung weiter Regionen verhindert. Vergleichbare Entwicklungen lassen sich für zahlreiche Fremdenverkehrsregionen anführen.

Überall auf der Welt hat der Tourismus dazu beigetragen, örtliche *Handwerks- und Kunsthandwerkstraditionen* wiederzubeleben sowie *Rituale und Feste* zu erhalten. Auf Zypern erlebten Töpferei, Weberei, Stickerei und Goldschmiedehandwerk einen Aufschwung, auf den Balearen wurden unter anderem Glasbläserei, Schmuck-, Leder- und Keramikproduktion neubelebt, auf Madeira blühte die Handstickerei wieder auf. Auf Bali förderte der Fremdenverkehr die Holzschnitzerei, bei den Papuas das Flechten, Weben und Töpfern. Bei vielen Indianerstämmen Nord- und Mittelamerikas unterstützt der Tourismus das traditionelle Kunsthandwerk.

Der Ethnologe Meinhard Schuster berichtet von einem Männerhaus, das in einem Papua-Dorf für touristische Besichtigungszwecke errichtet wurde. Die Fremden kommen nur an bestimmten Tagen ins Dorf; gewöhnlich steht der Bau der lokalen Gemeinschaft zur Verfügung. Der Treffpunkt schuf einen neuen örtlichen Zusammenhalt und bremste die Abwanderung. In der gleichen Region wurden Maskenzüge und Tänze neu belebt. Zwar werden sie heute gegen Bezahlung durchgeführt, doch achten die Einheimischen dabei auf die Bewahrung von Details der Tradition, deren Bedeutung den Touristen gar nicht auffällt.[27] Es handelt sich also keineswegs um reine ›Touristenspektakel‹. Vielmehr kristallisiert sich durch das touristische Interesse an der Stammes-Überlieferung ein neues Selbstbewußtsein heraus. Das Interesse der Fremden an der einheimischen Kultur verstärkt den Stolz auf die eigene Tradition; der Gruppenzusammenhalt wächst, im Gegensatz zu den ›auflösenden‹ Tendenzen der Modernisierung.

Vergleichbare Phänomene werden aus vielen Regionen der Welt berichtet. Wir haben bereits gesehen, wie die nepalesischen Sherpas traditionelle Formen der Gruppensolidarität und Zusammenarbeit auch unter den neuen, vom Fremdenverkehr beeinflußten Lebensbedingungen bewahren. Für Malta haben Jeremy Boissevain und Peter Serracino Inglott eine Neubewertung der Geschichte und Kultur des Landes durch die Einheimischen konstatiert; nicht nur die Kunstdenkmäler, sondern sogar der örtliche Wein werden aufgrund des Tourismus neuerdings von den Landesbewohnern höher geschätzt. In Japan hat die Anthropologin Okpyo Moon ein Gebirgsdorf untersucht, in dem drei der verstreut gelegenen Ortsteile durch intensiven Skitourismus beeinflußt wurden, während drei andere Weiler ausschließlich landwirtschaftlich geprägt waren. Entgegen ihren ursprünglichen Annahmen stellte die Wissenschaftlerin fest, daß das Gemeinschaftsleben in den Ansiedlungen mit Fremdenverkehr sehr viel reger und der soziale Zusammenhalt enger war. Gemeinsame Aktivitäten, Feste und ›Atmosphäre‹ erwiesen sich als lebendiger und ›intakter‹ als in den rein traditionellen Gemeinschaften.[28]

Immer wieder kommen Ethnologen bei der Untersuchung der Einflüsse des Tourismus auf fremde Kulturen zu ähnlichen Schlüssen: »Das Ergebnis ist die Stärkung, nicht die Zerstörung der Kultur«, schreibt Jeremy Boissevain über den Badetourismus auf Malta; »sie nutzen den Fremdenverkehr als Mittel zu einem Zweck: dem kulturellen Überleben«, berichtet Margaret Byrne Swain über die Cuna-Indianer in Panama; »die Rituale sind echt geblieben, keine Touristenshows«, heißt es bei Eric Crystal über die vielbesuchten Begräbnisfeste im indonesischen Toraja.[29]

Im Gegensatz zu gängigen Vorurteilen scheint der Tourismus für die Gemeinschaften der Einheimischen im allgemeinen also eher integrierende Funktionen zu übernehmen und mindestens ebensosehr den Stolz auf die eigene Kultur zu fördern wie die Anpassung an den Lebensstil der Touristen. Allerdings *verändern* sich die kulturellen Hervorbringungen unter dem Einfluß des Fremdenverkehrs; mehr oder minder stark werden sie den Vorstellungen und Bedürfnissen der Reisenden angepaßt. Im Extremfall kommt es zur Entstehung einer kommerziellen Pseudo-Kultur. Die wesentliche Frage in diesem Zusammenhang ist, ob Handwerkstechniken und Rituale ihren Sinngehalt für die Einheimischen bewahren und ob sie unter den neuen Bedingungen noch dem Gruppenzusammenhalt dienen. Wir haben es mit einem Spektrum zu tun, an dessen einem Ende bedeutungsleere Waren und Darstellungen stehen, die ausschließlich für Touristen produziert werden – etwa der Bauchtanz-Abend im Ferienclub oder der Keramikmönch in Form eines Bierkrugs. Am anderen Ende finden sich Produkte und Veranstaltungen, die trotz des Urlauberpublikums ihren Sinn für die Einheimischen bewahren – etwa die *mola*, die traditionelle Bluse der Cuna-Indianerinnen, die heute zwar für Touristen hergestellt wird, aber zugleich ein »machtvolles Symbol des Stammesstolzes der Cuna« bleibt.[30]

Welchem Pol sich die Entwicklung jeweils annähert, ist eine empirische Frage. Die vorliegenden Befunde deuten darauf hin, daß der Tourismus den Sinngehalt örtlicher Traditionen und Handwerkstechniken im allgemeinen nicht zerstört. Zwar können sich Bedeutungen und Ausdrucksformen wandeln; damit entstehen neue Muster, die aber keineswegs nur kommerziellen Zwecken dienen.

Der Fremdenverkehr entfaltet also sowohl modernisierende als auch traditionserhaltende Wirkungen – oftmals beide zugleich. Wo durch ihn Traditionen konserviert werden, ändern sie partiell ihren Sinn: Sie werden bewußter und – unter anderem – im Hinblick auf ökonomischen Gewinn praktiziert. Die Einheimischen beginnen gleichsam, mit den Augen der Fremden auf ihre eigene Kultur zu schauen. Das führt zu einem Verlust von Selbstverständlichkeiten und schafft ein Moment der Reflexion. Diese neue Einstellung trägt selbst ein Element der Modernität in sich. Tradition wird nicht mehr fraglos, sondern *mit Bewußtsein* erhalten. Das touristische Interesse an ›unverfälschten‹, authentischen kulturellen Manifestationen wirkt so traditionsbewahrend. Zugleich führt es zu der Herausbildung neuer Formen der Kultur. Die gerade im touristischen Zusammenhang übliche Entgegensetzung von ›authentisch‹ und ›verfälscht‹ ist gegenüber solchen Entwicklungen naiv. Sie versucht, die Einheimischen in angeblich ›archaischen‹, ›althergebrachten‹ Formen einzufrieren, und verkennt, daß die grundsätzliche Offenheit von Kulturen gegenüber fremden Einflüssen ihnen im allgemeinen eher zum Vorteil gereicht.

Für die oft behaupteten ›zerstörerischen‹ Wirkungen des Tourismus auf Kultur und Lebensformen der Besuchten gibt es wenig Anhaltspunkte. Die meisten Untersuchungen deuten eher auf das Gegenteil hin: auf anregende, vitalisierende Funktionen, auf die Bewahrung alter Ausdrucksweisen – wenn auch häufig in veränderten Formen. Das Bild des ›Edlen Wilden‹, der archaischen, ›unverdorbenen‹ Kulturen, das der Tourismus auf die fremden Völker projiziert, ist zwar grundfalsch. Doch die Fiktion schafft einen Raum für die Bewahrung von Überlieferung. Im Windschatten des touristischen Traums von der heilen Welt segeln Traditionen, die ungeschützt den Stürmen der Moderne kaum standhalten könnten.

8. Die Boom-Branche:
Ökonomie des Fremdenverkehrs

Starke Zahlen

Der Tourismus gehört zu den Giganten der Weltwirtschaft. Allenfalls in der Mineralöl- und der Automobilindustrie werden höhere Umsatzziffern erreicht. Aber selbst diese Kolosse müssen damit rechnen, in absehbarer Zeit vom Fremdenverkehr übertrumpft zu werden. Rund 25-30% des Welthandels im Dienstleistungsbereich entfallen auf grenzüberschreitende Reisen. Bereits heute schafft kein anderer Wirtschaftszweig so viele Arbeitsplätze wie die Tourismusunternehmen mit ihren weltweit mehr als 100 Millionen Beschäftigten. 11% der Konsumausgaben in westlichen Industriestaaten dienen den Reisen – nur für Lebensmittel und Wohnen wird von Privathaushalten mehr Geld aufgewendet. Die Wachstumsrate der Ausgaben für den Tourismus betrug zwischen 1980 und 1990 – inflationsbereinigt – jährlich knapp 8 %. Nach Schätzungen der Welt-Tourismus-Organisation sind in jedem Jahr etwa 800 Millionen Menschen – davon 500 Millionen grenzüberschreitend – auf Urlaubsreisen unterwegs.

Das sind beeindruckende Zahlen. Sie können jedoch leicht unzutreffende Vorstellungen vermitteln. Der Tourismus und seine wirtschaftlichen Effekte verteilen sich nämlich höchst ungleichmäßig über die Regionen der Erde. Er konzentriert sich dort, wo auch sonst die stärksten Pole der Ökonomie bestehen – vor allem in Europa und Nordamerika. Der sogenannte Dritte-Welt-Tourismus spielt im Weltmaßstab nur eine geringe Rolle. Die Ferienbilder von der Karibik, Thailand und der Südsee vermitteln falsche Ideen von der touristischen Bedeutung dieser Regionen. Mehr als 70 % aller touristischen Auslandsreisen führen in europäische Länder und nach Nordamerika; am Mittelmeer tummeln sich zwanzigmal mehr Urlauber als auf den

Seychellen, Malediven, Mauritius, Tahiti und Fidschi zusammen. Die Loire-Schlösser haben höhere Besucherzahlen als ganz Indonesien; allein nach Florenz reisen dreimal so viel Gäste wie nach Tunesien oder Indien. Da zudem die Preise in den Industrieländern sehr viel höher liegen, verteilen sich die Einkünfte aus dem Fremdenverkehr höchst ungleichmäßig. Knapp die Hälfte der globalen touristischen Einnahmen gelangt in nur sieben Länder: die USA, Frankreich, Italien, Spanien, Großbritannien, Österreich und Deutschland. Auf die Dritte Welt (ohne den ostasiatisch-pazifischen Raum) entfallen weniger als 5 % der Gesamteinnahmen. Die Übernachtungszahlen in ganz Nepal (allerdings ohne Berücksichtigung der indischen Touristen) sind etwa so hoch wie in Lech am Arlberg; Österreich hat durch den Tourismus mehr als fünfzigmal so hohe Einnahmen wie der Himalaya-Staat. Die relative Bedeutung des Fremdenverkehrs für die ärmeren Länder kann dennoch sehr groß sein: Auf Barbados etwa erwirtschaftet er 70 % des Bruttosozialprodukts (zum Vergleich: in Deutschland 0,7 %).

Genug der Zahlen. Ihre Aussagekraft ist begrenzt. Sie bringen die immense wirtschaftliche Bedeutung des Tourismus zum Ausdruck, sagen aber wenig darüber, wie er sich auf das Leben der Menschen auswirkt, auf ihr Einkommen, die Art der Arbeit, die Lebensqualität. Um diese Aspekte zu verstehen, ist ein genaueres Hinschauen notwendig.

Präzise Analysen aber sind nicht einfach. Die ökonomischen Auswirkungen des Tourismus konnten bislang nur für wenige Gebiete eindeutig festgestellt werden. Das liegt vor allem an der Vieldeutigkeit und Komplexität des Untersuchungsgegenstands. Die ökonomischen Theorien tun sich mit dem Phänomen des Fremdenverkehrs schwer. Nicht einmal die Grundbegriffe sind klar definiert. Was ist ein touristisches Produkt, was touristischer Konsum, wie wird das Knappheitsproblem bestimmt? Die statistischen Daten – sofern sie überhaupt in ausreichender Menge vorliegen, was selten genug der Fall ist – lassen sich aufgrund dieser Unklarheiten nicht in theoretische Systeme einordnen. Die meisten Aussagen zu den ökonomischen Folgen des Tourismus stehen auf schwankendem Boden. Mit diesem Vorbehalt sind auch die folgenden Informationen zu sehen.

Einkommen und Beschäftigung

Ohne Zweifel schafft der Tourismus Arbeitsplätze und Einkommen für die Bewohner der Reisegebiete. Die Balearen, die zu rund 80 % vom Fremdenverkehr leben, haben das höchste Pro-Kopf-Einkommen und die geringste Arbeitslosenquote Spaniens. An der Costa del Sol ist die Hälfte aller Arbeitskräfte direkt oder indirekt im Tourismus beschäftigt. In Fremdenverkehrsbetrieben (Hotels, Restaurants, Busunternehmen usw.) arbeiteten 1985 8 % aller Beschäftigten Spaniens, in der Schweiz waren es 5,6 %, auf den Seychellen sogar 45 %. Für ganz Europa wurde die entsprechende Zahl für Anfang der neunziger Jahre auf gut 6 % geschätzt. Hinzuzurechnen sind all diejenigen, die *indirekt* für die Urlauber tätig sind, also beispielsweise Geschäftsleute und Angestellte in Lebensmittel- oder Souvenirläden, Arbeiter in der Produktion von Skiern, Zelten, Wohnwagen, Hersteller von Reiseführern und -prospekten usw. Nach Schätzungen kommen auf jeden im Tourismussektor Tätigen anderthalb bis drei indirekt vom Fremdenverkehr abhängige Personen.

Der Beschäftigungs- und der Einkommenseffekt des Fremdenverkehrs sind unbestritten; sie werden durch viele Studien belegt. Doch haben diese an sich positiven Folgen gelegentlich ihre Schattenseiten. Das gilt vor allem in den Ländern der Dritten Welt. Oft finden nur relativ wenige *Einheimische* Arbeit in den touristischen Betrieben; sie führen dort meist untergeordnete Tätigkeiten aus, während die leitenden Positionen von Ausländern besetzt werden. Immerhin beziehen sie ein – wenn auch geringes – Einkommen. Zugleich sinkt aber häufig der Lebensstandard der anderen Landesbewohner. Die Preise für Nahrung und Land steigen aufgrund der Nachfrage der Reisenden, mit denen die ungleich ärmeren Einheimischen nicht mithalten können; Wasser und Lebensmittel werden unter ungünstigen Umständen knapp. Der Tourismus führt so zu neuen Ungleichheiten und erschwert einem großen Teil der Bevölkerung das Leben. In vielen Ländern der Dritten Welt ist zudem der Kapitalaufwand für die Schaffung von Arbeitsplätzen im Tourismussektor sehr hoch; für Tunesien wurde er als doppelt so groß, für Tansania sogar als dreimal so groß geschätzt wie in der Industrie.

In abgeschwächter Form stellen sich vergleichbare Probleme auch in manchen Gebieten Europas. Problematische wirtschaftliche Folgen hat der Tourismus meist dann, wenn er massiv in sozial wenig differenzierte Welten einbricht, deren Struktur nicht ausreicht, die neuen Phänomene zu absorbieren. Philippos Loukissas hat solche Entwicklungen im Vergleich verschiedener griechischer Inseln aufgezeigt. Auf großen Inseln wie Korfu und Rhodos wurde der Fremdenverkehr relativ problemlos in die bestehende Wirtschaftsstruktur integriert. Kleinere Inseln wie Mykonos oder Ios erlebten aufgrund der Urlauberströme zunächst ebenfalls einen beträchtlichen Aufschwung. Die einträglichsten Aktivitäten wurden aber bald von auswärtigen Firmen übernommen. Konkurrenten vom Festland verdrängten die örtlichen Bauunternehmen; viele Hotels und andere touristische Betriebe befinden sich im Besitz fremder Investoren. Die einheimische Bevölkerung profitiert daher nur in eingeschränktem Maß von den Einnahmen; sie leidet zudem unter inflationären Tendenzen, vor allem bei den Immobilienpreisen. Häufig gleitet ihr zudem die Kontrolle über die weitere Entwicklung des Gebiets aus der Hand.[1]

Einkommens- und Beschäftigungseffekte des Tourismus sind im allgemeinen positiv. Man kann sie jedoch nicht idealisieren und den Fremdenverkehr als Allheilmittel für wirtschaftliche Problemregionen betrachten, wie das gelegentlich geschieht. Wenn die Einheimischen nicht nur untergeordnete Hilfskräfte werden sollen, für die allenfalls die Brosamen vom reich gedeckten Tisch der Umsätze abfallen, so müssen Tempo und Ausmaß der touristischen Erschließung in einem vernünftigen Verhältnis zur Struktur des Reisegebiets stehen. Gerade den ökonomisch und sozial ›rückständigen‹ Regionen tut eine forcierte Entwicklung nicht gut. Im allgemeinen führt hier nur ein langsames, gut geplantes Vorgehen zu positiven Effekten.

Zahlungsbilanz und staatliche Einnahmen

Auf den ersten Blick scheint der Tourismus dazu beizutragen, die Unterschiede zwischen reichen und armen Ländern zu verringern. Die Statistik zeigt: Er bringt vielen Ländern der Dritten Welt und auch manchen der ärmeren Staaten Europas Devisen, er führt oft zu einem Devisenabfluß aus wohlhabenden Nationen. Reisende aus der Bundesrepublik Deutschland geben jährlich viele Milliarden DM in fremden Ländern aus. Auch die touristischen Zahlungsbilanzen Schwedens, Großbritanniens, der Niederlande, Belgiens weisen regelmäßig rote Zahlen auf. Beachtliche Überschüsse erwirtschaften dagegen z. B. die Dominikanische Republik, Thailand, Marokko, Mexiko, aber auch Frankreich, Spanien, Österreich, Italien, Griechenland. Auf die Bahamas oder die Bermuda-Inseln gelangen durch den Tourismus jährlich rund 5000 Dollar pro Kopf der Bevölkerung. In diesen Gebieten machen touristische Einnahmen weit mehr als 50 % des gesamten Exportvolumens aus; für Länder wie Ägypten, Mexiko, Spanien liegt die entsprechende Ziffer zwischen 10 und 20 %, in Frankreich, Italien, Griechenland, der Schweiz zwischen 5 und 10 %.

Doch die Statistik täuscht – wie so oft. Eine realistische Zahlungsbilanz des Fremdenverkehrs müßte ebenso wie die Einnahmen auch den tourismusbedingten Devisenabfluß erfassen. Dieser ist so vielfältig und unübersichtlich, daß er in keiner Aufstellung vollständig erscheint. Da ist zunächst die *Einfuhr von Konsumgütern* für die Touristen – vor allem in Ländern der Dritten Welt ein wesentlicher Faktor. Auf den Malediven beispielsweise, für die relativ genaue Berechnungen vorgenommen wurden, fließen fast 20 % der touristischen Einnahmen allein für den Import von Lebensmitteln und Getränken wieder ins Ausland zurück; auf der Karibik-Insel Santa Lucia hat man berechnet, daß 58 % der von den Gästen verzehrten Nahrung und sogar 82 % des Fleisches eingeführt werden mußten. Dazu kommen viele andere Produkte, die in ärmeren Ländern nicht hergestellt werden. Vor allem der Treibstoff stellt einen wichtigen Kostenfaktor dar; die Malediven geben allein für Dieselöl weitere 10 % der touristischen Einnahmen aus.

Auch der *Kapitaltransfer* ausländischer Unternehmen ist oft beträchtlich. Der Geograph Jean-Pierre Lozato-Giotart führt ein Extrembeispiel an: Die amerikanische Hotelkette *Transamerican* zahlt an die Dominikanische Republik für die 30-Jahres-Konzession eines Luxushotels jährlich 720.000 Pesos. An einer einzigen Suite aber nimmt das Unternehmen jährlich bis zu 3 Millionen Pesos ein – und insgesamt verfügt das Hotel über 350 Suiten. Hier bleibt also nur ein Bruchteil der Einnahmen im Land. Lozato-Giotart verallgemeinert: »Wie die anderen großen internationalen Handelsströme ist auch der Tourismus wesentlich den Imperativen der weltweiten Finanz- und Steuer-Spekulation unterworfen.«[2]

Dazu kommen weitere Devisenausgaben: *Kosten für Investitionsgüter* und von ausländischen Firmen erstellte *Infrastruktur* (Flugplätze, Telefonnetz usw.), die *Gehälter ausländischer Führungskräfte*, Ausgaben für *Tourismuswerbung*. Nimmt man alle diese Faktoren zusammen, so ergeben sich beeindruckend hohe Prozentsätze des *leakage*, des Kapitalabflusses ins Ausland. In Ländern der Dritten Welt verbleibt vielfach nur die Hälfte der nominellen Einnahmen im Lande, teilweise sogar weniger.[3]

Die Zahlungsbilanzen sind daher irreführend – vor allem in den ärmeren Ländern, die einen großen Teil der touristischen Konsumwünsche nicht aus eigener Kraft erfüllen können. Nur in wenigen Fällen ist der Fremdenverkehr wirklich der große Devisenbringer. Als allgemeine Regel gilt: Der Kapitalabfluß ist um so geringer, je stärker der Tourismus sich in die einheimische Wirtschaft integriert. Das aber ist nur möglich in hinreichend komplexen, entwickelten Volkswirtschaften. Ohne Zweifel profitieren Österreich und die Schweiz ökonomisch vom Fremdenverkehr; in Tunesien oder Ecuador aber sieht die Wirklichkeit lange nicht so rosig aus, wie es die nackten Zahlen verkünden.

Ähnlich problematisch verhält es sich mit der Frage der *Staatseinnahmen*. Bei der Entwicklung des Tourismus kommt dem Staat eine wichtigere Rolle zu als in vielen anderen Wirtschaftsbereichen. Das hängt damit zusammen, daß der Fremdenverkehr stark von der Bereitstellung von *public goods* abhängig ist, von Leistungen, die Privatunternehmen kaum oder gar nicht erbringen können. In Reisegebieten muß Sicherheit gewährleistet sein, es muß eine Infrastruktur des Transports und der Kommunikation bestehen, das Gesundheitswesen muß bestimmte Anforderungen erfüllen. Die Sehenswürdigkeiten – scien es Baudenkmäler oder landschaftliche Besonderheiten – sind zu schützen und zu erhalten. Eine funktionierende staatliche Verwaltung ist für den Tourismus unerläßlich.

Durch indirekte Steuern und – im günstigen Fall – durch allgemein stimulierende Effekte tragen die Urlauber zum Staatshaushalt des Gastlandes bei. Dieser Beitrag kann beträchtlich sein. Auf den Malediven etwa stammen rund 40 % des Etats aus dem Tourismus. In anderen Fällen aber gestaltet sich die Gesamtbilanz negativ. In Tansania beispielsweise wurden vor allem zwischen 1969 und 1973 enorme staatliche Investitionen zur Entwicklung des Fremdenverkehrs getätigt. Mit öffentlichen Geldern entstanden Hotels und ein neuer Flugplatz; als sehr kostenaufwendig erwies sich die Unterhaltung der Nationalparks, über die Bernhard Grzimek bereits 1959 geschrieben hatte: »Besucher müssen sich klarmachen, daß sie nur einen kleinen Teil davon bezahlen, was es kostet, diese Parks zu erhalten. Der größere Teil kommt aus den Taschen von armen Afrikanern.«[4] Die geplante Entwicklung des Fremdenverkehrs – die von ausländischen Gutachtern und Beratern der Regierung immer wieder dringend nahegelegt wurde – erwies sich als katastrophales Verlustgeschäft; der ohnehin arme Staat Tansania investierte große Summen, die niemals wieder hereingebracht wurden.

Entwicklungsperspektiven

Für die westlichen Industrieländer hat der Fremdenverkehr im wesentlichen positive ökonomische Effekte: Er schafft Arbeitsplätze, erhöht Einkommen, bringt Deviseneinnahmen, fördert das Steueraufkommen. Zwiespältig wirkt er ausgerechnet dort, wo der Mangel ohnehin am größten ist: in ärmeren Regionen Europas, vor allem aber in der Dritten Welt. Hier verbleibt oft nur ein Viertel bis die Hälfte der Einnahmen im Land; es entstehen relativ wenige – und meist schlecht bezahlte – Arbeitsplätze für die Einheimischen; soziale Ungleichheiten verstärken sich, Inflationstendenzen werden gefördert.

Diese Folgen resultieren allerdings nicht in erster Linie aus der Struktur des internationalen *Tourismus*. Sie sind vielmehr allgemeiner im Verhältnis zwischen den westlichen Industrieländern und der Dritten Welt begründet. Vergleichbare Entwicklungen sehen wir in vielen anderen Wirtschaftsbereichen. Einen hohen Kapitalrückfluß nach Nordamerika, Japan und Europa gibt es bei Investitionen in zahlreichen anderen Sektoren – nicht nur beim Bau von Luxushotels, sondern ebensogut in der Elektronikindustrie und dem Maschinenbau.[5] Ungleiche Machtverhältnisse sowie ökonomische und soziale Defizite führen dazu, daß viele arme Staaten aus ihren Ressourcen nicht den angemessenen Gewinn ziehen. Das gilt für Kupfer und Kaffee wie für Strände und Tempel. Die Tourismusindustrie steht in diesem Zusammenhang nicht allein. Amerikanische und deutsche Investoren verdienen am Kaffee Brasiliens und an den Palmen der Karibik; in vielen Fällen bleibt nur ein Bruchteil der erwirtschafteten Summen im Land.

Generell profitieren die Einheimischen wenig vom Fremdenverkehr, wenn auswärtige Investoren schnell, in großem Maßstab und mit hohen Qualitätsansprüchen eine arme, ökonomisch wenig differenzierte Region ›erschließen‹. Die touristischen Einrichtungen bleiben dann Fremdkörper ohne Verbindung zu anderen Wirtschaftssektoren des Landes; hochwertige Konsum- und Investitionsgüter müssen importiert werden, qualifizierte Arbeitskräfte kommen aus anderen Regionen. Nur wenige Einheimische – und auch diese nur in geringem Maß – ziehen ökonomischen Nutzen aus den Projekten.

Solche Prozesse spielen sich auch in Europa ab. In den Alpen findet in einer Reihe von Gebieten trotz starker touristischer Erschließung eine Abwanderung der Bevölkerung statt. »Die touristischen Strukturen sind in diesen Regionen totale Fremdkörper, deren Ertrag nach außen abfließt und kaum in die Region abstrahlt«, schreiben Werner Bätzing und Manfred Perlik. »Die zentrale Herausforderung lautet hier: Integration der bestehenden touristischen Strukturen in die regionalen Wirtschaftskreisläufe.«[6]

Dieser Weg verspricht geringere Gewinne, von denen aber ein höherer Anteil im Lande bleibt. Tourismus im ›handwerklichen‹ Stil, mit kleinen Einrichtungen, ortsansässigen Besitzern, niedrigeren Komfort- und Konsumstandards und langsamerem Entwicklungstempo integriert sich besser in die vorhandenen Muster und kann daher auch zu Wachstum in anderen Sektoren führen. Allerdings stellt auch dieser Weg keine Garantie für produktive Entwicklungen dar. Er bringt nur dann weiterführende Impulse, wenn sich vor Ort ein Minimum an Kapital, technischem und ökonomischen Know-How findet.

Des Kaisers neue Kleider: Probleme der ökonomischen Theorien des Tourismus

Um 1970 erwarteten die Marktexperten internationaler Hotelketten – zu Unrecht – einen starken Anstieg der Urlaubsreisen in deutsche Großstädte. Die Hotelkapazitäten in Berlin, Frankfurt, München und Hamburg wurden erweitert. Als Resultat lag die Auslastungsquote in den neuen Hotelbauten vorübergehend zwischen 20 und 45 %, weit unter der Rentabilitätsgrenze. In Tansania erstellten Experten aus Europa und Nordamerika zwischen 1962 und 1984 insgesamt elf Studien zur Tourismusentwicklung. Der Staat investierte aufgrund dieser Gutachten erhebliche Summen in den Ausbau einer Infrastruktur für den Fremdenverkehr. Das Ergebnis waren verheerende Verluste für das arme Land. 1977 betrugen die Einnahmen aus dem Tourismus nur 40 % der Ausgaben. Gewinne wurden auch in den folgenden Jahren nicht erzielt.

Zwei Beispiele für eine Fülle touristischer Fehlplanungen. Die Liste läßt sich beliebig fortsetzen. Der 1992 eröffnete Euro-Disney-Park bei Paris brachte den Betreibern in den ersten zwei Jahren 1,84 Milliarden DM Verlust. Groß angelegte Ferienanlagen in den französischen Alpen und an der spanischen Costa del Sol erwiesen sich als Pleiteprojekte. Auffällig häufig haben sich Tourismusplaner und Unternehmer in ihren Prognosen nachhaltig geirrt.

Nun sind Fehlplanungen gewiß keine Besonderheit des Tourismussektors; sie kommen in allen Gebieten der Wirtschaft vor. Doch haben sie in der Fremdenverkehrsbranche vermutlich einen systematischen Grund: die Unzulänglichkeit der wirtschaftswissenschaftlichen Modelle für diesen Bereich. Ihr theoretisches Rüstzeug erlaubt keine verläßlichen Vorhersagen. Das wird von den meisten Ökonomen – zumindest zwischen den Zeilen – auch eingestanden. Dennoch existiert eine Fülle von Studien, die mit mathematischen Gleichungen und ›exakten‹ Thesen Genauigkeit vortäuschen. Aber die präzisen Formeln basieren auf vagen Annahmen und oft auch auf einer unzureichenden Datenbasis.

Wenn es um konkrete Aussagen geht, werden die ökonomischen Theorien meist erstaunlich vage. Ein Grundlagenwerk zur Ökonomie des Tourismus kommt nach 200 Seiten theoretischer Reflexion zu folgenden Resultaten: »Die Kosten der Raumüberwindung werden weiter abnehmen und damit die Reisemöglichkeiten der Menschen weiter verbessern ... Darüber hinausgehende Verallgemeinerungen sind kaum möglich. Es ist jedoch wahrscheinlich, daß eine verstärkte Differenzierung sowohl bei der Nachfrage als auch beim Angebot zu beobachten sein wird ... Sicher ist in diesem Zusammenhang lediglich eine vergrößerte Unsicherheit und damit ein größeres Risiko. Dies gibt einfallsreichen und risikofreudigen Unternehmern vergrößerte Chancen, erhöht aber das Risiko von Fehlinvestitionen.« Die horoskopartige Zukunftsschau findet ihre abschließende Krönung in der Aussage: »Die Menschen – vor allem junge Menschen – wollen auch in der Zukunft Neues sehen und fremde Länder und deren Sehenswürdigkeiten und Leute kennenlernen.«[7] Sehr viel weiter führen auch nicht die Aussagen anderer Theoretiker wie: »In vielen Fällen sind Ferien durch mehr als ein Motiv bestimmt.«[8] Immer wieder kommen wirtschaftswissenschaftliche Texte nach einem Feuerzauber von Zahlen und Formeln zu ähnlich banalen Ergebnissen. Wir erfahren dann, daß die touristische Nachfrage – zumindest teilweise – preisabhängig ist oder daß Prognosen für einen Zeitraum von einem Jahr im allgemeinen genauer sind als solche für zwei Jahre. Treffend hat die Süddeutsche Zeitung in diesem Zusammenhang von »einer gewissen Unausgereiftheit der freizeitwissenschaftlichen Forschungsmethode« gesprochen, »die nur die interessante Erkenntnis zutage fördert, daß die Menschen im Urlaubsmonat September gerne draußen herumkraxeln und sich an einem Dezembersonntag lieber die Decke über den Kopf ziehen«.[9]

Die Unzulänglichkeit der ökonomischen Tourismus-Theorien und ihr Unvermögen, zu inhaltlich relevanten Aussagen zu kommen, haben systematische Ursachen. Sie hängen zum einen mit den *komplexen Bedürfnisstrukturen* zusammen, die sich im modernen Reisen ausdrücken. Den Touristen geht es um die Realisierung gebündelter Erwartungen, die Sach- und Dienstleistungen, aber auch kaum definierbare Reize wie ›Atmosphäre‹, landschaftliche Schönheit, historisches Ambiente usw. umfassen. Ihre eigentlichen Ziele sind, wie ein hellsichtiger Ökonom bemerkt hat, nicht »vermarktbare Produkte«, sondern »eher ein Traum, eine totale Erfahrung, eine Aktivität«.[10]

Zudem ist der Tourismus so verwoben mit anderen Sektoren und so wenig als eigenständiger wirtschaftlicher Bereich abgrenzbar, daß seine begrifflich und statistisch präzise Erfassung fast unmöglich erscheint. Restaurants oder Geschäfte in Urlaubsorten bedienen beispielsweise Touristen ebenso wie Einheimische. Dem Fremdenverkehr können nur die Leistungen für die Urlauber zugeordnet werden; dabei wäre nochmals zwischen In- und Ausländern zu differenzieren. Die entsprechenden Zahlen sind aber aus dem Umsatz nicht abzulesen; sie lassen sich in der Praxis kaum erheben.

Kein ökonomischer Grundbegriff ist in bezug auf den Fremdenverkehr eindeutig definiert; es gibt keine Einigkeit darüber, was in diesem Bereich als Konsum, Produkt und Investition zu verstehen ist. Für die einen ist »das Grundprodukt des Tourismus… die Reise selbst«, andere wollen die Reise gerade nicht als ökonomisches Gut sehen, ein Dritter stellt fest, »im Sinne der ökonomischen Theorie« gebe es »kein touristisches Produkt«; für den einen sind Fremdenverkehrsleistungen »materiell«, für den anderen ausdrücklich »nicht-materiell«.[11] Es existiert keine einheitliche Definition des Tourismus für statistische Zwecke und keine Methode, den Kapitaleinsatz im Fremdenverkehrssektor zu berechnen. Extrem unzuverlässig sind daher auch die meisten statistischen Daten, denn sie können nicht auf einheitliche, klar umrissene Kategorien bezogen werden. Dazu kommt eine weitere strukturelle Schwierigkeit. Sie hängt mit der Eigenart des ›Produkts‹ im Tourismus zusammen – eben jenes mysteriösen Objekts, über das die Ökonomen bisher keine Einigkeit gewinnen konnten. Von den Reisenden wird zweierlei nachgefragt: mit dem Reiseziel verbundene *Attraktionen* – wie Sehenswürdigkeiten, ungewöhnliche Landschaften, stimmungsvolle Dörfer, Badestrände, Skihänge usw. – sowie *zusätzliche Leistungen*, die es erlauben, diese Attraktionen zu genießen – Unterkunft, Transport, Freizeiteinrichtungen. Die zusätzlichen Leistungen sind mit dem herkömmlichen Instrumentarium der Wirtschaftswissenschaften problemlos zu analysieren; die Attraktionen aber entziehen sich den Kategorien der Marktökonomie. Sie sind oft keine Waren, haben keinen Preis und erscheinen nicht auf dem Markt. Sie sind auch nicht herstell- oder erneuerbar. Dennoch bilden sie die Grundlage aller wirtschaftlichen Aktivitäten im Tourismus. Vielfach sind die nachgefragten Phänomene nicht einmal materieller Natur – wie das ›Ambiente‹, das zu einem Urlaubsort gehört und wesentlich zu seiner Marktposition beitragen kann.[12]

Eine Konsequenz dieser eigentümlichen Struktur sind die Unklarheiten, ob Touristen ›materielle‹ oder ›nicht-materielle‹ Produkte (Urlaubsglück, Erholung) erwerben. Als materiell können die zusätzlichen Leistungen betrachtet werden; der Genuß der Attraktionen dagegen ist immateriell. Ebenso hängt das Problem des touristischen Konsums mit dem Dualismus Attraktion/zusätzliche Leistung zusammen. Liegt der Konsum in der Wahrnehmung der Attraktionen – oder in der Nutzung von Unterkünften und Restaurants? Eine begriffliche Beschränkung auf die zusätzlichen Leistungen ist offensichtlich unzureichend und irreführend – denn für keinen Touristen stellt die Unterkunft einen Selbstzweck dar. Andrerseits zerstört aber die Einbeziehung von Kategorien wie ›Kunstbetrachtung‹ und ›Landschaftsgenuß‹ in den Begriff des touristischen Konsums den ökonomistischen Traum, den Fremdenverkehr in exakten mathematischen Modellen erfassen zu können.

Die fundamentale Bedeutung der Attraktionen beinhaltet zugleich, daß *kulturelle Determinanten* sehr viel stärker als in anderen Wirtschaftsbereichen in das touristische Nachfrageverhalten eingehen. Der Tourist handelt nicht rational im Sinne der ökonomischen Theorie, er ist alles andere als *homo oeconomicus*. Seine Entscheidungen resultieren nicht aus einem Abwägen von Preis und erwarteter Gegenleistung, sondern es gehen darin Wünsche und Bedürfnisse ein, die sich einer ökonomistischen Betrachtung entziehen. Nicht die ›objektiven‹ Qualitäten der Attraktion sind entscheidend, sondern allein ihre Wahrnehmung durch die Touristen. Der ›Wert‹ einer Attraktion ist ohne die Kenntnis kulturell geformter Vorstellungsmuster nicht zu bestimmen. In den wirtschaftswissenschaftlichen Theorien erscheinen diese Elemente meist als Residualkategorien: als »Präferenzen«, »Motive«, »Geschmack«. Eine rein ökonomische Betrachtungsweise ist aber außerstande, diese Momente systematisch zu analysieren. Sie erschließen sich nur historisch-sozialen Untersuchungen. Die Kenntnis der ›imaginären Geographie‹ bildet ein strukturell notwendiges Element der Ökonomie des Tourismus. Robert Lanquar schreibt in diesem Sinn: »Die vollständige Einschätzung des Phänomens Fremdenverkehr setzt daher die Betrachtung einer Reihe von Aspekten voraus, die eine rein ökonomische Sichtweise nicht in den Blick bekommt und die Bereiche der Anthropologie, der Soziologie und der Naturwissenschaften berühren.«[13]

Nachfragemodelle des Tourismus können, wenn sie annähernd genau sein sollen, nicht auf der ökonomischen Ebene bleiben – eben weil in touristisches Verhalten immer nicht-wirtschaftliche Motive konstitutiv eingehen. Sie sind zudem grundsätzlich nicht exakt mathematisierbar. Die bestehenden Modelle, die Exaktheit vortäuschen, können getrost als Bluff betrachtet werden. So stellt beispielsweise Chris Ryan die Formel auf:

$$Dt = f(Pt, P1 \ldots Pn, Y, T),$$

wobei Dt die touristische Nachfrage darstellt, Pt den Preis der touristischen Güter und Leistungen, P1 ... Pn den Preis anderer Güter, Y das Einkommen und T – hier liegt der Hase im Pfeffer! – nichts anderes als *taste*: die Vorlieben der Reisenden.[14] In die scheinbar präzise Formel geht also ein Element ein, das man sich komplexer und unschärfer gar nicht vorstellen kann; die Formel selbst, ist – ihrer mathematischen Gestalt zum Trotz – so ungenau wie der Begriff des ›Geschmacks‹.

Der starke Einfluß kultureller Faktoren schlägt sich in der Tourismusökonomie in vielfacher Weise nieder. Zum einen ist die *Preis- und Einkommenselastizität* geringer als in anderen Bereichen. Preis- und Einkommensänderungen schlagen nicht so unmittelbar auf die Nachfrage durch wie in anderen Wirtschaftsbranchen; ein – unter wirtschaftlichem Gesichtspunkt – ›irrationales‹ Element prägt das Verbraucherverhalten. Mehrfach ist die Fremdenverkehrsindustrie wider alle Prognosen noch in Rezessionsphasen gewachsen.

Auch das Verhältnis von *Werbung* und ›Produkt‹ stellt sich im Tourismus grundsätzlich anders dar als in anderen Branchen. Zum einen ist der Fremdenverkehr in verhältnismäßig geringem Maß schnell wechselnden Moden unterworfen. Die Präferenzen bleiben über längere Zeiträume stabil und sind durch gezielte Produktwerbung nicht beliebig manipulierbar. Als Reiseziele stellen New York, Florenz, die Karibik oder Paris Markennamen dar; doch ihre jeweilige Marktposition beruht – anders als bei gewöhnlichen Waren – nur zu einem minimalen Teil auf den Anstrengungen der Reklame. Sie hängt vielmehr mit den dominierenden kulturellen Mustern zusammen und hat eine Konsistenz, die sich durch gezielte Publicity nicht beliebig verändern läßt. Werbeaufwand und -erfolg fallen im Tourismus auseinander wie in kaum einem anderen Sektor der Wirtschaft. So hat beispielsweise Kalifornien die höchsten Einnahmen aller US-Staaten aus dem Tourismus, steht bei den Marketing-Ausgaben aber erst an 47. Stelle. Eine Studie der Welt-Tourismus-Organisation ermittelte, daß generell kaum ein Zusammenhang zwischen Werbeausgaben, Zahl der touristischen Ankünfte und Übernachtungen sowie Einnahmen besteht.[15]

Die starke Prägung der touristischen Nachfrage durch kulturell verankerte Vorstellungsbilder führt auch zu ausgeprägten Unklarheiten in der Definition dessen, was als *Leistung* der Anbieter zu verstehen sei. Dienstleistungen im Fremdenverkehr sind oft nicht materiell faßbar: Gehört das Lächeln des Kellners zur erwarteten Leistung oder nicht? »Die Qualität der sozialen Interaktion«, schreibt der Soziologe John Urry, »ist selbst ein Teil der gekauften Dienstleistung«; selbst die »soziale Zusammensetzung der Produzenten« oder gar »eine besondere soziale Zusammensetzung der anderen Dienstleistungs*konsumenten*« – d. h. der Mit-Touristen – können dazu gehören. Sprache, Auftreten und Persönlichkeit der Arbeitskräfte mögen als Teil des Produkts definiert werden.[17] Diese Unbestimmtheit der Leistungs-Definition ist eine Hauptursache der häufigen – und schwierig entscheidbaren – rechtlichen Auseinandersetzungen um Schadenersatzansprüche wegen wirklicher oder vermeintlicher Reisemängel.

Das touristische ›Produkt‹ – wie immer man es bestimmen mag – weist eine Reihe weiterer Besonderheiten auf. Grundsätzlich vollzieht sich der ›Konsum‹ am Ort der ›Produktion‹. Der Käufer muß sich zum Produkt hinbewegen. Die räumliche Bewegung der Urlauber, die für den Genuß der ›Ware‹ unerläßlich ist, macht den Tourismus abhängig von nicht-kontrollierbaren Variablen politischer und sozialer Art. Kriege, politische Unruhen, terroristische Anschläge wirken sich auf den Fremdenverkehr sehr viel nachhaltiger aus als auf andere Wirtschaftsbereiche. Auch aus diesem Grund sind Planung und Prognosen in der Ferienindustrie so schwierig. Die Wirtschaftswissenschaftler William R. Eadington und Milton Redman haben vorgeschlagen, in Nachfrageanalysen des Fremdenverkehrs sollten auch »spezielle und einzigartige Ereignisse (Olympiaden, Ölkrisen oder Ausbruch von Terrorismus)«[18] eingehen. Das ist sachlich richtig, faktisch aber kaum – oder jedenfalls nicht in annähernd präziser Form – durchführbar.

Das touristische ›Produkt‹ ist darüber hinaus *nicht lagerfähig*, die *Angebotsmengen* (etwa verfügbare Hotelzimmer) sind *starr*, die *Kapazitätsgrenzen fix*. Die Hauptkonsequenz dieser Faktoren ist ein Anbieterverhalten, das als ›Markt-Segmentierung‹ *(market segmentation)* bezeichnet wird: Durch unterschiedliche Preise in verschiedenen Phasen der Saison und für verschiedene Käufergruppen wird versucht, jeweils die maximale Auslastung gegebener Kapazitäten zu erreichen. So bieten beispielsweise

Hotels in der Nebensaison oder für Reisegruppen Preise, die weit unter 50% des Normalpreises liegen können; Fluggesellschaften differenzieren ihr Angebot durch Wochenendtarife für Ferienreisende usw.

Die Besonderheiten der Tourismusökonomie sind in den wirtschaftswissenschaftlichen Theorieentwürfen bislang nicht zureichend berücksichtigt worden. Immer wieder wurden zwar die Schwierigkeiten einer Analyse des Fremdenverkehrs mit dem konventionellen Instrumentarium konstatiert.[19] Eine ökonomische Theorie des Tourismus müßte die kulturellen Determinanten der Nachfrage systematisch reflektieren; sie hätte dem Doppelcharakter des touristischen ›Produkts‹ Rechnung zu tragen und den substantiell nicht-ökonomischen Charakter der *Attraktionen* – als Grundlage des Tourismuswirtschaft – ebenso zu berücksichtigen wie die unmittelbar wirtschaftlichen *zusätzlichen Leistungen*. Entsprechende theoretische Ansätze sind bislang kaum ausgearbeitet worden. Die Ungenauigkeit wirtschaftswissenschaftlicher Prognosen und Planungshilfen legt ein beredtes Zeugnis von der unzureichenden theoretischen Grundlegung ab.

9. Post-Tourismus? –
Künstliche Ferienwelten und Authentizität

Magic Kingdoms: Die Welt der Vergnügungsparks

Die meistbesuchten Touristenziele der Erde sind nicht Paris oder Rom, die Alpen oder die Karibik. Die größten Reiseströme führen vielmehr in *künstliche Ferienwelten*: nach Disneyland und Euro Disney, in Märchen-Parks und gigantische Einkaufs-Malls, überdachte Skizentren und nachgebaute Mittelmeer-Dörfer. An die Costa Brava oder die italienische Adria fahren im Jahresdurchschnitt nicht einmal die Hälfte der rund 30 Millionen Besucher, die sich Disney World anschauen. Mindestens 200 Millionen Menschen suchen weltweit jährlich die Themen- und Freizeitparks auf. Den meisten scheint es dort zu gefallen: Die Zahl der Wiederkommer ist ungewöhnlich hoch.

Die Frage, ob die Zukunft den künstlichen Urlaubswelten gehöre, ist überholt. Ihnen gehört schon die Gegenwart. Trotz enormer Investitionskosten entstehen in Nordamerika, Europa und Japan in raschem Tempo neue Freizeitanlagen. Die *amusement parks*, deren Bedeutung noch vor einigen Jahren auf die USA, Großbritannien und Australien beschränkt schien, erobern große Anteile am internationalen Tourismusmarkt. Das vielfältige Unterhaltungsangebot wächst in schnellem Rhythmus.

Der größte künstliche Strand der Welt befindet sich unter einer riesigen Kuppel im japanischen *Seagaia Ocean Dome* auf der Insel Kyushu; aus Lautsprechern werden die Badegäste mit Vogelgezwitscher unterhalten und alle 15 Minuten lockert ein Vulkanausbruch das Strandleben auf. In Tusdanuma bei Tokyo und im malaysischen *Winter Wonderland* kann man in ähnlichen Anlagen ganzjährig skifahren – auch wenn draußen die Tropensonne glüht. Ebenfalls in Japan steht auf der Insel Hokkaido ein Miniatur-Deutschland mit ›original‹ nachgebauten

Häusern aus Rothenburg und Hanau. Andere japanische Themenparks stellen Holland, Kanada, Spanien und Venedig dar. Die typisierte Darstellung fremder Länder ist auch ein beliebtes Thema vieler anderer Vergnügungsanlagen, beispielsweise des Europa-Parks Rust bei Karlsruhe, des katalonischen Erlebnisparks Port Aventura und des Epcot Center in Florida. In einem typischen ›Quartier Français‹ finden die Besucher Croissants und Chansons, die Schweiz erkennen sie an Bobbahn und Walliser Dorf, dicht beieinander stehen die Souks von Marrakesch, japanische Pagoden und die unvermeidlichen bayrischen Bierkeller. Mit solchen Motiven setzen die Freizeitparks eine Tradition fort, die in den Weltausstellungen des 19. Jahrhunderts begann; sie präsentieren die Vorstellungen der ›imaginären Geographie‹ mit kaum zu übertreffender Klarheit.

In manchen synthetischen Urlaubswelten vermischen sich Konstruktion und ›reale‹ Elemente auf skurrile Weise. Auf der unbewohnten karibischen Insel *Coco Cay* wurden exklusiv für Kreuzfahrt-Urlauber Palmen gepflanzt, ein Sandstrand angelegt, ›typische‹ Holzhäuser errichtet sowie – für die Taucher unter den Gästen – ein ›historisches‹ Schiff und ein Flugzeugwrack versenkt. Der *Universal City Walk* von Los Angeles stellt nichts anderes dar als drei Häuserblocks von Los Angeles Downtown. Der Vorteil der Reproduktion gegenüber dem Original besteht darin, daß man sich hier ohne Angst vor Überfällen bewegen kann.

Von den Niederlanden meint die Zeitung *De Volkskrant*, das ganze Land sei bald »ein einziger Freizeitpark«. Besonderer Beliebtheit erfreuen sich in Holland die *Center Parcs*, in denen sich Sportanlagen, Spielplätze, Ladenstraßen und Ferien-Appartements um ein ›tropisches Badeparadies‹ gruppieren. Ganzjährig können die Besucher dort in geheizten Glaskuppeln unter Palmen flanieren, dem Gekreisch von Kakadus zuhören und sich auf Wasserrutschen und Wildwasserbahnen amüsieren. Das erfolgreiche Modell wird jetzt auch nach Deutschland exportiert. Bisher wurde in der Bundesrepublik eine solche Anlage errichtet; rund 15 weitere sind geplant.

Welthauptstadt der synthetischen Urlaubsanlagen ist Las Vegas. Das ehemalige Zentrum der Glücksspieler hat ein neues Image als Urlaubsziel für Familien mit Kindern aufgebaut und entwickelt sich zum integralen Ferienpark. Die Fülle der Themen- und Vergnügungsparks und *Virtual-Reality-Trips* ist unübersehbar. Im Vergnügungspark *Grand Slam Canyon*, einer Kunst-Landschaft aus Stahl und Plastik mit Bergspitzen, einem 30-Meter-Wasserfall und tiefen Schluchten, betrachten die Besucher ›lebensechte‹ Saurier. Das pyramidenförmige *Luxor* bietet Nil-Bootsfahrten in Papyruskähnen zu maßstabsgerecht nachgebauten Pharaonengräbern. Vor dem *Mirage Hotel* bricht täglich ein Südsee-Vulkan aus, und in *Caesar's Palace* schwatzen elektronisch gesteuerte Reproduktionen antiker Statuen mit den Besuchern, während sich am künstlichen Himmel die Sterne mit astronomischer Präzision bewegen.

Die letzte Entwicklung in der schönen neuen Ferienwelt stellen *Computersimulationen* dar. Disney's Epcot Center in Florida führt auf einer ›virtuellen Reise‹ mit Datenbrille und -handschuh durch den römischen Petersdom. Im Hansa-Park im Ostsee-Bad Sierksdorf kann man fiktive Motorradfahrten und Weltraumflüge erleben, die *Game Arcade* in Tokyo bietet Autorennen mit ›echten‹ Schlaglöchern und Pferderennen auf holpriger Grasnarbe. Vor allem in Japan boomt der Markt: Dort sind bis zum Jahr 2000 fünfzig elektronische Themenparks geplant.

Diese Entwicklungen sind auf scharfe Kritik gestoßen. Der französische Philosoph Jean Baudrillard hat Disneyland mit Konzentrationslagern verglichen: »Beides sind künstliche Welten. Und in beiden gibt es die Vernichtung, wenn auch von ganz unterschiedlicher Art.«[1] Die intellektuelle und moralische Verwirrung dieses ungeheuerlichen Statements stellt zum Glück einen Ausnahmefall dar. Jedoch fällt generell auf, welch schweres sprachliches Geschütz gegen die künstlichen Urlaubswelten aufgefahren wird. Der *Stern* betitelt einen Bericht über Ferienparks mit »Urlaub auf der Intensivstation« und redet von »im Spaßbad zwischengelagerten Kindern«; die *Zeit* spricht mit ähnlichen Assoziationen von einem »Ferien-Wackersdorf, in dem ausgebranntes Standort-Deutschland-Material knackbraun wiederaufbereitet wird.« An Atomares denkt auch die *Frankfurter Rundschau*: »Von den Hochtemperaturreaktoren der Atomindustrie unterscheiden sich die Freizeitparks darin, daß

sie nicht nukleare Brennstäbe, sondern Menschen wieder auf-
bereiten. Aber beide Einrichtungen gehören derselben Zivili-
sationsstufe an.« Die *Frankfurter Allgemeine Zeitung* sieht die
Besucher der Ferienparks als potentiell pathologische Fälle:
»Noch keine Gedanken allerdings hat man sich darüber gemacht ... wie groß der Katzenjammer ist, wenn sie das ›Glück‹
des Augenblicks mit dem ›Unglück‹ des Alltags vertauschen
müssen. Es sieht so aus, als wären dann nicht mehr die Freizeit-
Psychologen, sondern die Psychiater gefragt.«[2]
In den Unterhaltungswelten geht es, wenn man solchen Assoziationen folgt, quälend und menschenverachtend zu. Das ist
nun offenkundig falsch. Man kann die Ferienanlagen mit guten
Gründen kritisieren. Künstliche Strände unter der Glaskuppel
und künstlicher Schnee im artifiziellen Gebirge müssen keine
Begeisterung hervorrufen; man mag sich auch über die Klischees in den Darstellungen fremder Länder ärgern. Aber es gibt
doch kaum sachliche Motive, die Konsumenten solcher Ange-
bote mit Schwerkranken (›Intensivstation‹) oder gar mit wie-
deraufzubereitenden Brennstäben zu vergleichen.
Solch heftige Reaktionen beruhen auf einem tief verwurzelten
Motiv, dem die Vergnügungsparks Hohn sprechen: Sie gehen
aus dem *Authentizitätsanspruch* hervor, der sich mit dem ›wahren Reisen‹ verbindet. Ein Artikel der *Frankfurter Allgemeinen
Zeitung* über ein geplantes ›Lifestyle-Ferienprojekt‹ auf der
singhalesischen Insel Bintan nennt das ›Recht aufs Authentische‹ in einem Atemzug mit Menschenrechten und Demokra-
tie: »Wir bestanden auf der Einhaltung der Menschenrechte,
auf demokratischen Verfahren und dem Recht des Urlaubers
auf Echtheit.« In der *Frankfurter Rundschau* ist die Rede von
»einer großangelegten Offensive auf das Koordinatensystem
unseres Bewußtseins und unseren traditionellen Wirklichkeits-
begriff«. Christel Burghoff und Edith Kresta kritisieren: »Die
Wirklichkeit verliert damit auf verführerische Weise ihre Kon-
turen.«[3] Eben das *Künstliche* der synthetischen Urlaubswelten
wird zum Stein des Anstoßes. Die technisch perfekten Inszenierungen sind verwerflich: Man »knipst die Realwelt aus«; »was
zählt, ist der Schein«.[4]

Die unstillbare Sehnsucht nach Echtheit

Während sich die Themen- und Vernügungsparks immer weiter verbreiten und ständig neue Besucher anziehen, bleibt zugleich die *Sehnsucht nach authentischen Erlebnissen* eines der machtvollsten Reisemotive. Die Entwicklung des Tourismus scheint sich in zwei Richtungen zu vollziehen: Einerseits die Illusionswelten der nachgebauten Pyramiden und fiktiven Vulkanausbrüche, andererseits die ›echten Erfahrungen‹ mit unverdorbenen griechischen Fischern und spanischen Bauern. Hier die technische Perfektion vollständig durchgeplanter Freizeit-Umgebungen, dort die Unverfälschtheit archaischer Kulturen. Ursprünglichkeit ist ein Trumpf jeder Reisewerbung. In Griechenland wie in Schottland, in Frankreich wie in Nepal laden die Broschüren zum Genuß elementarer Gastfreundschaft, unverfälschter Speisen und unberührter Landschaften ein. »Wenn die Straßen Irlands so schön sind«, heißt es in der Tourismuswerbung, »dann deshalb, weil sie von Eseln gespurt wurden – und, was Straßen angeht, sind Esel tausendmal besser als Ingenieure ... Ein Esel weiß, daß eine Straße dafür da ist, die weite Welt zu sehen und nicht Ansammlungen von Tankstellen.«[5]

Doch die harte Entgegensetzung von echten Erlebnissen und künstlichen Welten täuscht. Disneyland und die kurvigen irischen Straßen stellen nur Pole auf einem *Kontinuum* der Erfahrung dar. In der Unterhaltungswelt der Ferienparks verwirklichen sich oft ganz ähnliche Bedürfnisse wie auf Reisen in fremde Länder; andererseits tragen die angeblich authentischen Reiseerfahrungen immer auch ›künstliche‹ Züge.

Momente der Inszenierung sind in fast allen Urlaubswelten präsent. Wenn Reiseerlebnisse grundsätzlich ›original‹ sein sollten, wäre bereits der Besuch von Museen oder Zoologischen Gärten – künstlichen Welten par excellence – fragwürdig. In Umgebungen wie der Costa Brava oder den Skizentren der französischen Alpen sind nur noch das Meer oder der Schnee (und manchmal nicht einmal dieser) ›natürlich‹ – aber die gesamte Infrastruktur wird ›synthetisch‹ hergestellt. Doch auch in weniger touristisch geprägten Regionen beruht die angebliche Ursprünglichkeit oft auf Illusionen.

Die Suche nach dem Unverfälschten endet häufig im Paradox der ›inszenierten Authentizität‹.[6] Die Nachfrage nach Ursprünglichem ist viel größer ist als das Angebot; daher werden Bodenständigkeit und Originalität – für die Touristen kaum durchschaubar – bewußt erzeugt. Die urige Trattoria hängt die Schinken nur deshalb malerisch an die Decke, weil es den ausländischen Gästen so gefällt; der rustikale Bauernhof mit Zimmervermietung, dessen Natursteinfassade alle Gäste begeistert, wurde von einem städtischen Besitzer gezielt restauriert. Die britische Autorin Nancy Mitford schildert ironisch die Inszenierung von Echtheit auf der Insel Torcello bei Venedig: »Zwischen dem ersten Boot aus Venedig um elf Uhr morgens und dem letzten, auf dem die gewöhnlichen Touristen um sechs Uhr abends heimkehren, verwandelt sich die ganze Insel in eine Bühne, auf der alle Einheimischen eine Rolle spielen. Junge Männer von Burano, der nächsten Insel, verkleiden sich als Gondolieres und befördern die Touristen auf Sandals vom Dampfboot ins Dorf... Alte Frauen mit freundlichen Gesichtern sitzen in den Hauseingängen, verkaufen Postkarten und billigen Schmuck und tun so, als würden sie *Point-de-Venise*-Spitzen klöppeln. In Wirklichkeit beziehen sie sie auf Kommissionsbasis von Verwandten aus Burano, wo sie von jungen Mädchen angefertigt werden... Der Priester organisiert seine frommen Prozessionen so, daß sie mit der Ankunft des Dampfboots zusammenfallen... Sobald das letzte Schiff abgelegt hat, fällt der Vorhang. Die ›Gondoliere‹ legen ihre weißen Leinenjacken und die albernen Strohhüte ab und kehren nach Burano zurück... Auf den Gesichtern der liebenswürdigen alten Frauen verblaßt das Lächeln, sie legen die Klöppelkissen beiseite und wenden sich den gewöhnlichen Betätigungen des dörflichen Lebens zu.«[7]

Das touristische Bedürfnis nach authentischer Erfahrung wirkt auch auf Landschafts- und Stadtbilder zurück. Wolfgang Kos hat am Beispiel der Semmering-Bahn gezeigt, wie bereits im 19. Jahrhundert eine alpine Landschaft für die Reisenden bewußt in Szene gesetzt wurde.[8] Stanislaus von Moos hat analog für Luzern die »Dialektik von Fremdenverkehr und Baukultur« nachgewiesen. Die scheinbar originale Gestalt des historischen

Stadtzentrums ist zu einem erheblichen Teil das Ergebnis gezielter, oft mit Blick auf den Tourismus vorgenommener Eingriffe, die Baugeschichte eine »Chronik des Umbaus der Stadt zur ›Attraktion‹«.[9] Viele andere Reiseziele – man denke an Salzburg, Venedig, Rothenburg – verdanken ihre heutige Form oder zumindest die Erhaltung der alten Baugestalt wesentlich dem Tourismus. Daß sie ›intakt‹ und ›authentisch‹ wirken, ist Ergebnis bewußter Maßnahmen im Interesse des Fremdenverkehrs.

Vollends gerät die Frage nach ›echt‹ oder ›falsch‹ zum Verwirrspiel, wenn verschwundene Naturräume rekonstruiert werden, wie etwa im Vogelreservat Wallnau auf Fehmarn. Eine Form der Teichwirtschaft, die in der Realität längst nicht mehr existiert, wird dort mit technischen Hilfsmitteln simuliert, um den Vögeln einen ›natürlichen‹ Lebensraum zu schaffen. Rund 50 000 Touristen besuchen jährlich das künstlich hergestellte ›ursprüngliche‹ Ökosystem.[10] Auf Mauritius errichtet eine Hotelkette gegenwärtig einen Park mit 150 einheimischen, zum Teil gefährdeten und seltenen Pflanzenarten. Auch hier entsteht ein Ambiente neu, das es ›eigentlich‹ nicht mehr gibt. Es kommt dem ›ursprünglichen‹ Mauritius näher als die heutige Realität. »Die Frage, ob das ›authentische‹ Mauritius vor oder hinter dem Zaun um das Hotel Coco Beach liegt«, schreibt die Journalistin Ebba Drolshagen, »ist nicht mehr recht zu entscheiden... echte Kunstwelt oder künstliche Echtwelt?«[11]

Was jeweils ›echt‹ oder ›falsch‹ ist, läßt sich kaum eindeutig bestimmen. *Das* Authentische gibt es nicht; es kommt immer darauf an, an welchem Maßstab wir es messen. Römische Kopien griechischer Statuen sind für uns ›authentische‹ antike Kunstwerke; ihr Alter gibt ihnen die Patina des Echten. Australische Besucher geschichtlicher Themenparks legen großen Wert auf Authentizität: als echt aber betrachten sie – im Unterschied zu den meisten Europäern – bereits die *korrekte Rekonstruktion* eines historischen Ambientes; sie verlangen darin keine originalen Fundstücke.[12] Andererseits kann man extrem strenge Maßstäbe an die Ursprünglichkeit anlegen, wie jene französische Touristin, die sich darüber ärgerte, daß die Bergbewohner Thailands die ›Echtheit‹ ihrer Behausungen durch den Gebrauch von Plastiktassen verdarben.[13] Der Begriff des ›Echten‹

ist viel zu unbestimmt, als daß er sinnvoll zum Kriterium für Urlaubserfahrungen gemacht werden könnte. Zudem ist alles soziale Leben *vermittelt*, der Traum von der reinen Ursprünglichkeit naiv.

Wieso aber hat er dennoch so hartnäckig Bestand? Welche tieferen Wünsche stehen hinter der fast verzweifelten Suche nach Authentizität?

Wir leben in einer Welt der Vermittlungen und der Erfahrungen zweiter Hand. Der Bereich unserer Eindrücke und Kenntnisse hat sich im Vergleich zu früheren Jahrhunderten in unvorstellbarem Maß erweitert; doch die direkte Erfahrung der Natur, des Körpers und der eigenen Gefühle findet dabei wenig Raum. Zugleich ging in der Vielfalt der sichtbaren Möglichkeiten die selbstverständliche Überzeugung verloren, daß die eigene Lebensform richtig und sinnvoll sei. Latente Orientierungslosigkeit durchdringt das Leben vieler, wenn nicht der meisten Menschen. Die Dynamik des Authentizitäts-Wunschs erklärt sich aus dieser Situation. Lionel Trilling führt seine Bedeutung in der modernen Kultur auf »unsere Besorgnis über die Glaubwürdigkeit der Existenz und der individuellen Existenzen« zurück.[14] Das Ursprüngliche, Selbstverständliche und Sichere, das wir in unserem Leben kaum noch finden, wird in anderen Kulturen gesucht. Da unser Leben uns kompliziert erscheint, so soll wenigstens dasjenige der griechischen Fischer einfach sein. Da wir die Partner, die Freunde und die Wohnsitze wechseln, sollen immerhin die toskanischen Bauern in stabilen Gemeinschaften leben. Da wir umgeben sind von Fernsehen und Publicity, stören uns Antennen und Reklametafeln in den Dörfern der Indios. Das Echte wird gleichsam als ein Urzustand der Welt imaginiert, der unberührt ist vom Schmutz der Zivilisation. Kein Wunder, daß Disneyland in dieser Perspektive zum Inbegriff des Falschen wird: Die geplanten, organisierten und inszenierten Ferienparks sind Ausdruck jener geplanten Welt, der wir im Urlaub entfliehen wollen.

Doch ›künstliche Urlaubswelten‹ und ›authentische Reiseerfahrungen‹ unterscheiden sich nicht so fundamental, wie es auf den ersten Blick erscheinen mag. Die Freizeitparks geben vielfach ähnlichen Bedürfnissen Raum wie die ›normalen‹ Ferienreisen. In ihrem Unterhaltungsangebot tauchen wie in einem Brennspiegel grundlegende Momente des touristischen Erlebens auf.

Wie die realen Reisen, so führen auch die Vergnügungsparks in eine *typisierte Fremde* (den orientalischen Bazar, die karibische Lagune, den englischen Pub), eine *idealisierte, pittoreske Vergangenheit* (die ›Main Street‹, die Ranch mit Bauernkarren und Scheune, die Western-Saloons und die Schmiedewerkstatt) und eine Welt *phantastischer Technik* (›Discoveryland‹ mit Raketen-Karussell, Rundum-Kino, fingiertem Raumflug). Die Themenparks regen so in mehrfacher Hinsicht *Zeitreisen* an. Zum einen vollziehen die erwachsenen Besucher eine Rückkehr in die Kindheit. Die Anthropologin Margaret J. King hält diese Regression für den wesentlichen Reiz der Disney-Parks.[15] Die Besucher kehren zugleich in eine idealisierte Historie zurück: in die amerikanische Kleinstadt der Jahrhundertwende und in die Welt von Handwerkern, Seefahrern, Bauern. Schließlich wird auch eine fiktive technische Zukunft erfahrbar. Einzig die Gegenwart bleibt ausgeklammert. Die imaginäre Fahrt in eine idyllische Vergangenheit, die psychologische Regression in die Kindheit und das Erlebnis hypermoderner Technik bilden aber nicht nur in den Vergnügungsparks, sondern ebenso in ›normalen‹ touristischen Reisen zentrale Motive.

Von wesentlicher Bedeutung sind daneben in Freizeitparks die *nicht-alltäglichen Grenzbereiche* der menschlichen Erfahrung, die etwa in ›Geisterhäusern‹ mit ihren Gespenstern und Ungeheuern und im symbolischen Randgebiet des Wilden Westens sichtbar werden. In den Disney-Parks erscheinen immer wieder Momente des Totenreichs, z. B. in Totenschiffen, dem Totenkopffelsen, der Folterkammer mit Skeletten. Eine wichtige Rolle spielen, wie im gewöhnlichen Reisen, die Spannungsreize der *dosierten Gefahr*. Das Tempo der alten Jahrmarkts-Attraktionen Achterbahn und Riesenrad wird heute in Fun-Parks extrem beschleunigt, immer neue technische Tricks – eingebaute Loopings, Phasen des freien Falls, rasante Beschleunigung – erhöhen den Nervenkitzel.

Die Inhalte der Ferienparks sind keineswegs beliebig und ›nur zur Unterhaltung‹ da. Sie spiegeln vielmehr jene zentralen kulturellen Themen, die generell im Tourismus von Bedeutung sind: den Abschied vom Alltäglichen und das Eintauchen in eine räumlich und zeitlich entrückte, vereinfachte Welt, die Spannung des Ungewöhnlichen, die Regression und die gefahrlose Konfrontation mit Grenzsituationen. Die Erlebnisformen in ›künstlichen‹ und ›authentischen‹ Urlaubswelten sind nicht so unterschiedlich, wie es das gängige Vorurteil will.

Ferienparks:
historische, ökonomische und ökologische Aspekte

Die geplante Fiktionalität der Unterhaltungswelten ist keine Erfindung des 20. Jahrhunderts. Schon um 1900 fanden sich in den USA zahlreiche *amusement parks*, wie die berühmte Anlage von Coney Island in New York, wo zur Unterhaltung der Besucher unter anderem künstliche Hotelbrände arrangiert wurden. Das Konzept der Disney-Freizeitparks läßt sich in den meisten Elementen auf die *Weltausstellungen* des 19. Jahrhunderts zurückführen: etwa in der Verbindung moderner Technik mit der Präsentation von Geschichte, der typisierenden Darstellung fremder Kulturen und der Kombination belehrender und unterhaltender Aspekte. Wie die heutigen ›Center Parcs‹ waren die Palmen- und Wintergärten, die Kristall- und Vergnügungspaläste des Fin de siècle von enormen Glaskuppeln überdacht. Im Pariser Jardin d'Hiver, der 1847 eröffnet wurde, standen Ball- und Konzertsäle neben künstlichen Wasserfällen und Konditoreien; der Wintergarten Ludwigs II. auf dem Dach der Münchner Residenz besaß einen künstlichen See unter einem künstlichen Mond, Höhlen und exotische Pflanzen, eine indische Fischerhütte und einen maurischen Kiosk vor einem gemalten Himalaya-Hintergrund. Vorläufer solcher fiktionaler Räume finden sich, wie der Kunsthistoriker Stanislaus von Moos schreibt, bereits in den »sacri monti der Gegenreformation mit ihren zu barocken ghost towns gruppierten Nachbildungen wichtiger Stätten des christlichen Heilsgeschehens.« Von Moos bezeichnet Disneyland in diesem Sinn als »ein kommerzielles Nachhutgefecht der Welt von Vorgestern.«[16]

Unter ökonomischen Aspekten ist das Gefecht oft, aber nicht immer erfolgreich. Ferienanlagen stellen heute einen großen Wachstumsmarkt dar. Ihre wirtschaftlichen Effekte – sowohl für die Betreiber selbst als auch für die jeweiligen Regionen – sind allerdings nicht unbedingt positiv. Allgemein bekannt sind die wirtschaftlichen Schwierigkeiten des 1992 eröffneten Vergnügungsparks Euro Disney, der den Aktionären in den ersten Jahren Verluste in Höhe von mehreren Milliarden DM einbrachte. Hier war vor allem die durchschnittliche Aufenthaltsdauer der Besucher falsch prognostiziert worden.

Generell ist das Betriebsrisiko bei diesen Anlagen groß. Wegen der hohen Investitions- und Unterhaltskosten sind sie im allgemeinen erst bei Auslastungen von 65-90 % rentabel. Ständige kostspielige Innovationsmaßnahmen sind notwendig.

Für die umgebenden Regionen sind die wirtschaftlichen Auswirkungen häufig problematisch. Im allgemeinen erweist sich eine dezentrale, mittelständisch strukturierte Fremdenverkehrsentwicklung als vorteilhafter. Die Arbeitsplatzbilanz ist meist ungünstiger als bei Pensionen und Hotels. Zudem geht, wie oft bei Großprojekten, nur ein Teil der Investitionsaufträge an örtliche Unternehmer und Lieferanten. Ferienparks erweisen sich in erster Linie in solchen Gebieten als ökonomisch sinnvoll, die keine anderen touristischen Attraktionen bieten und daher nur auf diese Weise Besucher anziehen können.

Die *ökologischen Wirkungen* der Ferienparks sind sehr unterschiedlich; sie hängen wesentlich von der Standortwahl und der Detailplanung der einzelnen Anlagen ab. So kann das *Landschaftsbild* stark beeinträchtigt werden, wenn die Freizeitparks an exponierten Stellen, etwa an offenen Hängen oder auf Hügelkappen entstehen. Bei der vielfach – etwa in den holländischen Center Parcs – üblichen Bungalow-Bauweise in abgeschirmten Lagen (z. B. in Waldgebieten) und einer sorgfältig vorgenommenen Eingrünung haben die Freizeitparks dagegen keine negativen ästhetischen Folgen.

Die Auswirkungen für die *Pflanzen- und Tierwelt* sind an empfindlichen Plätzen naturgemäß schädlich. Ökologisch degradierte Gebiete sind dagegen in dieser Hinsicht optimale Standorte: Die Vergnügungsparks richten an solchen Stellen keinen

Schaden an und können, wie Beispiele aus Großbritannien und den Benelux-Ländern zeigen, bei geschickter Planung zu einer Aufwertung des Geländes beitragen.

Die *Verkehrsbelastungen* durch Ferienparks hängen ebenfalls wesentlich von der Lage ab. Zusätzliches Verkehrsaufkommen kann am ehesten bei Ferienzentren vermieden werden, die an öffentliche Verkehrsmittel angebunden sind, in unmittelbarer Nähe von Autobahnen oder Fernstraßen liegen und deren Einzugsgebiet sich nicht über eine große Fläche erstreckt. Die Lage in Ballungsgebieten ist in dieser Hinsicht ideal. Ungünstig dagegen ist eine Ansiedlung in touristisch bereits attraktiven Zonen. Hier steigert sich durch die Ferienanlagen der ohnehin belastende Ausflugsverkehr.

Der *Wasserverbrauch* liegt nach den bisherigen Untersuchungen selbst in Wasser-Fun-Parks nicht höher als etwa bei Hallenbädern. Dagegen ist der – bislang nur geschätzte – *Energiekonsum* vermutlich relativ hoch, vor allem bei den ganzjährig beheizten ›tropischen Badeparadiesen‹. Auch für Abwasser und Müll werden zusätzliche Kapazitäten benötigt.

Die Untersuchung der ökonomischen und ökonomischen Folgen der Ferienanlagen legt einen eindeutigen Schluß nahe: Grundsätzlich gehören ›künstliche Ferienwelten‹ in *Regionen mit wenigen oder keinen touristischen Attraktionen*; sie sollten zudem ein großes *Einzugsgebiet* in unmittelbarer Umgebung haben und von den Besuchern schnell erreichbar sein. Unter diesen Voraussetzungen haben sie meist positive wirtschaftliche und oft sogar begrüßenswerte ökologische Effekte. In touristisch stark frequentierten Gegenden führen die Freizeitparks dagegen zum Anwachsen des Ausflugsverkehrs, zu übermäßigem Andrang bei Sehenswürdigkeiten und an landschaftlich schönen Stellen sowie – an ökologisch wertvollen Standorten – oft auch zu Umweltschäden. Zudem sind in solchen Regionen dezentrale Formen der Tourismusentwicklung wirtschaftlich sinnvoller. In Deutschland werden die bisherigen Erfahrungen leider bislang nicht ausreichend beachtet. Zu viele Projekte werden hier in Gebieten geplant, die ohnehin stark von Reisenden frequentiert werden.

Die mit Ferienparks einhergehenden Probleme sind durch Grundsatzdiskussionen über ›echte‹ und ›falsche‹ Erfahrungen nicht zu lösen. Der Teufel steckt im Detail – in der Planung jedes einzelnen Projekts. Ökologische, ästhetische, ökonomische Aspekte müssen von Fall zu Fall gründlich betrachtet und gelöst werden. Wird Natur ›verbraucht‹, werden Lebensräume von Menschen, Tieren oder Pflanzen beschädigt und zerstört? Wie sind die Auswirkungen auf den Verkehr, auf Wasser- und Energieverbrauch? Wie passen sich die Anlagen in die Landschaft ein, und wie wirken sie auf die regionale Wirtschaftsstruktur? Die Frage nach der Authentizität führt dagegen nicht weit. Gewiß liefern künstliche Ferienwelten arrangierte Eindrücke. Doch die Unterscheidung von Zeichen und Realität, von Sein und Schein wird im Alltagsleben ständig gefordert. Wenn Menschen zwei oder fünf oder sogar vierzehn Tage im Jahr in der Ferienwelt eines Erlebnisparks verbringen, braucht man um ihren Realitätssinn keine Angst zu haben.

Die psychologische Problematik vieler Vergnügungsparks liegt an einer anderen Stelle: in der engmaschigen Organisation der Besuchermassen, die für Eigeninitiative und spielerischen Umgang wenig Raum läßt. »Die Besucher sollen schauen, fahren, staunen, nichts anderes erwartet man von ihnen, und sie sollen auch nichts anderes erwarten. Jeder, der in Euro Disneyland auf die Idee kommt, selbst etwas zu unternehmen, bringt die Abläufe durcheinander«, schreibt der Journalist Franz Lerchenmüller. Für den Anthropologen Alexander Moore, den Verfasser der wohl scharfsinnigsten Analyse der Disney World, »müssen die Besucher sich auf eine industrielle Form der Bewegung einlassen, das ordentliche Voranschreiten vieler Personen in gleichem Rhythmus wie die Maschinen, die alle an der Uhr ausgerichtet sind ... Solche Bewegungen und der elektronische Charakter der Unterhaltungen führen zu dem Verdacht, daß die wahre bürgerliche Religion Nordamerikas ... ein aufregender Kult der Technologie und industriellen Ordnung ist, an dem man wie an einem lehrhaften Spiel teilnimmt.«[17]

Die Möglichkeiten zur aktiven Gestaltung der Umgebung sind

in vielen – nicht in allen – synthetischen Urlaubswelten stark eingeschränkt. Eigeninitiative ist dann nur noch im Bereich des *Warenkonsums* möglich. Einkaufsstraßen, Restaurants, Ladengeschäfte spielen in den meisten Vergnügungsparks eine zentrale Rolle; sie sind auch unter ökonomischem Gesichtspunkt für die Betreiber von wesentlicher Bedeutung. Die Verbindung von Konsum und Unterhaltung wird exemplarisch in den großen Einkaufs-Malls verwirklicht, aber sie findet sich in kleinerem Maßstab in den meisten synthetischen Urlaubswelten. Auch in dieser Hinsicht allerdings kann man nicht von einem grundsätzlichen Unterschied zum ›gewöhnlichen‹ Tourismus sprechen: Das *Shopping* zählt heute zu seinen wesentlichen Reizen, und wie die Vergnügungsparks, so bieten auch andere touristische Attraktionen in vielen Fällen eine Kombination von Unterhaltungs- und Konsumangeboten.

Wohin die Reise geht

Wie in den Freizeitparks, so scheinen sich auch bei anderen Formen des Tourismus die Grenzen der Erlebnisbereiche zunehmend zu verwischen. Hochkultur und Genuß, Kulinarisches und Kunsthistorisches, Unterhaltung und Bildung werden nicht mehr streng getrennt, Kultur und Kommerz durchdringen sich wechselseitig. Das Londoner Victoria & Albert Museum vertreibt einen Versandkatalog in Millionenauflage, in dem Königin Elisabeth I. in Form eines Teewärmers, Marmor-Nachbildungen der Venus von Botticelli, Badesalze und Seidennachthemden angeboten werden. In der Tower Bridge erzählten, ganz wie in einem Themenpark, sprechende Puppen mit rollenden Augen anläßlich des hundertjährigen Bestehens die Geschichte des Monuments. Naturwissenschaftliche Museen veranstalten Dinosaurier-Ausstellungen zur *Jurassic Park* – Premiere, Klöster versehen sich mit Souvenir-Läden und Imbißständen.

Auf der anderen Seite verbinden sogenannte *Einkaufs-Malls* große *shopping centers* mit einem enormen Unterhaltungsangebot. Die West Edmonton Mall in den USA ist mit jährlich rund 10 Millionen Besuchern die drittgrößte touristische Destination des Landes nach Disney World und Disneyland. Neben 828 Ladengeschäften, 110 Restaurants und 19 Theatern bietet sie einen Wasser-Vergnügungspark unter einer 19 Stockwerke hohen Glaskuppel, dazu einen überdachten See mit fünf Unterwasserbooten, aus denen die Besucher eine Replik des australischen Great-Barrier-Riffs betrachten können. Ähnlich ist das britische Metrocentre in Gateshead aufgebaut: Neben 300 Geschäften, Kinos und einem riesigen Unterhaltungs-Areal zeigt es ein ›Antikes Dorf‹, ein ›Römisches Forum‹ und ein ›Mittelmeerdorf‹.

Die Vermischung der Ebenen wird auch an der Entwicklung der Reiseführer anschaulich. Bis in die achtziger Jahre wiesen Kunstführer, farbig bebilderte Einführungen und alternative Guide-Books deutlich unterschiedene Züge auf. Heute haben sich die Unterschiede verwischt. Die strenge Form eines ›asketischen‹ Reisens scheint sich aufzulösen; kein Buch verzichtet mehr auf bunte Fotos und eine aufwendig gestaltete graphische Präsentation. Überall tauchen die Hotel-, Restaurant- und Einkaufstips auf, die einst – vor allem in der Form des ›Geheimtips‹ – die alternative Reisebuch-Szene charakterisierten. In der sprachlichen Präsentation wird zugleich auf lockeren Stil und sachliche Informationen Wert gelegt, die auch gegenwärtige Sozialstrukturen, Wirtschaft und Politik umfassen. Touristen sind offenbar nicht mehr auf bestimmte Erfahrungsmodi – die Kunst, die Unterhaltung, den Sport, das Essen – festgelegt; sie wollen ›alles‹ erleben.

Solche Tendenzen sind neuerdings mit dem Begriff des *Post-Tourismus* umschrieben worden. Der Post-Tourist, formuliert Maxine Feifer, »kann die klassische Schönheit und romantische Einzigartigkeit natürlicher Formen aufgreifen, aber auch die geometrische Komplexität und sogar die jazz-artigen Dissonanzen industrieller Formen und Auflösungen: Es gibt für ihn eine Vielfalt möglicher ästhetischer Zusammenhänge. Er hat einen amüsierten Blick für ›Kitsch‹... Er genießt die Verbindungen zwischen den ›Attraktionen‹ ebenso wie die gerühmten Attraktionen selbst.«[18]

Dieser vorgeblich neue Typ des Reisenden sieht die Welt als Bühne, auf der er sich spielerisch bewegt. Er sucht nicht nach Authentizität, sondern genießt problemlos die verschiedenen Reise-Erfahrungen, ob es sich nun um ein Essen im Luxusrestaurant oder im kleinen Bistro handelt, um romanische Skulpturen oder die Werke Cézannes, um ein Puppenmuseum oder den Gang durchs Kaufhaus. Wie ein Fernsehkonsument wechselt er ständig das Programm; er ist nicht auf bestimmte Interessen fixiert. Er ist bewußt Tourist und will es sein; die anti-touristischen Abgrenzungsstrategien sind ihm fremd.

Die Idee des Post-Tourismus geht aus derjenigen der Postmoderne hervor. Der gemeinsame Nenner ist *Entdifferenzierung.* In der postmodernen Kultur, so schreibt John Urry, brechen die Grenzen zwischen den kulturellen Sphären auf. Spektakel, Spiel, Multi-Media-Ereignisse, Fernsehen, Museumskultur gehen ineinander über; es verschwindet insbesondere die strenge Trennung von ›hohen‹ und ›niedrigen‹ Kulturformen. Über Sponsoren und Werbung dringt der Kommerz in die Ästhetik ein, während andererseits das Geschäftsleben sich ›ästhetisiert‹.

Künstliche Ferienwelten sind der idealtypische Ausdruck des Post-Tourismus. Sie kennen keine Differenzen mehr: Micky Maus steht neben Christoph Kolumbus, die Geisterbahn hinter dem Wildwest-Saloon, das Einkaufszentrum beim afrikanischen Dorf. Umberto Eco zeigt sich angesichts solcher Vielfalt überfordert: »Wenn man zuerst Mozart und dann Tom Sawyer begegnet, oder wenn man die Höhle des Planeten der Affen betritt, nachdem man soeben der Bergpredigt beigewohnt hat, zu Füßen Jesu und seiner Jünger, dann ist das logische Unterscheidungsvermögen zwischen Wirklicher Welt und Möglichen Welten definitiv zersprungen... Lincoln und Doktor Faustus erscheinen gleichermaßen rekonstruiert im Stil des chinesisch-sozialistischen Realismus, Kasperle und Fidel Castro gehören definitiv zur gleichen ontologischen Kategorie.«[19]

Der Post-Tourist ist abgebrühter: Er kommt mit dem Wechsel der Ebenen ganz gut zurecht. Ob aber die Entdifferenzierung der Reiseerfahrung ausreicht, um gleich einen neuen Typ des Touristen zu schaffen, kann mit guten Gründen bezweifelt werden. Manches im ›post-touristischen‹ Verhalten ist nur scheinbar neu, anderes in seiner Bedeutung begrenzt. Die Vermischung der Erlebnissphären stellt zwar unstreitig eine generelle Tendenz dar. Andere Eigenschaften des Post-Touristen lassen sich dagegen kaum als neue Trends verallgemeinern. So heißt es, dieser neue Typ reise bewußt und ›cool‹, er wolle sich ›unterhalten‹ und suche nicht nach Authentizität und tieferen Werten.[20] Der Tourismus aber kennt seit jeher beide Elemente: das distanzierte Spiel ebenso wie die engagierte Sinnsuche. Die Theoretiker des Post-Tourismus verallgemeinern ein – nicht einmal neues – Moment im gegenwärtigen Reisen und unterschätzen die fortdauernde Bedeutung jener Formen, die in der Natur, der Kunst, den fremden Kulturen ›echte‹ Erfahrungen und reale Erlebnisse suchen.

Zutreffend aber scheint die These der Entgrenzung bisher getrennter Bereiche. Alltag und Nicht-Alltägliches sind heute oft nicht mehr scharf getrennt. Massenmedien, Kulturkonsum, Lektüre, Therapie- und Selbsterfahrungstechniken, ja selbst Shopping und Essengehen laden die Existenz der Individuen ständig mit Elementen der Imagination und der Ästhetik auf. Die vielfach routinisierte, von subjektivem Sinn entleerte Berufsarbeit steht dicht neben der schillernden Welt der Affektreize und des Genusses. Das Verhältnis von Arbeit und Freizeit scheint sich umzukehren: Tendenziell wird der Beruf zum Anhängsel jener Erlebnissphäre, die den Lebenssinn garantieren soll.

Auf diese Weise nimmt der Alltag immer stärker Züge des touristischen Erlebens an. Freiheit von äußeren Zwängen, Wechsel von Beziehungen und Identitäten, Vermischung von Imaginärem und Realem, Abwertung der Alltäglichkeit und Suche von Lebenssinn im Außer-Gewöhnlichen, Wahrnehmung und Formung der Realität entsprechend subjektiven Bedürfnissen – in all diesen Elementen kreuzen sich die alltäglichen Sehnsüchte und Tendenzen mit den Grundstrukturen des Tourismus. »Tourismus ist nicht länger das, was man tut, wenn man Urlaub hat«, schreibt Zygmunt Bauman. »Das normale Leben, wenn es ein gutes Leben sein soll, sollte ein ständiger Urlaub sein«; der Tourist wird zum »Muster, an dem jegliche Praxis gemessen wird«.[21] In ähnlichem Sinn spricht John Urry von der »Universalisierung des touristischen Blicks – die Menschen sind sehr häufig ›Touristen‹, ob sie es wollen oder nicht«.[22] Die Erfahrung des Außer-Gewöhnlichen, die mit dem Reisen einhergeht, hat sich mit dem normalen Alltag verschränkt.

Dennoch behält der Urlaub seine besondere, aus dem gewöhnlichen Leben herausragende Qualität. Er hat gleichsam einen höheren ›Wirklichkeitsgrad‹ als die meisten anderen subjektiven Erlebniswelten. Zum einen unterliegt er nicht der engen zeitlichen Begrenzung der Freizeitbeschäftigungen, sondern schafft einen viel längeren, durch die Alltagspflichten nicht unterbrochenen Abschnitt der Freiheit. Insbesondere aber spielt er sich in physischen Handlungen und in der materiellen Realität ab. ›Traumwelten‹ können wir heute zwar jederzeit erleben; die Medienkultur belagert uns geradezu mit ihrer Fülle von Fiktionen. Den Traum aber in seiner *sinnlichen Wirklichkeit* zu erfahren: diese Möglichkeit bietet vor allem das Reisen.

In den Anmerkungen werden Texte, die in der Auswahlbibliographie
(S. 220 ff.) aufgeführt sind, nur mit Kurztitel genannt.
Die Literaturhinweise folgen jeweils dem Argumentationsgang der
einzelnen Kapitel.

Einleitung

Anmerkungen

1 E. Morin, Der Geist der Zeit, Köln/Berlin 1965, S. 220 (frz. 1962).
2 Urbain, L'idiot du voyage, S. 27 ff.; ders., Sur la Plage, S. 14 f.
3 G. Simmel, Das Abenteuer, in: ders., Philosophische Kultur, Berlin 1983, S. 25-38 (zuerst 1911). Das Zitat auf S. 36.

Literatur
Zu den Arbeiten Victor Turners und ihren Einfluß auf die Tourismusforschung vgl. Literaturangaben auf S. 200. Zum Zusammenhang von Imagination und Tourismus vgl. S. 200 f.

1. Touristenbeschimpfung

Anmerkungen

1 Zitate in diesem Abschnitt: *Der größere Teil... darüber* Fischer,
Warum Samoa? S. 43 f.; *Was viele tun... entstellt* U. Hahn, Auf
der Suche nach dem verlorenen Stille, in: Merian XLVII (2)/1995,
S. 29-33, Zitat auf S. 30 f.; *Meine Sensibilität* A. Gerbault, zit.
nach Urbain, L'idiot, S. 53; *die ihren eigenen Rhythmus...
Tristesse* U. Hahn, a. a. O., S. 31 f.; *Da strömen die Leute* zit. nach
A. Corbineau-Hoffmann, Paradoxie der Fiktion, Berlin/New
York 1993, S. 302 f.; *Die Fremden* zit. ebd., S. 304; *Keine andere
Gruppe... ›entdeckt‹ haben* Culler, Semiotics of Tourism, S. 153.
2 Urbain, a. a. O., S. 37 ff.; Burgelin, Le tourisme jugé, S. 65 ff. Vgl.
auch P. Fussell, Abroad, New York/Oxford 1980, S. 40 f.
3 Zitate in diesem Abschnitt: *verseucht* zit. nach Buzard, The

Beaten Track, S. 84; *vom Tourismus* Fischer, a. a. O., S. 71; *Luft und Wasser* zit. nach D. und A. Maurer (Hg.), Venedig, Frankfurt 1983, S. 122 f.; *Es prüfen* K. Tucholsky, Park Monceau, in: ders., Gesammelte Werke in zehn Bänden, Bd. III, Reinbek 1975, S. 378; *Der Tourist ist* zit. nach Buzard, a. a. O., S. 91; die *(ohne zu lachen)* Urbain, a. a. O., S. 82. (Kursivierung im Original); *Wenn der Reisende* Boorstin, Vom Reisenden zum Touristen, S. 134; *Der Tourist ergreift* zit. nach Buzard, a. a. O., S. 91; *In eine Gruppe* J. Cassou, Du voyage au tourisme, in: Communications 10/1967, S. 25-34, Zitat auf S. 28; *Wenn es etwas* zit. nach Buzard, a. a. O., S. 154.

4 Z. B. Enzensberger, Theorie des Tourismus, S. 203; Cassou, a. a. O., S. 28; Boorstin, a. a. O.

5 Vgl. Cassou, a. a. O., S. 29; Boorstin, a. a. O., S. 134 f.

6 Vgl. Boorstin, a. a. O., S. 117 ff.; Fussell, a. a. O., S. 57 ff.; Enzensberger, a. a. O., vor allem S. 203 ff. Neuerdings ähnliche Gedanken bei Burghoff/Kresta, Schöne Ferien, S. 48 ff.

7 Zit. nach Buzard, a. a. O., S. 154.

8 *Überschwemmung... Verseuchung* zit. nach Buzard, a. a. O., S. 83 f. und nach Fussell, a. a. O., S. 40. In den dreißiger Jahren des 19. Jahrhunderts waren nach Schätzungen jährlich etwa 150 000 britische Touristen auf dem europäischen Kontinent unterwegs. (vgl. Feifer, Going places, S. 164). Heute reisen jährlich mehr als 150 Millionen Menschen allein in den Mittelmeerraum (Lozato-Giotart, Géographie du tourisme, S. 9 ff.). Zu berücksichtigen ist bei einem quantitativen Vergleich allerdings die erheblich längere Dauer der touristischen Reisen des 19. Jahrhunderts.

9 Hahn, a. a. O., S. 32, 31.

10 Die Beispiele – die sich beliebig fortsetzen ließen – zählen zu den von der Zeitschrift GEO-Saison 1994 und 1995 mit der ›Goldenen Palme‹ preisgekrönten Gruppenreisen. GEO-Saison 4/1994, S. 20, 4/1995, S. 124 f.

11 Zitate in diesem Abschnitt: *Wir haben... man lebt darin* Burgelin, a. a. O., S. 86, 82; *Welche aufregendere* Graburn, Sacred Journey, S. 31; *Ihr wart... hier leben* Fischer, a. a. O., S. 55; *Marktplätze* vgl. Buzard, a. a. O., S. 6, 172 ff.; *Ich schaue mir* Burgelin, a. a. O., S. 80 (Kursivierung im Original).

12 Vgl. unten S. 169 ff.

13 Corbineau-Hoffmann, a. a. O., S. 289-414, vor allem S. 289 ff., 343 ff. Zur Distinktionsstrategie ›Sensibilität‹ vgl. auch Buzard, a. a. O., S. 110 ff.

14 Von der *aristocracy of inner feeling* spricht in diesem Zusammenhang Buzard, a. a. O., S. 121.

15 Vgl. Burgelin, a. a. O.

16 G. Schulze, Die Erlebnisgesellschaft, Frankfurt/New York 1992, S. 97. Vgl. auch Elias/Dunning, Quest for Excitement, S. 79.

17 Zitate in diesem Abschnitt: *Internationaler Tourismus* Turner/ Ash, Golden Hordes, S. 15; *Herde... Horde* Cassou, a. a. O., S. 29 (Kursivierungen im Original); *Bestätigung* Enzensberger, a. a. O., S. 203.

18 Knebel, Soziologische Strukturwandlungen, S. 87 ff., 116 ff. und passim.

19 Culler, a. a. O., S. 158.

Literatur

Die grundlegende historische Arbeit zu anti-touristischen Einstellungen ist J. Buzard, The Beaten Track, Oxford 1993. Dort auch – unter Bezug auf P. Bourdieu (Die feinen Unterschiede, Frankfurt 1982, frz. 1979) – die Herleitung des Anti-Tourismus aus dem Distinktionsbedürfnis (vgl. vor allem S. 6, 172 ff.). Das Bild des ›touristischen Trottels‹ wird ausführlich thematisiert bei J.-D. Urbain, L'idiot du voyage, Paris 1991. Zur Unterscheidung von ›Reisenden‹ und ›Touristen‹ als Klischee des anti-touristischen Diskurses vgl. auch J. Culler, Semiotics of Tourism, in: American Journal of Semiotics 1/1981, S. 127-140 sowie P. Bruckner/A. Finkielkraut, Das Abenteuer gleich um die Ecke, München / Wien 1981, S. 41 ff. Affirmativ verwendet bildet dieses Stereotyp ein tragendes Motiv unter anderem bei D. Boorstin, Vom Reisenden zum Touristen, in: ders., Das Image, Reinbek 1987, S. 117-166, (amer. 1961); J. Cassou, Du voyage au tourisme, in: Communications 10/1967, S. 25-34; P. Fussell, Abroad, New York/Oxford 1980. Ergebnisse von Interviews mit Urlaubern zur negativen (Selbst-)Einschätzung von Touristen bringen O. Burgelin, Le tourisme jugé, in: Communications 10/1967, S. 65-96 und H. Fischer, Warum Samoa?, Berlin 1984.

Im weiteren Zusammenhang zur Problematik des Individualismus der ›Einzigkeit‹ (als Grundlage des modernen Wunschs nach individueller Besonderheit) vor allem G. Simmel, Grundfragen der Soziologie, Berlin 1970 (zuerst 1917). Zu den Paradoxien individueller ›Originalität‹ aufschlußreich auch S. Cohen/L. Taylor, Ausbruchsversuche, Frankfurt 1977 (engl. 1976).

Zum Einfluß anti-touristischer Einstellungen auf die wissenschaftliche Diskussion: M. Crick, Representations of International Tourism

in the Social Sciences, in: Annual Review of Anthropology 18/1989, S. 307-344.
Theoretische Ansätze, die den Tourismus vor allem auf Motive der *Flucht* und des *Konformismus* zurückführen: Zur Flucht-These am einflußreichsten H. M. Enzensberger, Eine Theorie des Tourismus, in: ders., Einzelheiten I, Frankfurt 1964, S. 179-205 (zuerst 1958); im Anschluß daran u. a. J. Krippendorf, Die Landschaftsfresser, Bern / Stuttgart 1975; H.-W. Prahl/A. Steinecke, Der Millionen-Urlaubs, Darmstadt/Neuwied 1979; G. Armanski, Die kostbarsten Tage des Jahres, Bielefeld 1986. Die Konformismusthese vor allem bei H.-J. Knebel, Soziologische Strukturwandlungen im modernen Tourismus, Stuttgart 1960; auch bei D. Boorstin, a. a. O. Zum *Sicherheitsstreben* als angeblich zentralem Motiv des modernen Tourismus vgl. H.-J. Knebel, a. a. O., S. 196-224.

2. Unterwegs

Anmerkungen

1 Urbain, Sur la Plage, S. 165, 118.
2 Corbin, Meereslust, S. 219. Vgl. auch ebd., S. 215 ff.
3 Zit. nach Urbain, a. a. O., S. 176. Zum Zeitempfinden am Strand vgl. auch ebd., S. 177 f.
4 A. Camus, Der Fremde, Frankfurt 1980, S. 57 (frz. 1953).
5 Corbin, a. a. O., S. 218.
6 Urbain, a. a. O., S. 176.
7 Urbain, a. a. O., S. 145. Kursivierung im Original.
8 Ebd., S. 174.
9 Sansot, Gens de peu, S. 171 f.
10 Burch, Play World of Camping, S. 606.
11 M. Eliade, Das Heilige und das Profane, Hamburg 1957, S. 50 f (Kursivierungen im Original).
12 K. P. Etzkorn, Leisure and Camping: The Social Meaning of a Form of Public Recreation, in: Sociology and Social Research 49/1964, S. 76-89; W. Georg, Lebensstile von Campingtouristen im Urlaub – eine empirische Fallstudie, in: D. Kramer/R. Lutz (Hg.), Tourismus-Kultur, Kultur-Tourismus, Münster 1993, S. 129-141.
13 Sansot, a. a. O., S. 168. Vgl. auch Georg, a. a. O., S. 132.
14 Etzkorn, a. a. O., S. 82; Georg a. a. O., S. 138.
15 Georg, a. a. O., S. 134 f.; Etzkorn, a. a. O., S. 81 f.; Burch, a. a. O., vor allem S. 605 ff.

16 R. Barthes, Der ›Blaue Führer‹, in: ders., Mythen des Alltags, Frankfurt 1970 (2. Aufl.), S. 59-63 (frz. 1957).

17 Morin, Vivent les vacances, S. 224 f.

18 Culler, Semiotics of Tourism, S 155.

19 Vickers, Bali, S. 290.

Literatur

Die gründlichste und analytisch interessanteste soziologische Untersuchung zum Badeurlaub ist J.-D. Urbain, Sur la plage, Paris 1994. Zur historischen Entwicklung grundlegend: A. Corbin, Meereslust, Berlin 1990 (frz. 1988). Theoretisch anregende Einzelstudien sind H. Raymond, L'Utopie Concrète, in: Revue française de sociologie 1/1960, S. 323-333 (über Club-Méditerranée-Ferien französischer Urlauber) und U. Wagner, Out of Time and Place, in: Ethnos 42/1977, S. 38-52 (über schwedische Touristen in Gambia). Andere Arbeiten zum Thema: E. Cohen, Marginale Paradiese, in: H. J. Kagelmann (Hg.), Tourismuswissenschaft, München 1993, S. 41-76 (amer. 1982); R. B. Edgerton, Alone Together, Berkeley 1979; L. Nettekoven, Massentourismus in Tunesien, Starnberg 1972; P. Passariello, Sonntags nie? Mexikanische Touristen am Strand, in: H. J. Kagelmann (Hg.), a. a. O., S. 115-126 (amer. 1983).

Statistische Daten zur touristischen Frequentierung der Küsten bei J.-P. Lozato-Giotart, Géographie du tourisme, Paris u. a. 1993 (4. Aufl.), S. 21, 34.

Zur Inselsehnsucht: A. Corbin, a. a. O., S. 213 f.; J.-D. Urbain, a. a. O., S. 185; H. Opaschowski, Mythos Urlaub, Hamburg 1991, S. 37.

Zur Angst vor dem Meer: J. Delumeau, Angst im Abendland, Band 1, Reinbek 1985, S. 49-63 (frz. 1978); A. Corbin, a. a. O., S. 13 ff., 83 ff., 314 ff. Zu Schiffbrüchen: ebd., S. 297. Zu ›gesundheitsschädlichen Ausdünstungen‹ des Meeres: ebd., S. 195 ff.; ders., Pesthauch und Blütenduft, Berlin 1984, S. 70 f. (frz. 1982).

Zur Symbolik des Wassers: G. Bachelard, L'eau et les rêves, Paris 1942; M. Eliade, Die Religionen und das Heilige, Salzburg 1954, S. 225 ff. (frz. 1949); ders., Ewige Bilder und Sinnbilder, Olten/Freiburg 1958, S. 189 ff. (frz. 1952).

Zum Strand als ›Kunstprodukt‹: J.-D. Urbain, a. a. O., S. 55 ff.

Zum Südsee-Mythos: U. Bitterli, Die ›Wilden‹ und die ›Zivilisierten‹, München 1991 (2. Aufl.), S. 376 ff.; H. Fischer, Warum Samoa?, Berlin 1984; H. Ritz, Die Sehnsucht nach der Südsee, Göttingen

1983; R.-R. Wuthenow, Die erfahrene Welt, Frankfurt 1980, S. 207-266.

Soziologisch interessante Studien zum Campingurlaub sind W.-R. Burch, The Play World of Camping, in: American Journal of Sociology 70/1965, S. 604-612; K. P. Etzkorn, Leisure and Camping: The Social Meaning of a Form of Public Recreation, in: Sociology and Social Research 49/1964, S. 76-89; W. Georg, Lebensstile von Campingtouristen im Urlaub – eine empirische Fallstudie, in: D. Kramer/R. Lutz (Hg.), Tourismus-Kultur, Kultur-Tourismus, Münster 1993, S. 129-141. Anregende Beobachtungen und Analysen zum Campen finden sich auch bei P. Bruckner/A. Finkielkraut, Das Abenteuer gleich um die Ecke, München/Wien 1981, S. 37 ff. (frz. 1979) und bei P. Sansot, Les gens de peu, Paris 1991, S. 165-174.

Kulturkritische Beobachtungen zum Sightseeing: R. Barthes, Der ›Blaue Führer‹, in: ders., Mythen des Alltags, Frankfurt 1970 (2. Aufl.), S. 59-62, (frz. 1957); D. Boorstin, Vom Reisenden zum Touristen, in: ders., Das Image, Reinbek 1987, S. 117-166, (amer. 1961); H. M. Enzensberger, Eine Theorie des Tourismus, in: ders., Einzelheiten I, Frankfurt 1964, S. 179-205 (zuerst 1958); E. Morin, Vivent les vacances, in: ders., Introduction à une politique de l'homme, Paris 1965, S. 220-225 (zuerst 1958). Zusammenfassung zum Thema O. Burgelin, Le tourisme jugé, in: Communications 10/1967, S. 65-96 und A. Savelli, Sociologia del turismo, Milano 1993 (3. Aufl.), S. 205 ff (zuerst 1989).

Eine Theorie des Besichtigens entfaltet D. MacCannell, The Tourist, New York 1976 (insbesondere S. 13 ff., 42-77); vgl. auch ders., Staged Authenticity: Arrangements of Social Space in Tourist Settings, in: American Journal of Sociology 79/1973, S. 589-603; J. Culler, Semiotics of Tourism, in: American Journal of Semiotics 1/1981, S. 127-140; U. Gyr, Touristenkultur und Reisealltag, in: Zeitschrift für Volkskunde 84/1988, S. 224-239.

Zur touristischen Wahrnehmung: P. C. Albers/W. R. James, Travel Photography, in: Annals of Tourism Research 15/1988, S. 134-158; E. M. Bruner, Transformation of Self in Tourism, in: Annals of Tourism Research 18/1991, S. 238-250; E. Cohen, The study of touristic images of native people, in: D. G. Pearce/R. Butlet (Hg.), Tourism research, London/New York 1993, S. 36-69; F. Errington/D. Gewertz, Tourism and Anthropology in a Post-Modern World, in: Oceania 60/1989, S. 37-54; E. Fendl/K. Löffler, ›Man sieht nur, was man weiß‹, in: D. Kramer/R. Lutz (Hg.), a. a. O., S. 55-77. Anschauliche Beispiele bei H. Fischer, Warum Samoa?, Berlin 1984; K. Kapeller, Tourismus und Volkskultur, Graz 1991.

3. Die Gegenwelt des Urlaubs

Anmerkungen

1 Vgl. Turner, Variations on a Theme of Liminality; Boissevain, Tourism as Anti-Structure; Gottlieb, Urlaub auf Amerikanisch; Lett, Ludic and Liminoid Aspects; Moore, Walt Disney World; Wagner, Out of Time and Place.

2 Gottlieb, a. a. O., S. 81.

3 Leed, Erfahrung der Ferne, S. 32; Th. Mann, Der Zauberberg, Frankfurt 1967, S. 110 f.(Band I, 4. Kap.), zuerst 1924.

4 M. Crichton, Travels, London 1994, S. IX (zuerst 1988); H. Hesse, Italienischer Reisetag (1913), in: ders., Italien (hg. v. V. Michels), Frankfurt 1983, S. 251 f.; A. Schopenhauer, Die Welt als Wille und Vorstellung II, Zweiter Teilband, Zürich 1977, S. 439 (zuerst 1844).

5 Raymond, Utopie concrète, S. 331.

6 Urry, Tourist Gaze, S. 11.

7 Gleichmann, Zur Soziologie des Fremdenverkehrs, S. 74 ff.; Urbain, Sur la plage, S. 232 ff.; Spode, ›Reif für die Insel‹, S. 119 f. Zum Begriff der communitas V. Turner, Das Ritual, Frankfurt/New York 1989 (amer. 1969); ders., Vom Ritual zum Theater, Frankfurt 1995, S. 73 ff. (amer. 1982); Boissevain, a. a. O.; Lett, a. a. O.; Wagner, a. a. O.

8 H. Kentler, Urlaub als Auszug aus dem Alltag, in : H. J. Kagelmann (Hg.), Tourismuswissenschaft, München 1993, S. 26. Vgl. auch Lett, a. a. O., S. 47; Raymond, a. a. O., S. 326.

9 Kentler, a. a. O., S. 25.

10 Vgl. R. Dahrendorf, Homo Sociologicus, Köln/Opladen 1969 (8. Aufl.), S. 35 ff. Edeltraud Hömberg definiert das touristische System wesentlich über den »begrenzten Zeitraum« der Mitgliedschaft, »der durch Eintritts- und Austrittsentscheidungen klar definiert ist« und damit dem »Verhalten in großem Maße Freizügigkeit erlaubt«. Hömberg, Tourismus, S. 100, 108.

11 Knebel, Soziologische Strukturwandlungen, S. 99 ff. Im Anschluß an Knebel auch Savelli, Sociologia del turismo, S. 129 ff.

12 Vgl. Kentler, a. a. O., S. 23.

13 Nettekoven, Massentourismus in Tunesien, S. 292 ff., 317; Kentler/Leithäuser/Lessing, Jugend im Urlaub, S. 34, 88 f.; Laurent, Libérer les vacances?, S. 158 ff., 164 ff.; Lett, a. a. O.; R. Schönhammer, Interrail: Zur Psychologie des Jugendtourismus, in: H. J. Kagelmann (Hg.), a. a. O., S. 138 ff.; Schlechten, Tourisme balnéaire, S. 194, 228; Wagner, a. a. O.

14 Bruckner/Finkielkraut, Abenteuer, S. 42 f.

15 Vgl. z. B. W. Georg, Lebensstile von Campingtouristen – Eine empirische Fallstudie, in: D. Kramer/R. Lutz (Hg.), Tourismus-Kultur, Kultur-Tourismus, Münster 1993, S. 129-141.

16 J. G. Ebel, Anleitung auf die nützlichste und genußvollste Art in der Schweiz zu reisen (1793), zit. nach Wagner, Gletschererleb-nis, S. 249.

17 U. Eco, Im Wald der Fiktionen, München/Wien 1994, S. 99.

18 Fischer, Warum Samoa?, S. 82 ff.

19 Ebd., S. 334.

20 U. Bitterli, Die ›Wilden‹ und die ›Zivilisierten‹, München 1991 (2., erweiterte Aufl.), S. 405. Vgl. auch ebd., S. 392-411.

21 Corbin, Meereslust, S. 72 und S. 234.

22 Mulvey, Anglo-american Landscapes, S. 18.

23 Johann R. Wyß, Reise in das Berner Oberland (1816), zit. nach Wagner, Alpen, S. 69.

24 G. Hard, Zu Begriff und Geschichte der ›Natur‹ in der Geographie des 19. und 20. Jahrhunderts, in: G. Großklaus/E. Olde-meyer (Hg.), Natur als Gegenwelt, Karlsruhe 1983, S. 139-167, vor allem S. 144 ff.

25 Knebel, Soziologische Strukturwandlungen, vor allem S. 16 ff.

Literatur

Zur Änderung der Zeitrhythmen im Urlaub: A. Gottlieb, Urlaub auf Amerikanisch, in: H. J. Kagelmann (Hg.), Tourismuswissenschaft, München 1993, S. 77-96 (amer. 1982); H. Kentler/T. Leithäuser/ H. Lessing, Jugend im Urlaub, Bd. I, Weinheim u. a. 1969, S. 13; A. Laurent, Libérer les vacances?, Paris 1973, S. 144 ff.; R. Miller, Zeiterleben, in: H. Hahn/H. J. Kagelmann (Hg.), Tourismuspsycho-logie und Tourismussoziologie, München 1993, S. 230-236; L. Nette-koven, Massentourismus in Tunesien, Starnberg 1972, S. 225 ff.; U. Wagner, Out of Time and Place, in: Ethnos 42/1977, S. 38-52, vor allem S. 41 f. Zum Problem der Zeitknappheit: G. Paolucci, Il disa-gio del tempo, Rom 1986.

Zur Zweckrationalität der Moderne grundlegend M. Weber, Wirt-schaft und Gesellschaft, Tübingen 1972 (5. Aufl., zuerst 1921), das Zitat ebd., S. 835. Norbert Elias und Eric Dunning (Quest for Exci-tement, Oxford 1986, S. 66 ff.) haben betont, wie sehr auch die Frei-zeit von Zwecken durchzogen wird. Sie unterscheiden *spare time* (die von beruflicher Arbeit freie Zeit) von *leisure* (Zeit zur Verfügung für persönliche Vorhaben). *Spare time* wird zu einem guten Teil von ähn-

lichen Zwängen beherrscht wie das Berufsleben; *leisure* bildet nur einen Teil der gesamten *spare time*. Der Begriff der ›Freizeit‹ ist insofern irreführend; er deckt sehr unterschiedliche Lebensbereiche ab. Zum Zusammenhang von Reisen und Objektivität: G. Simmel, Der Fremde, in: ders., Das individuelle Gesetz, Frankfurt 1987, S. 63-70 (zuerst 1908). Zum Erkenntnisgehalt des flüchtigen Blicks auf die fremde Umgebung auch C. Lévi-Strauss, Traurige Tropen, Frankfurt 1979 (2. Aufl.), S. 55 (frz. 1955). Zum Zusammenhang von Reisen, Erkenntnis und Entwicklung der neuzeitlichen Wissenschaften E. Leed, Die Erfahrung der Ferne, Frankfurt/New York 1993, S. 192 ff. (amer. 1991).
Zur Rolle des Körpers in der Moderne grundlegend N. Elias, Über den Prozeß der Zivilisation, Frankfurt 1978 (5. Aufl, zuerst 1939).
Zum Verhältnis von Reisen und Geld N. H. H. Graburn, Tourism: The Sacred Journey, in: V. L. Smith (Hg.), Hosts and Guests, Philadelphia 1989 (2. Aufl.), S. 21-36, vor allem S. 23 (zuerst 1977); E. G. Schwimmer, Feasting and Tourism, in: Semiotica 27/1979, S. 221-235. Anschauliche Beispiele bei H. Raymond, L'Utopie concrète, in: Revue française de sociologie 1/1960, S. 323-333.
Zum Tourismus als ›Abenteuer‹: P. Bruckner/A. Finkielkraut, Das Abenteuer gleich um die Ecke, München/Wien 1981, S. 37-88 (frz. 1979). Vgl. auch G. Simmel, Das Abenteuer, in: ders., Philosophische Kultur, Berlin 1983, S. 25-38 (zuerst 1911).
Soziale Beziehungen auf Urlaubsreisen: J. Boissevain, Tourism as Anti-Structure, in: C. Giordano u. a. (Hg.), Kultur anthropologisch, Frankfurt 1989, S. 145-159; R. B. Edgerton, Alone Together, Berkeley 1979; P. Gleichmann, Zur Soziologie des Fremdenverkehrs, in: Wissenschaftliche Aspekte des Fremdenverkehrs, Hannover 1969, S. 55-78; H. Kentler/T. Leithäuser/H. Lessing, a. a. O.; A. Laurent, a. a. O.; J. W. Lett, Ludic and Liminoid Aspects of Charter Yacht Tourism in the Caribbean, in: Annals of Tourism Research 10/1983, S. 35-56; L. Nettekoven, a. a. O.; H. Raymond, a. a. O.; H. Spode, ›Reif für die Insel‹, in: C. Cantauw (Hg.), Arbeit, Freizeit, Reisen. Münster/New York 1995, S. 105-123; J.-D. Urbain, Sur la plage, Paris 1994, vor allem S. 232 ff.; U. Wagner, a. a. O.
Zur Pluralisierung der Lebenswelten als Quelle des ›Unbehagens in der Modernität‹: P. L. Berger/B. Berger/H. Kellner, Das Unbehagen in der Modernität, Frankfurt/New York 1987 (amer. 1973).
Zum Claude-Glas: J. Adler, Origins of Sightseeing, in: Annals of Tourism Research 19/1992, S. 7-29, vor allem S. 22; C. Mulvey, Anglo-American Landscapes, Cambridge u. a. 1983, S. 252 f.; I. Ousby, The Englishman's England, Cambridge u. a. 1990, S. 155;

M. Wagner, Ansichten ohne Ende – oder das Ende der Ansicht?, in:
H. Bausinger u. a. (Hg.), Reisekultur, München 1991, S. 325-335;
dies., Das Gletschererlebnis, in: G. Großklaus/E. Oldemeyer (Hg.),
Natur als Gegenwelt, Karlsruhe 1983, S. 235-263.
Zu touristischen ›Inszenierungen‹ vor allem D. MacCannell, Staged
Authenticity: Arrangements of Social Space in Tourist Settings, in:
American Journal of Sociology 79/1973, S. 589-603 und ders., The
Tourist, New York 1976. Als neueren Beitrag zum Thema vgl. F. Ro-
meiß-Stracke, Was haben Sie gegen künstliche Paradiese?, in:
W. Isenberg (Hg.), Kathedralen der Freizeitgesellschaft, Bensberg
1995, S. 175-182. Aufschlußreich zur ›Inszenierung‹ von Landschaf-
ten: W. Kos, Über den Semmering, Wien 1984. Interessante Überle-
gungen zur ›Inszenierung‹ historischer Stadtzentren bringt am Bei-
spiel Luzerns S. von Moos, ›Nicht Disneyland‹. Anmerkungen zu
Tourismus und Baukultur, in: Georges-Bloch-Jahrbuch 1/1994,
S. 211-239. Zahlreiche Beispiele für touristisch induzierten ›Folklo-
rismus‹ (›Inszenierung‹ der Folklore) bei K. Kapeller, Tourismus und
Volkskultur, Graz 1991.
Zum historischen Zusammenhang von touristischer Wahrnehmung
und Kunst: P. P. Bernard, Rush to the Alps, New York 1978, S. 13 ff.;
A. Corbin, Meereslust, Berlin 1990, S. 213-236 (frz. 1982);
C. Mulvey, a. a. O., vor allem S. 18 ff.; I. Ousby, a. a. O.

4. Tourismus und soziale Ungleichheit

Anmerkungen

1 MacCannell, The Tourist, S. 146.
2 Th. Mann, Mario und der Zauberer (1930). Das Zitat hier nach
   Th. Mann, Die Erzählungen, Frankfurt 1966, S. 664.
3 Vgl. dazu Gray, Contributions of Economics; MacCannell,
   a. a. O., S. 155 ff. Vgl. auch S. 160.
4 Zit. nach Buzard, Beaten Track, S. 31, 45.
5 *Westminster Review und New Monthly Magazine* zit. ebd., S. 83;
   vgl. auch W. Georg, Lebensstile von Campingtouristen im Urlaub – Eine empirische Fallstudie, in: D. Kramer/R. Lutz (Hg.),
   Tourismus-Kultur, Kultur-Tourismus, Münster 1993, S. 132.
6 *exakt abgestuften* K. Laermann, Raumerfahrung und Erfahrungsraum, in: H. J. Piechotta (Hg.), Reise und Utopie. Zur Literatur der Spätaufklärung, Frankfurt 1976, S. 57-97, Zitat auf
   S. 88; *konnten als … Verfügung* Großklaus, Der Naturtraum des

Kulturbürgers, in: ders./E. Oldemeyer (Hg.), Natur als Gegenwelt, Karlsruhe 1983, S. 169-196, Zitat auf S. 186; *keine Hierarchie* Laermann, a. a. O., S. 89.

7 Shields, Places on the Margin, S. 73 ff., vor allem S. 86; Bernard,
Rush to the Alps, S. 147.

8 Lozato-Giotart, Géographie du tourisme, S. 2.

9 G. Schulze, Die Erlebnisgesellschaft, Frankfurt/New York 1992,
S. 22, 59.

10 Vgl. ebd., S. 145 sowie Buzard, Beaten Track, S. 177 ff.

Literatur

Der Begriff der ›egalisierenden Tendenz‹ des Fremdenverkehrs findet
sich bei P. Gleichmann, Zur Soziologie des Fremdenverkehrs, in:
Wissenschaftliche Aspekte des Fremdenverkehrs, Hannover 1969,
S. 55-78. Zum Thema Tourismus und Gleichheit vgl. auch H.-J. Kne-
bel, Soziologische Strukturwandlungen im modernen Tourismus,
Stuttgart 1960, vor allem S. 100; J. Leugger, Verkehrs- und Fremden-
verkehrssoziologie, in: P. Atteslander/R. Girod (Hg.), Soziologische
Arbeiten I, Bern/Stuttgart 1966, S. 157-183, hier S. 178; J. W. Lett,
Ludic and Liminoid Aspects of Charter Yacht Tourism in the Carib-
bean, in: Annals of Tourism Research 10/1983, S. 35-56; H. Ray-
mond, L'Utopie concrète, in: Revue française de sociologie 1/1960,
S. 323-333; F. Wagner, Die Urlaubswelt von morgen, Düsseldorf/
Köln 1970, vor allem S. 9; U. Wagner, Out of Time and Place, in: Ethnos 42/1977, S. 38-52. Allgemein zum Zusammenhang von Mobilität
und Gleichheit: E. J. Leed, Die Erfahrung der Ferne, Frankfurt/New
York 1993, S. 264 ff. (amer. 1991).

Versuche der Klassifikation von Tourismus-Typen: E. Cohen, A Phe-
nomenology of Tourist Experiences, in: Sociology 13/1979, S. 179-
201; V. L. Smith, Introduction, in: dies. (Hg.), Hosts and Guests, Philadelphia 1989 (2. Aufl.), S. 1-17, vor allem S. 4 f. (zuerst 1978);
M. A. Littrell/S. Baizerman/R. Kean u. a., Souvenirs and Tourism
Styles, in: Journal of Travel Research 30/1994, S. 3-11. Im letztge-
nannten Aufsatz findet sich der umfassendste Literaturüberblick
zum Thema. J. Adler, Travel as Performed Art, in: American Journal
of Sociology 94/1989, S. 1366-1391 entfaltet den Begriff des ›Reise-
stils‹ im historischen Zusammenhang.

Daten zur Reiseintensität unterschiedlicher sozialer Gruppen u. a.
bei: B.A.T.-Freizeit-Forschungsinstitut, Reiseverhalten 1993, Hamburg 1994; A. J. Burkart/S. Medlik, Tourism, London 1974, S. 80-
103; E. Cohen, The Sociology of Tourism, in: Annual Review of So-

ciology 10/1984, S. 373-392, vor allem S. 376 ff.; J. Dumazedier, Vers une civilisation du loisir?, Paris 1972, S. 130 ff. (zuerst 1962); Fremdenverkehrs-Wirtschaft 4/1994, S. 6 f., 15 ff.; K.-W. Grümer, Gesellschaftliche Rahmenbedingungen für Mobilität/Tourismus/Reisen, in: H. Hahn/H. J. Kagelmann (Hg.), Tourismuspsychologie und Tourismussoziologie, München 1993, S. 17-24; C. Kaspar, Die Fremdenverkehrslehre im Grundriß, Bern/Stuttgart 1975, S. 36 f.; A. Laurent, Libérer les vacances?, Paris 1973, S. 23 ff.; J.-P. Lozato-Giotart, Géographie du tourisme, Paris u. a. 1993 (4. Aufl.), vor allem S. 83; H. W. Opaschowski, Tourismusforschung, Opladen 1989, S. 114 ff.; D. G. Pearce, Demographic variations in international tourism, in: Revue du Tourisme 33/1978, S. 4-9; H.-W. Prahl/A. Steinecke, Der Millionen-Urlaub, Darmstadt/Neuwied 1979, S. 183 f.

Zur sozialen Differenzierung von Reisegebieten: B.A.T-Freizeit-Forschungsinstitut, a. a. O.; C. Ryan, Recreational Tourism, London/New York 1991, S. 188 ff.; J.-D. Urbain, Sur la Plage, Paris 1994, S. 256; J. Urry, The Tourist Gaze, London u. a. 1990, S. 19.

Vom *Lebensstil* ist in der Tourismusforschung, wenn auch eher beiläufig, schon relativ lange die Rede. Vgl. z. B. D. MacCannell, The Tourist, New York 1976, S. 6; R. Lanquar, Sociologie du tourisme et des voyages, Paris 1990 (2. Aufl.), S. 39 ff.; C. Ryan a.a.O., S. 190 ff.; F. Romeiß-Stracke, Zukünftige Bedingungen von Freizeit und Tourismus, in: J. Krippendorf u. a. (Hg.), Für einen anderen Tourismus, Frankfurt 1988, S. 29-37 (zuerst 1985); dies., Zukunftsperspektiven für den Tourismus, in: Statistisches Bundesamt (Hg.), Tourismus in der Gesamtwirtschaft, Stuttgart 1991, S. 26-34; H. W. Opaschowski, Lebensstile, in: H. Hahn/H. J. Kagelmann (Hg.), Tourismuspsychologie und Tourismussoziologie, München 1993, S. 175-179. Der Begriff betont stärker als die traditionellen Klassen- oder Schichteinteilungen die subjektiven Momente der Lebensorganisation. Werteinstellungen und individuelle Erfahrungen treten gegenüber den ›objektiven‹ Merkmalen der gesellschaftlichen Lage – wie Bildungsstand, Beruf, Einkommen – in den Vordergrund. Wesentlich sind die »Persönlichkeit eines Individuums und seine Lebensorientierungen« (P. Gluchowski, Freizeit und Lebensstile, Erkrath 1988, S. 18. Vgl. auch W. Zapf u. a., Individualisierung und Sicherheit, München 1987; H. Lüdtke, Expressive Ungleichheit, Opladen 1989).

Die wachsende Bedeutung der Lebensstile hänge, so heißt es, mit der zunehmend größeren Freiheit von ökonomischen Zwängen und der stärkeren Vielfalt individueller Wahlmöglichkeiten zusammen; dadurch koppelten sich die Formen der Lebensplanung teilweise von der wirtschaftlich-sozialen Lage ab. Wieweit diese Annahmen grundsätzlich zutreffen, kann hier nicht diskutiert werden. Im Freizeitsektor aber sind die individuellen Optionen ohne Zweifel besonders vielfältig; die Zwänge der Sozialstruktur wirken hier schwächer als im Arbeitsbereich. Der individuelle Verhaltensspielraum ist vergleichsweise groß. Die mit dem Begriff des Lebensstils gemeinten subjektiven Momente kommen daher im Freizeitverhalten – und somit auch in den Reisegewohnheiten – besonders ausgeprägt zur Geltung.

5. Alltag, Fest und Ritual

Anmerkungen

1 Enzensberger, Theorie des Tourismus, S. 203.
2 Vgl. J. Heers, Vom Mummenschanz zum Machttheater. Europäische Festkultur im Mittelalter, Frankfurt 1986, S. 27, 207; N. Schindler, Widerspenstige Leute. Studien zur Volkskultur in der frühen Neuzeit, Frankfurt 1992, S. 162 ff.
3 Insel des Irrsinns, Der Spiegel 26/1994, S. 136-140; Zitate auf S. 137.
4 Schindler, a. a. O., S. 166.
5 Th. Mann, Der Zauberberg, Frankfurt 1967, S. 110 f (1. Band, 4. Kap.). Zuerst 1924.
6 E. R. Leach, Two Essays concerning the Symbolic Representation of Time, in: ders., Rethinking Anthropology, London 1961, S. 124-136, Zitat auf S. 135.
7 D. Lodge, Neueste Paradies Nachrichten, Zürich 1992, S. 76 f. (engl. 1991).
8 MacCannell, The Tourist, vor allem S. 2 ff., 13 f., 26, 42 ff.
9 V. Turner, Vom Ritual zum Theater, Frankfurt 1995, S. 40 (amer. 1982).
10 Ebd., S. 39. Vgl. auch ebd., S. 126.
11 V. und E. Turner, Image and Pilgrimage, S. 20.
12 J. W. Goethe, Italienische Reise, Band I, Frankfurt 1976, S. 178 (zuerst 1816).
13 Horne, The Great Museum, S. 10.
14 Ousby, The Englishman's England, S. 22 f.
15 Graburn, Tourism: The Sacred Journey, S. 31.
16 Goethe, a. a. O., S. 283.
17 Zit. nach Bruner, Transformation of Self, S. 239.
18 Culler, Semiotics of Tourism, S. 158.

19 Ich folge hier Caillois' Kategorien *mimicry und ilinx.* Vgl. R. Caillois, Die Spiele und die Menschen, Frankfurt/Berlin/ Wien 1982, S. 28 ff. (frz. 1958).

20 Gottlieb, Urlaub auf Amerikanisch, S. 83 ff.; P. Theroux, Der alte Patagonien-Express, Hamburg 1995 (2. Aufl.), S. 103 (amer. 1979).

21 Caillois, a. a. O., S. 32.

22 J. Huizinga, Homo Ludens. Vom Ursprung der Kultur im Spiel, Hamburg 1956, S. 21 (niederl. 1938).

23 R. Caillois, L'homme et le sacré, Paris 1988, S. 212 ff. (zuerst 1950).

24 Vgl. Huizinga, a. a. O., S. 16 f., 22, 31; Caillois, Die Spiele und die Menschen, a. a. O., S. 16.

25 Vgl. unten S. 167 f.

26 Caillois, L'homme et le sacré, a. a. O., S. 133; Huizinga, a. a. O., S. 21.

27 E. Morin, Der Mensch und das Kino, Stuttgart 1958, S. 63 (frz. 1956).

28 Reisen auf der Landkarte der Imagination. Ein Gespräch mit dem amerikanischen Regisseur Jim Jarmusch über Mythen, Müll und Mut, in: Süddeutsche Zeitung, 13. 12. 1991.

29 S. Sontag, Über Fotografie, München 1989, S. 15 (amer. 1977).

30 Theroux, a. a. O., S. 103.

31 Moore, Rosanzerusu is Los Angeles, S. 639.

32 Zit. nach von Moos, ›Nicht Disneyland‹, S. 217.

33 Zit. nach Morin, a. a. O., S. 179.

34 Ebd., S. 179.

35 E. Morin, Der Geist der Zeit, Köln / Berlin 1965, S. 87 (frz. 1962). Kursivierungen im Original.

Literatur

Zur Flucht-These vgl. Literaturangaben auf S. 186. Eine prägnante Kritik dieses Ansatzes bei H. Spode, ›Reif für die Insel‹. Prolegomena zu einer historischen Anthropologie des Tourismus, in: C. Cantauw (Hg.), Arbeit, Freizeit, Reisen. Münster/New York 1995, S. 105-123. Einen Überblick über das Motiv des Reisens in verschiedenen Kulturen und Geschichtsepochen gibt E. J. Leed, Die Erfahrung der Ferne, Frankfurt/New York 1993 (amer. 1991).

Zur Theorie des Fests R. Caillois, La fête, in: D. Hollier (Hg.), Le Collège de Sociologie 1937-1939, Paris 1995, S. 641-693 (zuerst 1939); Caillois, Le sacré de transgression: Théorie de la fête, in: ders.,

L'homme et le sacré, Paris 1988, S. 128-168 (zuerst 1950). In der Durkheim'schen Tradition der Unterscheidung von ›Heiligem‹ und ›Profanem‹ (E. Durkheim, Die elementaren Formen des religiösen Lebens, Frankfurt 1981, frz. 1912) stehen auch M. Eliade, Das Heilige und das Profane, Hamburg 1957, S. 50 ff und E. R. Leach, Two Essays concerning the Symbolic Representation of Time, in: ders., Rethinking Anthropology, London 1961, S. 124-136. Neuerdings hat sich der französische Anthropologe G. Balandier ausführlich im Rahmen einer Theorie ›sozialer Unordnung‹ mit Festen beschäftigt (Le désordre, Paris 1988, vor allem S. 123 ff.; Le pouvoir sur scènes, Paris 1992, vor allem S. 83 ff.). Ein ausgezeichneter Überblick über Fest-Theorien findet sich bei W. Gebhardt, Fest, Feier und Alltag (Frankfurt u. a. 1987). Gebhardt führt die wichtige Unterscheidung von (transgressivem, die soziale Ordnung vorübergehend sprengendem) *Fest* und (die Ordnung symbolisch ›überhöhender‹) *Feier* ein. Eine ähnliche Differenzierung wird angedeutet auch bei Balandier, Le pouvoir sur scènes, S. 134: »fête des célébrations politiques et réligieuses, fête de transgression et des violences périodiques ou symboliques«.

Zu den mittelalterlichen und frühneuzeitlichen Festen vgl. M. M. Bachtin, Rabelais und seine Welt, Frankfurt 1987 (russ. 1929/1965); P. Burke, Helden, Schurken und Narren, München 1985 (engl. 1978); J. Heers, Vom Mummenschanz zum Machttheater, Frankfurt 1986 (frz. 1983); N. Schindler, Widerspenstige Leute, Frankfurt 1992. Anschauliche Beschreibungen dieser Feste vor allem bei Bachtin, S. 124 f., 131; Burke, S. 192-218; Heers, S. 27, 189 ff., 207 ff., 282; Schindler, S. 139 ff. Zur Anzahl und Dauer der Feste im Jahreslauf Heers, S. 123; J. Bachtin, Literatur und Karneval, Frankfurt 1990, S. 57 (russ. 1929/1965); H. Bastian, Mummenschanz, Frankfurt 1983, S. 8; J. Dumazedier, Leisure, in: D. Shils (Hg.), Encyclopedia of Social Sciences, New York 1968, S. 248-253. Zum Niedergang der Festkultur: Bachtin, Rabelais, S. 48, 58 f.; Burke, S. 221-256; Schindler, S. 139 ff.; R. Chartier, Phantasie und Disziplin, in: R. van Dülmen/N. Schindler (Hg.), Volkskultur, Frankfurt 1984, S. 153-176 (frz. 1980).

Zu Parallelen zwischen Tourismus und Festen: R. Lanquar, Sociologie du tourisme et des voyages, Paris 1990 (2. Aufl.), S. 14 ff, 61 (zuerst 1985); A. Laurent, Libérer les vacances, Paris 1973, S. 38 ff.; E. G. Schwimmer, Feasting and Tourism, in: Semiotica 27/1979, S. 221-235; R. Shields, Places on the Margin, London/New York 1991, S. 73-116.

Zu Ritual-Theorien vgl. den umfassenden Überblick bei C. Bell, Ritual Theory, Ritual Practice, New York/Oxford 1992. Das klassische Werk zu den ›rites de passage‹ ist A. van Gennep, Übergangsriten, Frankfurt/New York 1986 (frz. 1909). Ich folge weitgehend den (an van Genneps Theorie anknüpfenden) Arbeiten Victor Turners: V. Turner, Das Ritual, Frankfurt/New York 1989 (amer. 1969); ders., Vom Ritual zum Theater, Frankfurt 1995 (amer. 1982); ders., Variations on a Theme of Liminality, in: S. F. Moore/B. G. Myerhoff (Hg.), Secular Ritual, Assen/Amsterdam 1977, S. 36-52; V. und E. Turner, Image and Pilgrimage in Christian Culture, Oxford 1978. Sinnvoll scheint mir insbesondere, wie Turner an einem Transzendenz-Bezug des Rituals festzuhalten. Wird der Begriff – wie es heute vor allem umgangssprachlich häufig geschieht – dieses inhaltlichen Bezugs entleert, so verliert er seinen spezifischen Sinn und wird nahezu beliebig für konventionelles, sich wiederholendes Handeln verwendbar. Vgl. Turner, Vom Ritual zum Theater, a. a. O., S. 39, 126.

Zahlenangaben zu Pilgerreisen (und Vergleichszahlen) nach: J.-P. Lozato-Giotart, Géographie du tourisme, Paris u. a. 1993 (4. Aufl.), S. 15; A. Morinis, Introduction, in: ders. (Hg.), Sacred Journeys, Westport/London 1992, S. 1-28; Turisti per fede, cresce il business, in: La Repubblica 18. 9. 1994; K. Stankiewitz, Mehr denn je ist ihnen heilig, in: Süddeutsche Zeitung 8. 11. 94.

Zum europäischen Pilgerwesen im Mittelalter vgl. J. Chélini/H. Branthomme, Les chemins de Dieu, Paris 1982; N. Ohler, Pilgerleben im Mittelalter, Freiburg 1994; J. Sumption, Pilgrimage, London 1975. Kulturanthropologische Analysen von Pilgerreisen: A. Morinis (Hg.), a. a. O.; V. und E. Turner, a. a. O.

Zur Diskussion um Pilgerreisen und Tourismus: E. Cohen, Pilgrimage and Tourism, in: A. Morinis (Hg.), a. a. O., S. 47-61; V. L. Smith (Hg.), Pilgrimage and Tourism, Annals of Tourism Research, Special Issue N. 1, 1992; N. H. H. Graburn, The Anthropology of Tourism, in: Annals of Tourism Research 10/1983; A. Moore, Walt Disney World, in: Anthropological Quarterly 53/1980, S. 207-218.

Zu Parallelen von Pilgerfahrten und Besichtigungstourismus: C. Hennig, Sakrale Reisen, in: H.-P. Burmeister (Hg.), Wohin die Reise geht, Loccum 1994, S. 47-55; D. Horne, The Great Museum, London/Sidney 1984, vor allem S. 9 ff.; I. Ousby, The Englishman's England, Cambridge u. a. 1990, vor allem S. 7 ff. Zu Analogien von Disney World und Pilgerzielen: A. Moore, a. a. O.

Zur Sakralisierung von Kunst und Künstlern in der Neuzeit: E. Kris/O. Kurz, Die Legende vom Künstler, Frankfurt 1995 (zuerst 1934); W. Benjamin, Das Kunstwerk im Zeitalter seiner technischen Reproduzierbarkeit, Frankfurt 1968 (2. Aufl.), vor allem S. 3 (zuerst 1936).

Zum Spiel sind noch immer grundlegend die klassischen Analysen von J. Huizinga, Homo Ludens, Hamburg 1956 (niederl. 1938; zur Begriffsbestimmung vor allem S. 16 ff.) und R. Caillois, Die Spiele und die Menschen, Frankfurt/Berlin/Wien 1982 (frz. 1958; zur Begriffsbestimmung S. 15 ff.). Interessant auch ders., L'homme et le sacré, Paris 1988, S. 204-218 (zuerst 1950).

Zum Wechsel vom Alltäglichen und Nicht-Alltäglichen existiert eine breite soziologische und kulturanthropologische Literatur mit unterschiedlichen theoretischen Ansätzen. Auf die Tourismus-Forschung haben insbesondere Emile Durkheims Unterscheidung von ›heiliger‹ und ›profaner‹ Zeit sowie die von Victor Turner entwickelten Vorstellungen vom rituellen Prozeß Einfluß gewonnen. Zur Durkheim'schen Traditionslinie vgl. Literaturangaben oben zur Theorie des Fests (S. 197); in der Tourismusdebatte knüpfen daran an z. B. N. H. H. Graburn, The Anthropology of Tourism, in: Annals of Tourism Research 10/1983, S. 9-33; ders., Tourism: The Sacred Journey, in: V. L. Smith (Hg.), Hosts and Guests (2. Aufl.), Philadelphia 1989, S. 21-36 (zuerst 1977); D. MacCannell, The Tourist, New York 1976. Victor Turners Vorstellungen von ›Anti-Struktur‹ und ›Liminalität‹ werden formuliert in V. Turner, Das Ritual, Frankfurt/New York 1989 (amer. 1969); ders., Vom Ritual zum Theater, Frankfurt 1995 (amer. 1982); ders., Variations on a Theme of Liminality, in: S. F. Moore/B. Myerhoff (Hg.), Secular Ritual, Assen/Amsterdam 1977, S. 36-52; V. und E. Turner, Image and Pilgrimage in Christian Culture, Oxford 1978. Zu den von Turner beeinflußten tourismuswissenschaftlichen Analysen vgl. Kap. 3, Anm. 1 (S. 189). Zusammenfassend zu Turners Bedeutung für die Tourismusforschung E. Cohen, Traditions in the Qualitative Sociology of Tourism, in: Annals of Tourism Research 15/1988, S. 29-46; M. S. Schudson, Book Review: On Tourism and Modern Culture, in: American Journal of Sociology 84/1979, S. 1249-1258.

Zur anthropologischen Grundlegung des Verhältnisses von sozialer Ordnung und ›Unordnung‹: P. Berger/T. Luckmann, Die gesellschaftliche Konstruktion der Wirklichkeit, Frankfurt 1971 (2. Aufl.), (amer. 1966); A. Gehlen, Urmensch und Spätkultur, Bonn 1956; ders., Anthropologische Forschung, Reinbek 1961; S. Langer, Philosophie auf neuem Wege, Frankfurt 1984 (amer. 1942); H. Plessner, Die Stufen des Organischen und der Mensch, Berlin 1965 (2. Aufl.) (zuerst 1928).

Zu Reisen im antiken Rom: L. Casson, Reisen in der Alten Welt, München 1976 (engl. 1974).

Zum Verschwinden radikaler Formen ›sozialer Unordnung‹ in der europäischen Neuzeit vgl. Literaturhinweise oben zum Niedergang der Festkultur; H. P. Dürr, Traumzeit, Frankfurt 1983; C. Ginzburg, Hexensabbat, Berlin 1990 (ital. 1989).

Zum Verhältnis von ›Anti-Struktur‹ und moderner Freizeit: V. Turner, Variations on a Theme of Liminality, in: S. Moore/B. Myerhoff (Hg.), Secular Ritual, Amsterdam 1977, S. 36-52; zur Rolle der Massenmedien in diesem Zusammenhang: G. Balandier, Le désordre, Paris 1988; E. Morin, Der Geist der Zeit, Köln/Berlin 1965 (frz. 1962). Zu aktuellen Techniken des ›Ausstiegs‹ aus dem Alltag S. Cohen/ L. Taylor, Ausbruchsversuche, Frankfurt 1977 (engl. 1976), vor allem S. 94 ff., S. 136.

Zur imaginären Geographie: Der Begriff erscheint bei R. Shields, Places on the Margin, London/New York 1991 (›imaginary geographies‹) und bei G. Balandier, Le désordre, Paris 1988 (›topologie imaginaire, symbolique, mythique‹). Shields' theoretisch anspruchsvolle Arbeit ist einer der wenigen Texte, die touristische Reiseziele (Brighton, die Niagara-Fälle) systematisch als Orte der kollektiven Imagination analysieren. Als vorzügliche Länderstudie ist daneben vor allem A. Vickers, Bali, Köln 1994 (engl. 1989) zu nennen.

Themen der imaginären Geographie sind bislang vor allem unter volkskundlichen, religions- und literaturwissenschaftlichen Aspekten bearbeitet worden. Vgl. beispielsweise J. Delumeau, Une histoire du paradis. Le jardin des délices, Paris 1992; H. Dontenville, Histoire et géographie mythique de la France, Paris 1973; J. Richer, Géographie sacrée du monde grec, Paris 1967; A. Corbineau-Hoffmann, Paradoxie der Fiktion, Literarische Venedig-Bilder 1797-1984, Berlin 1990; K. Stierle, Der Mythos von Paris, München 1993.

Im weiteren Sinn gehören die Ansätze der ›Psychogeographie‹ in diesen Kontext: vgl. C. Kinzel, Psychogeographie, in: H. Hahn/ H. J. Kagelmann (Hg.), Tourismuspsychologie und Tourismussoziologie, München 1993, S. 190-194.

Grundsätzlich zum Zusammenhang von Imagination, moderner Freizeit und Tourismus: E. Morin, Vivent les vacances, in: ders., Introduction à une politique de l'homme, Paris 1965, S. 220-225 (zuerst 1958); H. Raymond, Hommes et dieux à Palinuro, in: Esprit 6/1959, S. 1030-1040; ders., L'Utopie concrète, in: Revue française de sociologie 1/1960, S. 323-333; J. Dumazedier, Vers une civilisation du loisir?, Paris 1972, S. 33 ff. (zuerst 1962); A. Laurent, Libérer les vacances?, Paris 1973, vor allem S. 185 ff. Grundlegend für diese Arbeiten ist Edgar Morins Begriff des *homme imaginaire*. Morin hat zunächst das Kino, dann allgemeiner die moderne Massenkultur unter dem Aspekt der ›halb-imaginären Wirklichkeit des Menschen‹ analysiert;

in beiden Arbeiten finden sich verstreute Beobachtungen zum Tourismus. Vgl. E. Morin, Der Mensch und das Kino, Stuttgart 1958 (frz. 1956); ders., Der Geist der Zeit, Köln/Berlin 1965 (frz. 1962). Neuerdings hat J.-D. Urbain (Sur la plage, Paris 1994) wiederum die imaginäre Seite des modernen Reisens unterstrichen. In einer psychologischen Untersuchung von Urlaubsmotiven kommt H. W. Opaschowski zu Schlüssen, die ebenfalls in diese Richtung weisen (Mythos Urlaub, Hamburg 1991, vgl. z. B. S. 17).
Zum touristischen Fotografieren: P. C. Albers/W. R. James: Travel Photography. A Methodological Approach, in: Annals of Tourism Research 15/1988, S. 134-158; B. Schneider, Reisefotografie, in: H. Hahn/H. J. Kagelmann (Hg.), Tourismuspsychologie und Tourismussoziologie, München 1993, S. 447-454; S. Sontag, Über Fotografie, München 1989, S. 14-16 (amer. 1977).
In der Darstellung von Strukturen des Films folge ich weitgehend E. Morin, Der Mensch und das Kino, Stuttgart 1958 (frz. 1956). Zum Zusammenhang von Film und Erlebnisparks vgl. S. von Moos, ›Nicht Disneyland‹. Anmerkungen zu Tourismus und Baukultur, in: Georges-Bloch-Jahrbuch 1/1994, S. 217 f.

6. Tourismus und Natur

Anmerkungen

1 Burghoff/Kresta, Schöne Ferien, S. 32.

2 Woźniakowski, Wildnis, S. 206.

3 Zitate nach Ousby, The Englishman's England, S. 155 (Gilpin) und S. 158 (West). Vgl. auch ebd., S. 118 f.

4 Elias/Dunning, Quest for Excitement, S. 64 f.

5 P. Berger/B. Berger/H. Kellner, Das Unbehagen in der Modernität, Frankfurt/New York 1987, S. 157 (amer. 1973).

6 M. Lermontow, Ein Held unserer Zeit, Stuttgart 1981, S. 46 f (russ. 1840).

7 N. Elias, Introduction; in Elias/Dunning, a. a. O., S. 58.

8 Corbin, Meereslust, S. 102, 104, 106.

9 E. Burke, Vom Erhabenen und Schönen, Berlin 1956, S. 86 (engl. 1757); I. Kant, Beobachtungen über das Gefühl des Schönen und Erhabenen, Leipzig 1913, S. 7 (zuerst 1764). Zum Einfluß des frühen Tourismus auf die philosophische Theoriebildung, insbesondere bei Kant: Assunto, Estetica e turismo.

10 Corbin, a. a. O., S. 88.

11 Der Begriff *enthusiastick terrour* bei John Dennis, zit. nach Woźniakowski, a. a. O., S. 226. W. Gilpin zit. nach Ousby, a. a. O., S. 147.

12 Urbain, Idiot, S. 234 ff.

13 H. von Hofmannsthal, Tage und Abende in Florenz, in: A. Beyer (Hg.), Florenz. Lesarten einer Stadt, Frankfurt 1983, S. 279.

14 Grosjean, Ökologische Dimension, S. 50.

15 Vgl. Burghoff/Kresta, a. a. O., S. 19 ff; Fremdenverkehrswirtschaft 4/94, S. 55.

16 Vgl. Bätzing/Perlik, Tourismus und Regionalentwicklung, S. 61 f.

17 Grosjean, a. a. O., S. 52.

18 Ebd., S. 54.

19 Ebd.

20 H. Hoffmann, Freizeit und Tourismus auf dem Weg ins nächste Jahrhundert, in: J. Krippendorf/P. Zimmer/H. Glauber, Für einen anderen Tourismus, Frankfurt 1988, S. 110-112, Zitat auf S. 108 f (zuerst 1985).

21 H. Müller/R. Mezzasalma, Transport-Energiebilanz: Ein erster Schritt zu einer Ökobilanz für Reiseveranstalter, in: C. Kaspar (Hg.), Jahrbuch der Schweizerischen Tourismuswirtschaft 1992/93, St. Gallen 1993, S. 101-113, vor allem S. 109. Vergleichbare Ergebnisse beim Institut für Energie- und Umweltforschung (IFEU), Vergleich der Umweltauswirkungen verschiedener Verkehrsmittel im Urlaubsverkehr, Heidelberg 1990. Vgl. auch Umweltbundesamt (Hg.), Verkehrsleistung und Luftschadstoffemissionen des Personenflugverkehrs in Deutschland von 1980 bis 2010, Berlin 1996.

Literatur

Zur modernen Sicht der Natur: R. und D. Groh, Weltbild und Naturaneignung, Frankfurt 1991; G. Großklaus/E. Oldemeyer (Hg.), Natur als Gegenwelt, Karlsruhe 1983; J. Ritter, Landschaft, in: ders., Subjektivität, Frankfurt 1974, S. 141-163; M. H. Nicolson, Mountain Gloom and Mountain Glory, Ithaca 1959; J. Woźniakowski, Die Wildnis, Frankfurt 1987 (poln. 1974). Zum Auseinandertreten subjektiver und objektiver Momente in der Moderne: A. Gehlen, Die Seele im technischen Zeitalter, Reinbek 1957, S. 57 ff.; G. Simmel, Philosophie des Geldes, Frankfurt 1989, S. 617-654 (zuerst 1900).

Zum Begriff des Pittoresken: J. Buzard, The Beaten Track, Oxford 1993, S. 187 ff.; R. Dubbini, Geografia dello Sguardo, Torino 1994; P. Märker/M. Wagner, Bildungsreise und Reisebild, in: Universität

Tübingen (Hg.), Mit dem Auge des Touristen, Tübingen 1981, S. 7-18; R. Milani, Il Pittoresco, Rom/Bari 1996; C. Mulvey, Anglo-American Landscapes, Cambridge u. a. 1983, S. 251 ff.; I. Ousby, The Englishman's England, Cambridge u. a. 1990.

Zur Entwicklung der Affektkontrolle in der europäischen Neuzeit die grundlegende Arbeit: N. Elias, Über den Prozeß der Zivilisation, Frankfurt 1978 (5. Aufl.), zuerst 1939. Zur Rolle von Tourismus und Freizeit für die temporäre Lockerung der Gefühle: N. Elias/E. Dunning, Quest for Excitement, Oxford 1986; H. Spode, Tourismusanthropologie, in: H. Hahn/H. J. Kagelmann (Hg.), Tourismuspsychologie und Tourismussoziologie, München 1993, S. 30-35; ders., ›Reif für die Insel‹, in: C. Cantauw (Hg.), Arbeit, Freizeit, Reisen; Münster/New York 1995, S. 105-123.

Zur Natur als Raum der Gefühle: P. Bernard, Rush to the Alps, New York 1978, vor allem S. 28 ff.; A. Corbin, Meereslust, Berlin 1990 (frz. 1988); R. und D. Groh, a. a. O.; M. H. Nicolson, a. a. O.

Zu Schiffbrüchen: Corbin, a. a. O., S. 297 ff. Zu Bergunfällen: Bernard, a. a. O., S. 28 ff. Zu Paßstraßen, Gletschern und Wasserfällen: R. Shields, Places on the Margin, London/New York 1991, S. 117-161; M. Wagner, Die Alpen, in: Universität Tübingen (Hg.), Mit dem Auge des Touristen, Tübingen 1981, S. 67-86; dies., Das Gletschererlebnis, in: G. Großklaus/E. Oldemeyer (Hg.), a. a. O., S. 235-263.

Zum Begriff des Erhabenen: R. und D. Groh, a. a. O.; M. H. Nicolson, a. a. O.; I. Ousby, a. a. O., S. 141 ff.; A. Schmidt, Die Alpen, Zürich 1990, S. 119 ff.; J. Woźniakowski, a. a. O., vor allem S. 51 ff. Zum Einfluß der frühen touristischen Reisen auf die philosophische Theoriebildung: R. Assunto, Estetica e turismo, in: La Cultura 5/1967, S. 205-238.

Allgemein zu Umweltfolgen des Tourismus: H. Briassoulis/J. van der Straaten, Tourism and the Environment, Dordrecht 1992; E. Cohen, The Impact of Tourism on the Physical Environment, in: Annals of Tourism Research 5/1978, S. 215-237; J. M. und M. A. Edington, Ecology, Recreation and Tourism, Cambridge/New York 1986; B. H. Farrell/R. W. McLellan, Tourism and Physical Environment Research, in: Annals of Tourism Research 14/1987, Special Issue Tourism and Physical Environment, S. 1-16; B. H. Farrell/D. Runyan, Ecology and Tourism, in: Annals of Tourism Research 18/1991, S. 26-40; J. Krippendorf, Die Landschaftsfresser, Bern/Stuttgart 1975; A. Mathieson/G. Wall: Tourism: economic, physical and social impacts, London/New York 1982, S. 93-132; H. W. Opaschowski, Ökologie von Freizeit und Tourismus, Opladen 1991; P. P. Wong (Hg.), Tourism vs Environment, Dordrecht u. a. 1993.

Zur Umweltverschmutzung durch Tourismus: U. Ammer, Umwelt-
probleme durch Tourismus – warum?, in: H. J. Haury u. a.(Hg.),
Tourismus und Umwelt, Neuherberg 1992, S. 21-39, vor allem S. 22;
C. R. Goldman, Lake Tahoe – Preserving a Fragile Ecosystem, in: En-
vironment 31/1989, S. 6-30; U. Mäder, Ferntourismus und Umwelt-
Kolonialismus, in: H. J. Haury u. a. (Hg.), a. a. O., S. 79-88, vor allem S. 81 f.; J. Maier / G. Tröger-Weiß, Tourismus und Umwelt, in:
Statisches Bundesamt (Hg.), Tourismus in der Gesamtwirtschaft,
Stuttgart 1991, S. 97-104; H. Müller, Erkenntnisse über den Tourismus in den Alpen, in: J. Krippendorf u. a. (Hg.), Für einen anderen
Tourismus, Frankfurt 1988, S. 146-157, vor allem S. 149 (zuerst
1985); H. W. Opaschowski, a. a. O., S. 54 ff., 63; ders., Tourismusforschung, Opladen 1989, S. 111 ff. Zur Belastung durch den Flugverkehr: H. Müller / R. Mezzasalma, Transport-Energiebilanz, in:
C. Kasper (Hg.), Jahrbuch der Schweizerischen Tourismuswirtschaft
1992/93, St. Gallen 1993, S. 101-113; Institut für Energie- und Umweltforschung (IFEU), Vergleich der Umweltauswirkungen verschiedener Verkehrsmittel im Urlaubsverkehr, Heidelberg 1990; Umweltbundesamt (Hg.), Verkehrsleistung und Luftschadstoffemissionen
des Personenflugverkehrs in Deutschland von 1980 bis 2010, Berlin
1996.
Zum Ressourcenverbrauch: F. J. Arrones, España en Venta, Madrid
1988; T. Breuer, Mallorca – Eine Bestandsaufnahme aus geographischer Sicht, in: W. Isenberg (Hg.), Tourismus auf Mallorca, Bergisch-
Gladbach 1992, S. 9-32; R. Garrone, Turismo responsabile, Recco
1993, vor allem S. 113 f. und 131; U. Mäder, a. a. O., vor allem S. 82;
R. A. Poirier, Tourism and Development in Tunisia, in: Annals of
Tourism Research 22/1995, S. 157-171; W. K. Ruf, Tourismus und
Unterentwicklung, in: Zeitschrift für Kulturaustausch 28/1978,
S. 108-114; M. Schlechten, Tourisme balnéaire ou tourisme rural in-
tegré?, Fribourg 1988, S. 139.
Zur Zerstörung von Naturräumen: U. Ammer, a. a. O.; R. Garrone,
a. a. O., S. 113 ff., 174; G. Grosjean, Die ökologische Dimension, in:
H. Ringeling / M. Svilar (Hg.), Tourismus – Das Phänomen des Rei-
sens, Bern 1982, S. 43-59, vor allem S. 51; U. Mäder, a. a. O.; J. Maier /
G. Tröger-Weiß, a. a. O., S. 99 f; H. Müller, a. a. O.; H. W. Opaschow-
ski, Ökologie, a. a. O., S. 66, 69 f.; C. Ryan, Recreational Tourism,
London / New York 1991, S. 95 ff.; M. Spöttl, Die Blumen des Bösen:
Tatort Alpen, in: C. Euler (Hg.), »Eingeborene« – ausgebucht, Gießen 1989, S. 71-80; D. Wilson, Unique by a Thousand Miles – Sey-
chelles Tourism Revisited, in: Annals of Tourism Research 21/1994,
S. 20-45.

Zu ästhetischen Wirkungen: T. Breuer, a. a. O.; G. Grosjean, a. a. O., vor allem S. 56 f.; J. Krippendorf, a. a. O.; H. W. Opaschowski, Ökologie, a. a. O., S. 71.

Beispiele für Naturschutz durch Tourismus: P. R. Bacon, Use of Wetlands for Tourism in the Insular Caribbean, in: Annals of Tourism Research 14/1987, S. 104-117; B. H. Farrell/D. Runyan, a. a. O., S. 34; R. Garrone, a. a. O., S. 133 ff.; D. J. Greenwood, Tourism as an Agent of Change, in: Ethnology 11/1972, S. 80-91, vor allem S. 85; R. K. Hitchcock/R. L. Brandenburgh, Tourism, Conservation and Culture in the Kalahari Desert, Botswana, in: Cultural Survival Quarterly 14/1990, S. 20-24; J.-P. Lozato-Giotart, Géographie du tourisme, Paris u. a. 1993 (4. Aufl.), S. 215 ff. (zuerst 1985); N. Myers, The Tourist as an Agent for Development and Wildlife Conservation, in: International Journal of Social Economics 2/1974, S. 26-42; C. Ryan, a. a. O., S. 101 ff.

Zu Wirkungen des Tourismus im Alpenraum: H. Apel, Entwicklungsbilder einer Bergregion, in: J. Krippendorf u. a. (Hg.), Für einen anderen Tourismus, Frankfurt 1988, S. 158-164 (zuerst 1985); W. Bätzing/M. Perlik, Tourismus und Regionalentwicklung, in: K. Luger/K. Inmann (Hg.), Verreiste Berge, Innsbruck 1995, S. 43-79; G. Grosjean, a. a. O.; W. Isenberg (Hg.), Tourismusentwicklung in den Alpen – Bilanz, Gefahren, Perspektiven, Bensberg 1996; C. Kaspar, Tourismus und alpine Landwirtschaft, in: Zeitschrift für Kulturaustausch 28/1978, S. 77-79; H. Leibundgut, Erwachende Opposition und Suche nach Alternativen zum heutigen Tourismus in der Schweiz, in: H. Ringeling/M. Svilar (Hg.), Tourismus – das Phänomen des Reisens, Bern 1982, S. 91-105; H. Müller, a. a. O.; A. Schmidt, a. a. O.; M. Spöttl, a. a. O.

Zu den Bestimmungsfaktoren der ökologischen Wirkung des Tourismus interessant vor allem der systematische Ansatz von E. Cohen, The Impact of Tourism on the Physical Environment, in: Annals of Tourism Research 5/1978, S. 215-237. Zur Nutzungsintensität: E. Cohen, ebd., S. 220 f.; B. H. Farrell/D. Runyan, a. a. O., S. 31 f.; D. Getz, Capacity to Absorb Tourism, in: Annals of Tourism Research 10/1983, S. 239-263; A. Mathieson/G. Wall, a. a. O., S. 21 f; A. M. O'Reilly, Tourism Carrying Capacity, in: Tourism Management 7/1986, S. 254-258. Zum Tourismus in städtischen Räumen (am Beispiel Venedigs): J. van der Borg, Tourism and Urban Development, Amsterdam 1991.

7. Kulturkontakt: Besucher und Besuchte

Anmerkungen

1 Graf Stolberg (1775), zit. nach Woźniakowski, Wildnis, S. 254; John Murray, Handbook for Travellers (1850), zit. nach M. Gröner, Salzburger Land: Garten Gottes, in: Universität Tübingen (Hg.), Mit dem Auge des Touristen, Tübingen 1981, S. 87-94, Zitat auf S. 91; Tourist auf Samoa, zit. nach Fischer, Warum Samoa?, S. 84.

2 Zitate in diesem Absatz: *Nun mahlte mir* Anonym (= Christoph Heinrich Pfaff), Phantasien und Bemerkungen auf einer Fußreise durch einen Theil der Schwäbischen Alpe, im April 1794, Oeringen 1798, S. 139; hier zit. nach F. Schmoll, Der weite Blick macht schwindlig, in: *Frankfurter Allgemeine Zeitung*, 2. 3. 1995; *unverdorbenes* Heinrich Hirzel (1868), zit. nach Kapeller, Tourismus und Volkskultur, S. 94; *Ein Volk* August von Platen, Flucht nach Toskana, hier zit. nach G. Grimm (Hg.), Italien-Dichtung, Band 2, Stuttgart 1988, S. 129.

3 Fischer, a. a. O., S. 87. Ebd. auch zum Folgenden.

4 Ebd., S. 336 f.

5 Ein von H. Fischer befragter Tourist; ebd., S. 83.

6 J. Boissevain/P. Serracino Inglott, Tourism in Malta, in: E. de Kadt (Hg.), Tourism – Passport to Development? New York/Oxford u. a. 1979, S. 265-284, Zitat auf S. 283 f.

7 G. Wall, Perspectives on Tourism in Selected Balinese Villages, in: Annals of Tourism Research 23/1996, S. 123-137; F. J. Belisle/D. R. Hoy, The Perceived Impact of Tourism by Residents: A Case Study in Santa Maria, Colombia, in: Annals of Tourism Research 7/1980, S. 83-101; J. A. Pearce, Host Community Acceptance of Foreign Tourists, in: Annals of Tourism Research 7/1980, S. 224-233.

8 J. Boissevain, The Impact of Tourism on a Dependent Island, in: Annals of Tourism Research 6/1979, S. 76-94.

9 D. Wilson, Unique by a Thousand Miles: Seychelles Tourism Revisited, in: Annals of Tourism Research 21/1994, S. 20-45; M. A. Stott, Tourism in Mykonos: Some Cultural and Social Responses, in: Mediterranean Studies 1/1978, S. 72-90.

10 Urry, Tourist Gaze, S. 57 ff.

11 J. D. Sweet, Burlesquing ›the Other‹ in Pueblo Performance, in: Annals of Tourism Research 16/1989, S. 62-75, Zitat auf S. 71.

12 Urry, a. a. O., S. 68.

13 Boissevain, a. a. O., S. 85 f.
14 Vgl. z. B. P. Anastasopoulos, Tourism and Attitude Change: Greek Tourists Visiting Turkey, in: Annals of Tourism Research 19/1994, S. 629-642; Schlechten, Tourisme balnéaire, S. 377; Fischer, a. a. O., S. 136 ff.
15 Tsartas, Socioeconomic Impacts, S. 526.
16 Adams, Tourism and Sherpas, S. 542.
17 Ebd., S. 549.
18 Zit. nach Vickers, Bali, S. 317 f.
19 Zit. ebd., S. 195 f.
20 Ebd., S. 289 ff., 306 ff., 323 ff.; McKean, Theoretical Analysis.
21 R. Noronha, Paradise Reviewed: Tourism in Bali, in: E. de Kadt (Hg.), a. a. O., S. 201.
22 McKean, Tourism, Culture Change, and Culture Conservation in Bali, in: D. J. Banks (Hg.), Changing Identities in Modern Southeast Asia, The Hague 1976, S. 237-248, Zitat auf S. 244.
23 McKean, Theoretical Analysis, S. 125.
24 V. L. Smith, Introduction, in: dies. (Hg.), Hosts and Guests, Philadelphia 1989 (2. Aufl.), S. 9.
25 V. L. Smith, Eskimo Tourism, S. 72.
26 Vgl. Doğan, Forms of Adjustment, S. 220; Smith, a. a. O., S. 75.
27 Schuster, Ethnologische Dimension, S. 69 f.
28 Boissevain/Inglott, a. a. O., S. 283; Moon, Paddy Field.
29 Boissevain, Tourism as Anti-Structure, S. 156; M. B. Swain, Gender Roles in Indigenous Tourism, in: V. L. Smith (Hg.), a. a. O., S. 83-104, Zitat auf S. 104; E. Crystal, Tourism in Toraja, in: V. L. Smith (Hg.), a. a. O., S. 139-168, Zitat auf S. 166.
30 M. B. Swain, Cuna Women and Ethnic Tourism, in: V. L. Smith (Hg.), Hosts and Guests, Oxford 1978, S. 71-81, Zitat auf S. 76.

Literatur

Zum Edlen Wilden vgl. vor allem U. Bitterli, Die ›Wilden‹ und die ›Zivilisierten‹, München 1991 (2. Aufl.), S. 367 ff. (zuerst 1976); H. N. Fairchild, The Noble Savage, New York 1928; R.-R. Wuthenow, Die erfahrene Welt, Frankfurt 1980, S. 207 ff.

Zum Bild der Alpenbewohner im 18. und 19. Jahrhundert: P. Bernard, Rush to the Alps, New York 1978, S. 13 ff.; M. Gröner, Salzburger Land: Garten Gottes, in: Universität Tübingen (Hg.), Mit den Augen des Touristen, Tübingen 1981, S. 87-94; A. Schmidt, Die Alpen, Zürich 1990, S. 65; M. Wagner, Die Alpen, in: Universität Tübingen (Hg.), a. a. O., S. 67-86; dies., Das Gletschererlebnis, in:

G. Großklaus/E. Oldemeyer (Hg.), Natur als Gegenwelt, Karlsruhe 1983, S. 235-263, hier S. 240 ff.; J. Woźniakowski, Die Wildnis, Frankfurt 1987, S. 238 ff. (poln. 1974). Zum Bild der Italiener auch K. Hoffmann-Curtius, ›Alle Wege führen nach Rom‹, in: Universität Tübingen (Hg.), a. a. O., S. 19-38 und W. Waetzold, Das klassische Land, Leipzig 1927. Über die Küstenbewohner vgl. A. Corbin, Meereslust, Berlin 1990, S. 263 (frz. 1988); zu Arabern und Indianern E. Leed, Die Erfahrung der Ferne, Frankfurt/New York 1993, S. 57 (amer. 1991). Zu England I. Ousby, The Englishman's England, Cambridge u. a. 1990, S. 167 f., 172.

Zur Ambivalenz von Idealisierung und Verachtung des Fremden: U. Bitterli, a. a. O., S. 367 ff.; A. Corbin, a. a. O., S. 284-290; A. Schmidt, a. a. O., S. 70.

Tourismuswissenschaftliche Analysen zum Bild der Fremden: P. C. Albers/W. R. James, Tourism and the Changing Photographic Images of the Great Lakes Indians, in: Annals of Tourism Research 10/1983, S. 123-148; dies., Travel Photography, in: Annals of Tourism Research 15/1988, S. 134-158; E. M. Bruner, Transformation of Self in Tourism, in: Annals of Tourism Research 18/1991, S. 238-250; E. Cohen, The study of touristic images of native people, in: D. G. Pearce/R. Butler(Hg.), Tourism research, London/New York 1993, S. 36-69; F. Errington/D. Gewertz, Tourism and Anthropology in a Post-Modern World, in: Oceania 60/1989, S. 37-54; E. Fendl/K. Löffler, Utopiazza, in: Zeitschrift für Volkskunde 88/1992, S. 30-48; H. Fischer, Warum Samoa?, Berlin 1984; R. Garrone, Turismo responsabile, Recco 1993, S. 95 f.; A. Vickers, Bali, Köln 1994, S. 14, 155 f, 168 (engl. 1989).

Versuche der systematischen Erfassung des Verhältnisses von Einheimischen und Touristen: P. L. Pearce, The Ulysses Factor, New York u. a. 1988, S. 2 ff.; V. L. Smith, Introduction, in: dies. (Hg.), Hosts and Guests, Philadelphia 1989 (2. Aufl.), S. 1-17; J. Urry, The Tourist Gaze, London u. a. 1990, S. 57 ff.; G. Wall, Perspectives on Tourism in Selected Balinese Villages, in: Annals of Tourism Research 23/1996, S. 123-137.

Im Text angeführte Untersuchungen zum Verhältnis von Einheimischen und Reisenden: zur Costa Brava O. Pi-Sunyer, Through Native Eyes, in: V. L. Smith (Hg.), a. a. O., S. 187-202; zu Malta J. Boissevain/P. Serracino Inglott: Tourism in Malta, in: E. de Kadt (Hg.), Tourism – Passport to Development?, New York u. a. 1979, S. 265-284; zu Ios und Serifos P. Tsartas, Socioeconomic Impacts of Tourism on Two Greek Islands, in: Annals of Tourism Research 19/1992, S. 516-532; zu Mexiko J. D. Brewer, Tourismus, Geschäftspraktiken und ethnische Kategorien in einer mexikanischen Stadt, in: H. J. Kagelmann (Hg.), Tourismuswissenschaft, München 1993, S. 27-40 (amer. 1978); zur Problematik unterschiedlicher Moralvorstellungen J. Boissevain, Tourism as Anti-Structure, in: C. Giordano u. a. (Hg.), Kultur anthropologisch, Frankfurt 1989, S. 145-159 (Malta); B. King/A. Pizam/A. Milman: Social Impacts of Tourism, in: Annals of Tourism Research 20/1993, S. 650-665, hier S. 663 (Fiji-Inseln); J. Lett, Ludic and Liminoid Aspects of Charter Yacht Tourism in the Caribbean, in: Annals of Tourism Research 10/1983, S. 35-56; R. Poirier, Tourism and Development in Tunisia, in: Annals of Tourism Research 22/1995, S. 157-171; P. Tsartas, a. a. O. (Griechenland); U. Wagner, Out of Time and Place, in: Ethnos 42/1977, S. 38-52 (Gambia); zu positiven Einstellungen P. L. Pearce, a. a. O., S. 8 f. (London); R. A. Rothman, Residents and Transients, in: Journal of Travel Research 16/1978, S. 8-13 (amerikanische Atlantikküste); A. Milman/A. Pizam, Social Impacts of Tourism on Central Florida, in: Annals of Tourism Research 15/1988, S. 191-204, vor allem S. 195, 197; B. King/A. Pizam/A. Milman, a. a. O. (Fiji-Inseln); D. Wilson, Unique by a Thousand Miles: Seychelles Tourism Revisited, in: Annals of Tourism Research 21/1994, S. 20-45; G. Wall, a. a. O. (Bali); J. Boissevain, a. a. O. (Malta); P. Tsartas, a. a. O. (Griechenland).

Zu den Wirkungen des Tourismus auf den griechischen Inseln: M. Kousis, Tourism and the Family in a Rural Cretan Community, in: Annals of Tourism Research 16/1989, S. 318-332; P. J. Loukissas, Tourism's Regional Development Impacts, in: Annals of Tourism Research 9/1982, S. 523-541; M. A. Stott, Economic Transition and the Family in Mykonos, in: Greek Review of Social Research 17/1973, S. 122-133; dies., Tourism in Mykonos: Some Cultural and Social Responses, in: Mediterranean Studies 1/1978, S. 72-90; P. Tsartas, a. a. O.

Zu den Sherpas: vor allem V. Adams, Tourism and Sherpas, Nepal, in: Annals of Tourism Research 19/1992, S. 534-553; daneben R. Coppock, The Influence of Himalaya Tourism on Sherpa Culture and Habitat, in: Zeitschrift für Kulturaustausch 28/1978, S. 61-68; J. Fisher, Tourists and Sherpas, in: Contributions to Nepalese Studies 14/1986, S. 37-61; I. G. Pawson/D. Stanford/V. Adams/M. Norbu, Growth of Tourism in Nepal's Everest Region, in: Mountains Research and Development 4/1984, S. 237-246.

Zu Bali: P. F. McKean, Tourism, Culture Change, and Culture Conservation in Bali, in: D. J. Banks (Hg.), Changing Identities in Modern Southeast Asia, The Hague 1976, S. 236-248; ders., Towards a Theoretical Analysis of Tourism, in: V. L. Smith, Host and Guests,

Philadelphia 1989 (2. Aufl.), S. 119-138; R. Noronha, Paradise Reviewed: Tourism in Bali, in: E. de Kadt (Hg.), a. a. O., S. 177-204; M. Picard, Bali: Tourisme Culturel et Culture Touristique, Paris 1992; A. Vickers, a. a. O.
Zur Veränderung von Berufs- und Sozialstrukturen durch Tourismus: E. Cohen, The Sociology of Tourism, in: Annual Review of Sociology 10/1984, S. 373-392; H. Z. Doğan, Forms of Adjustment, in: Annals of Tourism Research 16/1989, S. 216-236, A. Mathieson/ G. Wall, Tourism: economic, physical and social impacts, London/New York 1982, S. 133-176. Regionale Studien zu diesem Thema: Für Südfrankreich H.-G. Bohle, Kulturlandschaftswandel und gesellschaftlicher Umbruch in der südfranzösischen Peripherie, in: Erdkunde 42/1983, S. 188-202; F. Brun, La ›campagne provençale‹ annexe ludique de la ville proche et lointaine, in: Hommage au Professeur Frans Dussart, Numéro hors série du Bulletin de la Société géographique de Liège, Liège 1979, S. 767-778; für Spanien T. Breuer, Mallorca – Eine Bestandsaufnahme aus geographischer Sicht, in: W. Isenberg (Hg.), Tourismus auf Mallorca, Bergisch-Gladbach 1992, S. 9-32; M. Gaviria, España à go-go, Madrid 1974; D. J. Greenwood, Tourism as an Agent of Change, in: Ethnology 11/1972, S. 80-91; U. Zahn, Der Einfluß des Fremdenverkehrs auf das Leben der südeuropäischen Agrargesellschaft, in: Zeitschrift für Kulturaustausch 28/1978, S. 69-77; für die Alpen M. Anft, Die Studie ›Alpendorf‹, in: H. Hahn/H. J. Kagelmann (Hg.), Tourismuspsychologie und Tourismussoziologie, München 1993, S. 577-582; G. Guntern, Social change, stress and mental health in the Pearl of the Alps, Berlin 1979; für die griechischen Inseln und Nepal s. Literaturangaben oben.
Zum Einfluß des Fremdenverkehrs auf die Arbeitsteilung und das Verhältnis der Generationen und Geschlechter: E. Cohen, a. a. O., S. 386; R. Coppock, a. a. O.; H. Z. Doğan, a. a. O.; G. Guntern, a. a. O.; M. Kousis, a. a. O.; A. Lever, Spanish tourist migrants, in: Annals of Tourism Research 14/1987, S. 449-470; A. Mathieson/ G. Wall, a. a. O.; O. Moon, From Paddy Field to Ski Slope, Manchester 1989; P. Tsartas, a. a. O.
Zu Individualisierungstendenzen: A. Andronicou, Tourism in Cyprus, in: E. de Kadt, a. a. O., S. 237-264; J. Boissevain, a. a. O.; D. J. Greenwood, a. a. O., S. 86, 89; M. A. Stott, Tourism in Mykonos, a. a. O., S. 81; P. Tsartas, a. a. O.
Zur Diskussion um die Kommerzialisierung im Tourismus vor allem D. J. Boorstin, Vom Reisenden zum Touristen, in: ders., Das Image, Reinbek 1987, S. 117-166 (amer. 1961); E. M. Bruner, a. a. O.; E. Co-

hen, Authenticity and Commoditization in Tourism, in: Annals of Tourism Research 15/1988, S. 371-386; ders., The Sociology of Tourism, a. a. O., vor allem S. 387 f.; H. Z. Doğan, a. a. O., S. 218; J. Forster, The Sociological Consequences of Tourism, in: International Journal of Comparative Sociology 5/1964, S. 217-227; D. J. Greenwood, Culture by the Pound, in: V. L. Smith (Hg.), Hosts and Guests, Philadelphia 1989 (2. Aufl.), S. 171-185.

Zu psychischen Problemen bei Einheimischen aufgrund des Tourismus: M. Anft, a. a. O.; G. Guntern, a. a. O. Zu psychischen Problemen bei Reisenden: G. Magherini, La sindrome di Stendhal, Milano 1992 (zuerst 1989).

Zum Wandel der Wertvorstellungen: A. Andronicou, a. a. O.; J. Boissevain, a. a. O.; F. Brun, a. a. O., S. 776 f.; R. Coppock, a. a. O.; P. Tsartas, a. a. O., vor allem S. 527.

Zu Migrationsentwicklungen: W. Bätzing/M. Perlik, Tourismus und Regionalentwicklung, in: K. Luger/K. Inmann, Verreiste Berge, Innsbruck 1995, S. 43-79; T. Breuer, a. a. O.; P. Tsartas, a. a. O.; E. Cohen, The Sociology of Tourism, a. a. O., S. 385 f.; T. Hagen, Brückenbauen zur Dritten Welt, in: K. Luger/K. Inmann, a. a. O., S. 271-285, hier S. 275.

Zur Neubelebung von Handwerkstechniken, Festen und Ritualen: A. Andronicou, a. a. O.; J. Boissevain/P. Serracino Inglott, Tourism in Malta, a. a. O.; E. Cohen, The Sociology of Tourism, a. a. O., S. 387 f.; E. Crystal, Tourism in Toraja, in: V. L. Smith (Hg.), Hosts and Guests, a. a. O., S. 139-168; L. I. Deitch, The Impact of Tourism upon the Arts and Crafts of the Indians of the Southwestern United States, in: V. L. Smith (Hg.), a. a. O., S. 223-235; N. H. H. Graburn (Hg.), Ethnic and Tourist Arts, Berkeley 1976; P. F. McKean, Towards a Theoretical Analysis of Tourism, a. a. O.; R. Noronha, a. a. O.; M. Schuster, Die ethnologische Dimension, in: H. Ringeling/M. Svilar (Hg.), Tourismus – das Phänomen des Reisens, Bern 1982, S. 61-74; V. L. Smith, Eskimo Tourism, in: dies. (Hg.), Hosts and Guests, a. a. O., S. 55-82; M. B. Swain, Gender Roles in Indigenous Tourism, in: V. L. Smith (Hg.), a. a. O., S. 83-104; U. Zahn, a. a. O.

Zur Verschränkung von Traditionen und Fremdeinflüssen beispielhaft A. Vickers, a. a. O.; für den Alpenraum auch K. Kapeller, Tourismus und Volkskultur, Graz 1991; W. Lipp, Alpenregion und Fremdenverkehr, in: Zeitschrift für Volkskunde 89/1993, S. 49-62.

8. Die Boom-Branche: Ökonomie des Tourismus

Anmerkungen

1 Loukissas, Tourism's Regional Development Impacts.
2 Lozato-Giotart, Géographie du tourisme, S. 201.
3 Mathieson/Wall, Tourism, S. 59 ff.; Eisenstein, Wirtschaftliche Effekte, S. 22 ff.
4 Zit. nach C. Scherrer, Tourismus und selbstbestimmte Entwicklung – ein Widerspruch, Berlin 1988, S. 92.
5 Vgl. Smith, Introduction, in: dies.(Hg.), Hosts and Guests, S. 6 f.
6 Bätzing/Perlik, Tourismus und Regionalentwicklung, S. 73.
7 von Böventer, Ökonomische Theorie, S. 216 f.
8 Ryan, Recreational Tourism, S. 34.
9 Streiflicht, in: Süddeutsche Zeitung 11. 12. 1995.
10 Bull, Economics, S. 4.
11 Vgl. Bull, a. a. O., S. 3 f., 26 ff.; Freyer, Tourismus, S. 119 f.; Tietz, Handbuch der Tourismuswirtschaft, S. 10; von Böventer, a. a. O., S. 20; C. Kaspar/R. Kunz, Unternehmensführung im Fremdenverkehr, Bern / Stuttgart 1982, S. 34; Lanquar, Économie du tourisme, S. 12.
12 Die Unterscheidung Attraktion/zusätzliche Leistungen ist vor allem von H. P. Gray – mit den Begriffen *asset/support services* – in einer *asset theory of tourism* als grundlegend für die Tourismusökonomie herausgearbeitet worden (Contributions of Economics, S. 108 ff.). C. Kaspar/R. Kunz (a. a. O., S. 35) sprechen im gleichen Zusammenhang von ›ursprünglichem‹ und ›abgeleitetem‹ Angebot. Ähnlich, wenn auch nicht im Kontext systematischen ökonomischen Denkens, argumentiert D. MacCannell, The Tourist, S. 155 ff. J. Echeverria (Telepolis, Rom/Bari 1995, span. 1994) vertritt die interessante These, der Tourismus sei im Verhältnis zu seinen Kosten (beispielsweise Erhaltung und Restaurierung von Kunstdenkmälern) zu preiswert, weil die Attraktionen außerhalb der Marktgesetze stünden. Die Attraktionen würden im privatwirtschaftlichen Interesse aus dem Spiel von Angebot und Nachfrage herausgehalten, um den Verkauf der zusätzlichen Waren und Leistungen zu steigern.
13 Lanquar, a. a. O., S. 64. Vgl. auch Bull, a. a. O., S. 26 ff.
14 Ryan, a. a. O., S. 6.
15 MacCannell, a. a. O., S. 157; World Tourism Organization, Business and Marketing Plans of National Tourism Administrations, London/New York 1994. Zu den Besonderheiten der Tourismuswerbung vgl. Hömberg, Tourismus, S. 163 ff.

16 Urry, Tourist Gaze, S. 66 ff. (Zitate auf S. 68).
17 Eadington/Redman, Economics and Tourism, S. 46.
18 Z. B. Gray, a. a. O., S. 106; von Böventer, a. a. O., S. 15 f.; Ryan, a. a. O., S. 14.

Literatur

Die statistischen Erhebungen trennen im allgemeinen nicht zwischen verschiedenen Formen des Fremdenverkehrs wie Urlaubs-, Geschäfts-, Gesundheitstourismus usw. Die in diesem Kapitel angegebenen Daten beziehen sich daher notgedrungen auf das *gesamte Reiseaufkommen*, abweichend von der in der Einleitung (S. 12) vorgenommenen Beschränkung auf ›zweckfreie‹ Fahrten. Der Anteil von Ferien- und Geschäftsreisenden am gesamten Fremdenverkehr ist nach den vorliegenden Schätzungen etwa gleich hoch (vgl. Bull, Economics, S. 18).

Daten zur globalen wirtschaftlichen Bedeutung des Tourismus (1. Absatz): C. Burghoff/E. Kresta, Schöne Ferien, München 1995, S. 42; G. Cazès, Le tourisme international, Paris 1989; C. Kaspar, Die Entwicklung des modernen Tourismus, in: Statistisches Bundesamt (Hg.), Tourismus in der Gesamtwirtschaft, Stuttgart 1991, S. 17-25, hier S. 19; T. Kirstges, Sanfter Tourismus, München/Wien 1992, S. 4 ff.; R. Lanquar, L'économie du tourisme, Paris 1992 (3. Aufl.), S. 45; J.-P. Lozato-Giotart, Géographie du tourisme, Paris u. a. 1993 (4. Aufl.), S. 194 ff.; World Tourism Organization, WTO's 1995 International Tourism Overview, Madrid 1996.

Reise- und Wirtschaftsdaten für Industrieländer/Dritte Welt (2. Absatz): J.-P. Lozato-Giotart, a. a. O., S. 194 ff.; G. Gruber, Vater Himmel und Mutter Erde, in: K. Luger/K. Inmann (Hg.), Verreiste Berge, Innsbruck 1995, S. 173-202 (hier S. 198 zum Vergleich Nepal/Österreich); World Tourism Organization, a. a. O.

Zu Einkommens- und Beschäftigungseffekten: V. Adams, Tourism and Sherpas, Nepal, in: Annals of Tourism Research 19/1992, S. 534-553; F. J. Arrones, España en Venta, Madrid 1988; J. Boissevain, The Impact of Tourism on a Dependent Island, in: Annals of Tourism Research 6/1979, S. 76-94; T. Breuer, Mallorca – Eine Bestandsaufnahme aus geographischer Sicht, in: W. Isenberg (Hg.), Tourismus auf Mallorca, Bergisch-Gladbach 1992, S. 9-32; A. Bull, The Economics of Travel and Tourism, Melbourne 1991, S. 130-150; E. Cohen, The Sociology of Tourism, in: Annual Review of Sociology 10/1984, S. 373-392, hier S. 384; B. Eisenstein, Wirtschaftliche Effekte des Fremdenverkehrs, Trier 1993, S. 34-65; W. Freyer, Tourismus,

München/Wien 1988, S. 302 ff.; D. J. Greenwood, Tourism as an Agent of Change, in: Ethnology 11/1972, S. 80-91; T. Hagen, Brücken bauen zur Dritten Welt, in: K. Luger/K. Inmann (Hg.), Verreiste Berge, Innsbruck 1995, S. 271-285; R. Lanquar, a. a. O., S. 43 ff.; J.-P. Lozato-Giotart, a. a. O., S. 204 ff.; R. A. Poirier, Tourism and Development in Tunisia, in: Annals of Tourism Research 22/1995, S. 157-171; P. Tsartas, Socioeconomic Impacts of Tourism on Two Greek Isles, in: Annals of Tourism Research 19/1992, S. 516-532.

Zu negativen Folgen für die Bevölkerung, vor allem in Ländern der Dritten Welt: J. Lea, Tourism and Development in the Third World, London/New York 1988, S. 37-50, 65 f.; R. A. Poirier, a. a. O.; W. K. Ruf, Tourismus und Unterentwicklung, in: Zeitschrift für Kulturaustausch 28/1978, S. 108-114; R. Sathiendrakumar/C. Tisdell, Tourism and Economic Development of the Maldives, in: Annals of Tourism Research 16/1989, S. 254-269; C. Scherrer, Tourismus und selbstbestimmte Entwicklung – ein Widerspruch, Berlin 1988, vor allem S. 14; C. Urbanowicz, Tourism in Tonga Revisited: Continued Troubled Times?, in: V. L. Smith (Hg.), Hosts and Guests, Philadelphia 1989 (2. Aufl.), S. 105-117.

Daten zu touristischen Zahlungsbilanzen: J.-P. Lozato-Giotart, a. a. O., S. 194 ff.; A. Mathieson/G. Wall, Tourism: economic, physical and social impacts, London/New York 1982, S. 52 ff.

Zum Devisenabfluß (›leakage‹): B. Eisenstein, a. a. O., S. 22 ff.; R. Lanquar, a. a. O., S. 32 ff.; J.-P. Lozato-Giotart, a. a. O., S. 200 f.; W. Ruf, a. a. O.; V. L. Smith, Introduction, in: dies. (Hg.), a. a. O., S. 1-17, hier S. 6 f. Die im Text angeführten Daten auch nach R. Sathiendrakumar/C. Tisdell, a. a. O. (Malediven) und C. Ryan, Recreational Tourism, London/New York 1991, S. 89 ff. (Santa Lucia).

Zur Bedeutung der ›public goods‹ für den Fremdenverkehr: A. Bull, a. a. O., S. 5, 151 ff.; H. P. Gray, The Contributions of Economics to Tourism, in: Annals of Tourism Research 9/1982, S. 112 ff. Zum Anteil des Tourismus am Staatshaushalt der Malediven: R. Sathiendrakumar/C. Tisdell, a. a. O., S. 264 f. Zur Tourismuspolitik in Tansania: C. Scherrer, a. a. O.

Zu Typen der Tourismusentwicklung (hoher Kapitaleinsatz, Fremdinduzierung, schnelles Tempo vs. kleine Einheiten, Integration in lokale Strukturen, langsames Tempo) W. Bätzing/M. Perlik, Tourismus und Regionalentwicklung in den Alpen 1870-1990, in: K. Luger/K. Inmann (Hg.), Verreiste Berge, Innsbruck 1995, S. 43-79, vor allem S. 73 f.; E. Cohen, a. a. O., S. 384; ders., Marginale Paradiese, in: H. J. Kagelmann (Hg.), Tourismuswissenschaft, München 1993, S. 41-76 (amer. 1982); G. Grosjean, Die ökologische Dimension, in:

H. Ringeling/M. Svilar (Hg.), Tourismus – das Phänomen des Reisens, Bern 1982, S. 43-59; H. L. Hiller, Tourism: Development or dependence?, in: R. Millet, W. M. Hill (Hg.), The Restless Caribbean, New York 1979, S. 51-61; C. L. Jenkins, The Effects of Scale in Tourism Projects in Developing Countries, in: Annals of Tourism Research 9/1982, S. 229-249; P. J. Loukissas, Tourism's Regional Development Impacts, in: Annals of Tourism Research 9/1982, S. 523-541; E. E. Rodenburg, The Effects of Scale in Economic Development: Tourism in Bali, in: Annals of Tourism Research 7/1980, S. 177-96; V. L. Smith, a. a. O.

Zu Fehlprognosen und -planungen: F. Vetter, Strukturelle Veränderungen des mitteleuropäischen Großstadttourismus, in: P. Schnell/ P. Weber (Hg.), Agglomeration und Freizeitraum, Paderborn 1980, S. 209-214 (Hotelketten); C. Scherrer, a. a. O., S. 89 ff. (Tansania); Ente im Schatten des Eiffelturms, in: Süddeutsche Zeitung, 17. 2. 1994; Euro-Disney: Kapitalerhöhung zu 80 Prozent plaziert, in: Frankfurter Allgemeine, 5. 8. 1994; J.-P. Lozato-Giotart, a. a. O., S. 258.

Zu den begrifflichen Schwierigkeiten der Tourismusökonomie: W. Freyer, a. a. O., S. 118 ff.; R. Lanquar, a. a. O., S. 9 ff., 40 ff., 55; J. Urry, The Tourist Gaze, London u. a. 1990, S. 41 ff.; zu Problemen der statistischen Erfassung: A. Bull, a. a. O., S. 119 ff.; B. Eisenstein, a. a. O., S. 109; W. Freyer, a. a. O., S. 279 ff.; H. P. Gray, a. a. O., S. 119 ff. Zur Datenbasis: T. Kirstges, Sanfter Tourismus, München/ Wien 1992, S. 9; R. Lanquar, a. a. O., S. 55; C. Ryan, a. a. O., S. 81.

Zu den Schwierigeiten, die wirtschaftliche Bedeutung des Tourismus in der Dritten Welt einzuschätzen: J. Lea, a. a. O.; zum gleichen Problem, bezogen auf Tunesien: R. A. Poirier, a. a. O., S. 162.

Zu kulturellen Determinanten der touristischen Nachfrage: H. P. Gray, a. a. O., vor allem S. 107; R. Lanquar, a. a. O., vor allem S. 64. Zur Preis- und Einkommenselastizität: A. Bull, a. a. O., S. 36 ff.; W. R. Eadington/M. Redman, Economics and Tourism, in: Annals of Tourism Research 18/1991, S. 41-56, hier S. 46 ff.; H. P. Gray, a. a. O., S. 119 ff.; R. Lanquar, a. a. O., S. 27, 30.

Zu Besonderheiten des touristischen ›Produkts‹ (Unmöglichkeit der Lagerung, starre Angebotsmengen, fixe Kapazitätsgrenzen, Markt-Segmentierung): A. Bull, a. a. O., S. xiv, 11 f., 151 ff.; W. Freyer, a. a. O., S. 119, 212; H. P. Gray, a. a. O., S. 116 ff.; R. Lanquar, a. a. O., S. 64.

9. Post-Tourismus? –
Künstliche Ferienwelten und Authentizität

Anmerkungen

1 Nur die Bilder leben noch. Interview mit Jean Baudrillard, in: Manager-Magazin 9/1994.

2 W. Röhl, Urlaub auf der Intensivstation, in: Stern, 13. 7. 95; Zeit-Zitate nach »Flamingos in Bispingen«, in: Der Spiegel, 10. 7. 95; K. Kreimeier, Plastik-Dorado oder: Im Nirgendwo, das uns ein Überall vorspiegelt, in: Frankfurter Rundschau, 10. 8. 94; Theodor Geus, Die Wege zum Glück sind verschlungen, in: Frankfurter Allgemeine, 3. 2. 94.

3 M. Siemons, Bintan oder Die Neuschöpfung der Welt, in: Frankfurter Allgemeine, 22. 6. 95; K. Kreimeier, a. a. O.; Burghoff/Kresta, Schöne Ferien, S. 50.

4 W. Röhl, a. a. O.; K. Ahrens/P. Saalbach/U. Schwarzer, Im achten Himmel, in: Manager Magazin 9/1994.

5 Zit. nach Urbain, L'idiot du voyage, S. 162 f.

6 Der Begriff der *staged authenticity* wurde von D. MacCannell geprägt. Vgl. MacCannell, Staged Authenticity; ders., The Tourist, S. 91-107.

7 N. Mitford, Böse Gedanken einer englischen Lady, Reinbek 1996, S. 96 ff (engl. 1962).

8 Kos, Über den Semmering.

9 Von Moos, ›Nicht Disneyland‹, S. 230.

10 M. Payer, ›Gib den Kleinen im Subtropischen ab‹, in: Frankfurter Allgemeine, 18. 5. 95.

11 E. Drolshagen, Echte Kunstwelten, in: Frankfurter Allgemeine 11. 7. 96.

12 Pearce, The Ulysses Factor, S. 71 ff.

13 Vgl. Cohen, Authenticity and Commoditization, S. 378.

14 L. Trilling, Sincerity and Authenticity, London 1972, S. 93 (zuerst 1971).

15 King, Disneyland, S. 130.

16 Von Moos, a. a. O., S. 218.

17 F. Lerchenmüller, Alles was Sie über EuroDisneyland wissen müssen, Frankfurt/Berlin 1992, S. 55; Moore, Walt Disney World, S. 215.

18 Feifer, Going Places, S. 270.

19 U. Eco, Reise ins Reich der Hyperrealität, in: ders., Über Gott und die Welt, München 1987, S. 48 (ital. 1975).

20 Vgl. Urry, Tourist Gaze, S. 101.
21 Bauman, Vom Pilger zum Touristen, S. 297.
22 Urry, a. a. O., S. 82.

Literatur

Allgemein zu künstlichen Ferienwelten: C. Burghoff/E. Kresta, Schöne Ferien, München 1995; W. Isenberg (Hg.), Kathedralen der Freizeitgesellschaft, Bergisch-Gladbach 1995; H. J. Kagelmann, Themenparks, in: H. Hahn/H. J. Kagelmann(Hg.), Tourismuspsychologie und Tourismussoziologie, München 1993, S. 407-415; M. J. King, The New American Muse: Notes on the Amusement Theme Park, in: Journal of Popular Culture 15/1981, S. 56-62; R. B. Nye, Eight Ways of Looking at an Amusement Park, in: Journal of Popular Culture 15/1981, S. 63-75; H. W. Opaschowski, ›Wir schaffen Glückseligkeit!‹ – Anspruch und Wirklichkeit künstlicher Freizeit- und Ferienwelten, in: W. Isenberg (Hg.), a. a. O., S. 11-34; P. L. Pearce, The Ulysses Factor, New York u. a. 1988, S. 60-89; F. Romeiß-Stracke, Was haben Sie gegen künstliche Paradiese?, in: W. Isenberg (Hg.), a. a. O., S. 175-182; J. Urry, The Tourist Gaze, London u. a. 1990, S. 144 ff. Bei der Beschreibung einzelner Freizeitparks habe ich mich auf zahlreiche Presseberichte gestützt. Nennenswert sind insbesondere: Japans High-Tech-Vergnügungsparks, in: Frankfurter Allgemeine 19. 2. 93; K. Ahrens/P. Saalbach/U. Schwarzer, Im achten Himmel, in: Manager Magazin, 1. 9. 94; M. Payer, ›Gib den Kleinen im Subtropischen ab‹, in: Frankfurter Allgemeine, 18. 5. 95; S. Daneshku/T. Jackson, Investors sing the theme song, in: Financial Times, 16. 8. 95; Groß, größer, Las Vegas, in: food service 3/96.

Zu Disneyland und Disney World: M. J. King, Disneyland and Walt Disney World: Traditional Values in Futuristic Form, in: Journal of Popular Culture 15/1981, S. 116-140; F. Lerchenmüller, Alles was Sie über EuroDisneyland wissen müssen, Frankfurt/Berlin 1992; A. Moore, Walt Disney World: Bounded Ritual Space and the Playful Pilgrimage Center, in: Anthropological Quarterly 53/1980, S. 207-218; S. von Moos, ›Nicht Disneyland‹. Anmerkungen zu Tourismus und Baukultur, in: Georges-Bloch-Jahrbuch 1/1994, S. 211-239.

Besucherzahlen von Vergnügungs- und Themenparks: J. S. Caproni, Travel as Theater, in: Journal of Travel Research 30/1992, S. 54-55; J. Urry, a. a. O., S. 144 ff. Auch diesbezüglich stütze ich meine Angaben vielfach auf Presseberichte.

Zur Frage der *Authentizität* hat sich in der Tourismuswissenschaft eine längere Diskussion entfaltet, die nachgezeichnet wird bei H.-G. Vester, Authentizität, in: H. Hahn/H. J. Kagelmann (Hg.), Tourismuspsychologie und Tourismussoziologie, München 1993, S. 122-124. Dort auch Literaturangaben. Wichtige Beiträge zu dieser Debatte sind insbesondere D. Boorstin, Vom Reisenden zum Touristen, ders., Das Image, Reinbek 1987, S. 117-166 (amer. 1961; Kritik an der Inauthentizität touristischer Erfahrung); D. MacCannell, The Tourist, New York 1976 (Authentizität als zentrales Motiv der Touristen); E. Cohen, Authenticity and Commoditization in Tourism, in: Annals of Tourism Research 15/1988, S. 371-386 (Authentizität als wandelbarer, relativer Begriff). J. Buzard, The Beaten Track, Oxford 1993 analysiert den ›authenticity effect‹ als bereits im 19. Jahrhundert weit verbreitetes Distinktionsphänomen (S. 172-192). Eine grundsätzliche Kritik des Authentizitäts-Begriffs bei L. Trilling, Sincerity and Authenticity, London 1972 (zuerst 1971).

Zu den historischen Vorläufern heutiger Vergnügungsparks J. F. Kasson, Amusing the masses: Coney Island at the turn of the century. New York 1978; S. von Moos, a. a. O., vor allem S. 217 ff.; G. O'Brien, The Parks of Vienna, in: Journal of Popular Culture 15/1981, S. 76-86; M. Payer, ›Gib den Kleinen im Subtropischen ab‹, in: Frankfurter Allgemeine 18. 5. 1995.

Zu ökonomischen Aspekten künstlicher Ferienwelten: Bundesministerium für Umwelt, Ferienzentren der zweiten Generation, in: W. Isenberg (Hg.), a. a. O., S. 139-152; S. Daneshku/T. Jackson, a. a. O.

Zu Umweltfolgen: Bundesministerium für Umwelt, a. a. O.; K. Lüthje, Grundlagenstudie zum Forschungsprojekt ›Freizeit- und Ferienzentren‹, in: W. Isenberg (Hg.), a. a. O., S. 153-162.

Zur wachsenden Vermischung von Kultur und Kommerz vgl. J. Urry, a. a. O., S. 82 ff.; zu Einkaufs-Malls ebd., S. 144 ff. Die Beispiele im Text nach J. Krönig, Kaufen kommt von Kunst, in: Die Zeit, 25. 11. 94.

Zum Post-Tourismus: M. Feifer, Going Places, London/Basingstoke 1985, S. 269 ff.; J. Urry, a. a. O., S. 100 ff.; Auseinandersetzung mit Feifers und Urrys Thesen bei J. Buzard, a. a. O., S. 335 ff.

Adams, Vincanne, Tourism and Sherpas, Nepal. Reconstruction of Reciprocity, in: Annals of Tourism Research 19/1992, S. 534-553.

Adler, Judith, Origins of Sightseeing, in: Annals of Tourism Research 16/1989, S. 7-29.

Adler, Judith, Travel as Performed Art, in: American Journal of Sociology 94/1989, S. 1366-1391.

Armanski, Gerhard, Die kostbarsten Tage des Jahres. Dritte, völlig überarbeitete Neuauflage. Bielefeld 1986.

Assunto, Rosario, Estetica e turismo, ossia la meditazione filosofica e il gusto dei viaggiatori, in: La Cultura 5/1967, S. 205-238.

Bätzing, Werner/ Perlik, Manfred, Tourismus und Regionalentwicklung in den Alpen 1870-1990, in: Kurt Luger/ Karin Inmann (Hg.), Verreiste Berge, Innsbruck/Wien 1995, S. 43-79.

Bauman, Zygmunt, Vom Pilger zum Touristen – Postmoderne Identitätsprojekte, in: Heiner Keupp (Hg.), Lust an der Erkenntnis: Der Mensch als soziales Wesen, München 1995, S. 295-300.

Bausinger, Hermann/ Beyrer, Klaus/ Korff, Gottfried (Hg.), Reisekultur. Von der Pilgerfahrt zum modernen Tourismus. München 1991.

Bernard, Paul P., Rush to the Alps. The Evolution of Vacationing in Switzerland. New York 1978.

Bernecker, Paul, Grundlagenlehre des Fremdenverkehrs. Wien 1962.

von Böventer, Edwin, Ökonomische Theorie des Tourismus. Frankfurt/New York 1991.

Boissevain, Jeremy, Tourism as Anti-Structure, in: Christian Giordano u. a. (Hg.), Kultur anthropologisch. Eine Festschrift für Ina-Maria Greverus. Frankfurt/M. 1989, S. 145-159.

Boorstin, Daniel J., Vom Reisenden zum Touristen, in: ders., Das Image. Der Amerikanische Traum. Reinbek 1987. S. 117-166 (amerik. 1961).

van der Borg, Jan, Tourism and Urban Development. Amsterdam 1991.

Braun, Ottmar L., Vom Alltagsstreß zur Urlaubszufriedenheit. München 1993.

Briassoulis, Helen/ van der Straaten, Jan, Tourism and the Environment. Dordrecht 1992.

Bruckner, Pascal/Finkielkraut, Alain, Das Abenteuer gleich um die Ecke. München/Wien 1981 (frz. 1979).

Bruner, Edward M., Transformation of Self in Tourism, in: Annals of Tourism Research 18/1991, S. 238-250.

Bull, Adrian, The Economics of Travel and Tourism. Melbourne 1991.

Burch, William R., The Play World of Camping: Research into the Social Meaning of Outdoor Recreation, in: American Journal of Sociology 70/1965, S. 604-12.

Burgelin, Olivier, Le tourisme jugé, in: Communications 10/1967, S. 65-96.

Burghoff, Christel/Kresta, Edith, Schöne Ferien. Tourismus zwischen Biotop und künstlichen Paradiesen. München 1995.

Buzard, James, The Beaten Track. European Tourism, Literature, and the Ways to Culture, 1800-1918. Oxford 1993.

Casson, Lionel, Reisen in der alten Welt. München 1976 (engl. 1974).

Cazes, Georges, Le tourisme international. Mirage ou stratégie d'avenir? Paris 1989.

Cohen, Erik, Authenticity and Commoditization in Tourism, in: Annals of Tourism Research 15/1988, S. 371-86.

Cohen, Erik, The Impact of Tourism on the Physical Environment, in: Annals of Tourism Research 5/1978, S. 215-237.

Cohen, Erik, The Sociology of Tourism: Approaches, Issues, and Findings, in: Annual Review of Sociology 10/1984, S. 373-392.

Cohen, Erik, Traditions in the Qualitative Sociology of Tourism, in: Annals of Tourism Research 15/1988, S. 29-46.

Corbin, Alain, Meereslust. Das Abendland und die Entdeckung der Küste 1750-1840. Berlin 1990 (frz. 1988).

Crick, Malcolm, Representations of International Tourism in the Social Sciences, in: Annual Review of Anthropology 18/1989, S. 307-344.

Culler, Jonathan, The Semiotics of Tourism, in: J. Culler, Framing the Sign, Norman/London 1988, S. 153-167.

De Kadt, Emanuel (Hg.), Tourism – Passport to Development? New York/Oxford u. a. 1979

Doğan, Hasan Zafer, Forms of Adjustment. Sociocultural Impacts of Tourism, in: Annals of Tourism Research 16/1989, S. 216-236.

Dumazedier, Joffre, Sociologie empirique du loisir. Critique et contre-critique de la civilisation du loisir. Paris 1974.

Dumazedier, Joffre, Vers une civilisation du loisir? Paris 1972. (Zuerst 1962).

Eadington, William R./Redman, Milton, Economics and Tourism, in: Annals of Tourism Research 18/1991, S. 41-56.

Edington, John M./Edington, M. Ann, Ecology, Recreation and Tourism. Cambridge/New York 1986.

Eisenstein, Bernd, Wirtschaftliche Effekte des Fremdenverkehrs, Trier 1993.

Elias, Norbert/Dunning, Eric, Quest for Excitement. Sport and Leisure in the Civilizing Process. Oxford 1986.

Enzensberger, Hans Magnus, Eine Theorie des Tourismus, in: ders., Einzelheiten I – Bewußtseins-Industrie, Frankfurt 1964, S. 179-205. (Zuerst 1958).

Euler, Claus (Hg.), »Eingeborene« – ausgebucht. Ökologische Zerstörung durch Tourismus. Gießen 1989.

Farrell, Bryan H./Runyan, Dean, Ecology and Tourism, in: Annals of Tourism Research 18/1991, S. 26-40.

Feifer, Maxine, Going Places. London/Basingstoke 1985 (amerik. Ausgabe 1986 als ›Tourism in History‹).

Fendl, Elisabeth/ Löffler, Klara, ›Man sieht nur, was man weiß‹. Zur Wahrnehmungskultur in Reiseführern, in: Dietmar Kramer/Ronald Lutz (Hg.), Tourismus-Kultur/Kultur-Tourismus. Münster/Hamburg 1993, S. 55-77.

Fendl, Elisabeth/Löffler, Klara, Utopiazza. Städtische Erlebnisräume in Reiseführern, in: Zeitschrift für Volkskunde 88/1992, S. 30-48.

Fink, Christian, Der Massentourismus. Bern/Stuttgart 1970.

Fischer, Hans, Warum Samoa? Touristen und Tourismus in der Südsee. Berlin 1984.

Freyer, Walter, Tourismus. Einführung in die Fremdenverkehrsökonomie. München/Wien 1988.

Garrone, Renzo, Turismo responsabile. Recco 1993.

Gleichmann, Peter, Zur Soziologie des Fremdenverkehrs, in: Wissenschaftliche Aspekte des Fremdenverkehrs (Forschungsberichte der Akademie für Raumforschungs- und Landesplanung), Hannover 1969, S. 55-78.

Gottlieb, Alma, Urlaub auf Amerikanisch. In. H. Jürgen Kagelmann (Hg.), Tourismuswissenschaft, München 1993, S. 77-96 (amer. 1982).

Graburn, Nelson H. H., The Anthropology of Tourism, in: Annals of Tourism Research 10/1983, S. 9-33.

Graburn, Nelson H. H., Tourism: The Sacred Journey, in: Valene L. Smith (Hg.), Hosts and Guests, Philadelphia 1989, S. 21-36. (Zuerst 1977).

Graburn, Nelson H. H. (Hg.), Ethnic and Tourist Arts: Cultural Expressions from the Fourth World. Berkeley 1976.

Graburn, Nelson H. H./Jafari, Jafar (Hg.), Tourism Social Science. Annals of Tourism Research 18/1991, Special Issue.

Gray, H. Peter, The Contributions of Economics to Tourism, in: Annals of Tourism Research 9/1982, S. 105-125.

Greenwood, Davyd J., Culture by the Pound: An Anthropological Perspective on Tourism as Cultural Commoditization, in: Valene L. Smith (Hg.), Hosts and Guests, Philadelphia 1989, S. 171-185.

Greenwood, Davyd J., Tourism as an Agent of Change: A Spanish Basque Case, in: Ethnology 11/1972, S. 80-91.

Grosjean, Georges, Die ökologische Dimension. Die vom Tourismus verursachte Veränderung von Landschaft und Umwelt, in: Hermann Ringeling/Maja Svilar (Hg.), Tourismus – das Phänomen des Reisens, Bern 1982, S. 43-59.

Grossklaus, Götz/Oldemeyer, Ernst (Hg.), Natur als Gegenwelt. Karlsruhe 1983.

Gyr, Ueli, Touristenkultur und Reisealltag, in: Zeitschrift für Volkskunde 84/1988, S. 224-239.

Hartmann, Klaus D., Psychologie des Reisens, in: N. Hinske/M. J. Müller (Hg.), Reisen und Tourismus, Trier 1979, S. 15-21.

Hinske, Norbert/Müller, Manfred J., Reisen und Tourismus. Trier 1979.

Hömberg, Erentraud, Tourismus. Funktionen, Strukturen, Kommunikationskanäle. München 1977.

Horne, Donald, The Great Museum. London/Sidney 1984.

Hunziker, Walter/Krapf, Kurt, Grundriß der Allgemeinen Fremdenverkehrslehre. Zürich 1942.

Isenberg, Wolfgang (Hg.), Kathedralen der Freizeitgesellschaft. Bensberg 1995.

Kagelmann, H. Jürgen, Themenparks, in: H. Jürgen Kagelmann/Heinz Hahn (Hg.), Tourismuspsychologie und Tourimussoziologie, München 1993, S. 407-415.

Kagelmann, H. Jürgen (Hg.), Tourismuswissenschaft. München 1993.

Kagelmann, H. Jürgen/Hahn, Heinz (Hg.), Tourismuspsychologie und Tourismussoziologie. Ein Handbuch zur Tourismuswissenschaft. München 1993.

Kapeller, Kriemhild, Tourismus und Volkskultur. Graz 1991.

Kaschuba, Wolfgang, Erkundung der Moderne. Bürgerliches Reisen nach 1800. Zeitschrift für Volkskunde 87/1991, S. 29-52.

Kaspar, Claude, Die Fremdenverkehrslehre im Grundriß. Bern/Stuttgart 1975.

Kentler, Helmut/Leithäuser, Thomas/Lessing, Hellmut, Jugend im Urlaub (2 Bände). Weinheim/Berlin/Basel 1969.

King, Margaret J., Disneyland and Walt Disney World: Traditional Values in Futuristic Form, in: Journal of Popular Culture 15/1981, S. 116-140.

Kirstges, Torsten, Sanfter Tourismus. München/Wien 1992.

Knebel, H. J., Soziologische Strukturwandlungen im modernen Tourismus. Stuttgart 1960.

Kos, Wolfgang, Über den Semmering. Kulturgeschichte einer künstlichen Landschaft. Wien 1984.

Kracauer, Siegfried, Die Reise und der Tanz, in: ders., Das Ornament der Masse, Frankfurt 1963, S. 40-49. (Zuerst 1925).

Kramer, Dieter, Der sanfte Tourismus. Wien 1983.

Kramer, Dieter/Lutz, Ronald (Hg.), Tourismus-Kultur, Kultur-Tourismus. Münster 1993.

Krippendorf, Jost, Die Ferienmenschen. Zürich/Schwäbisch Hall 1984.

Krippendorf, Jost, Die Landschaftsfresser. Bern/Stuttgart 1975.

Krippendorf, Jost, Tourism in the System of Industrial Society, in: Annals of Tourism Research 13/1986, S. 517-532.

Krippendorf, Jost/Zimmer, Peter/Glauber, Hans (Hg.), Für einen anderen Tourismus. Frankfurt 1988. (Zuerst 1985).

Krohn, Heinrich, Welche Lust gewährt das Reisen! München 1985.

Laermann, Klaus, Raumerfahrung und Erfahrungsraum. Einige Überlegungen zu Reiseberichten aus Deutschland vom Ende des 18. Jahrhunderts, in: Hans Joachim Piechotta (Hg.), Reise und Utopie. Zur Literatur der Spätaufklärung. Frankfurt/Main 1976, S. 57-97.

Lanquar, Robert, L'économie du tourisme. Paris 1992 (3. Aufl.) (Zuerst 1983).

Lanquar, Robert, Sociologie du tourisme et des voyages. Paris 1990 (2. Aufl.) (Zuerst 1985).

Laurent, Alain, Libérer les vacances? Paris 1973.

Lea, John, Tourism and Development in the Third World. London/New York 1988.

Leed, Eric J., Die Erfahrung der Ferne. Frankfurt/New York 1993 (amer. 1991).

Lett, James W., Ludic and Liminoid Aspects of Charter Yacht Tourism in the Caribbean, in: Annals of Tourism Research 10 (1983), S. 35-56.

Leugger, Joseph, Verkehrs- und Fremdenverkehrssoziologie, in: Peter Atteslander/Roger Girod (Hg.), Soziologische Arbeiten I, Bern/Stuttgart 1966, S. 157-183.

Lipp, Wolfgang, Alpenregion und Fremdenverkehr, in: Zeitschrift für Volkskunde 89/1993, S. 49-62.

Littrell, Mary Ann/Baizerman, Suzanne/Kean, Rita u. a., Souvenirs and Tourism Styles, in: Journal of Travel Research xxx/1994, S. 3-11.

Löschburg, Winfried, Reiselust und Reiseleid. Eine Kulturgeschichte. Frankfurt/M. 1977.

Loukissas, Philippos J., Tourism's Regional Development Impacts. A Comparative Analysis of the Greek Islands, in: Annals of Tourism Research 9/1982, S. 523-541.

Lozato-Giotart, Jean-Pierre, Géographie du tourisme. De l'espace regardé à l'espace consommé. 4., vollständig überarbeitete Auflage. Paris/Mailand/Barcelona/Bonn 1993. (Zuerst 1985).

Luger, Kurt/Inmann, Karin, Verreiste Berge. Kultur und Tourismus im Hochgebirge. Innsbruck/Wien 1995.

Mac Cannell, Dean, Staged Authenticity: Arrangements of Social Space in Tourist Settings, in: American Journal of Sociology 79/1973, S. 589-603.

Mac Cannell, Dean, The Tourist. A New Theory of the Leisure Class. New York 1976.

Mac Cannell, Dean (Hg.), Semiotics of Tourism. Annals of Tourism Research 16/1989, Special Issue.

Mączak, Antoni, Viaggi e viaggiatori nell'Europa moderna. Bari 1994 (poln. 1978).

Magherini, Graziella, La sindrome di Stendhal. Milano 1992. (Zuerst 1989).

Mathieson, Alister/Wall, Geoffrey, Tourism: economic, physical and social impacts. London/New York 1982.

Mattenklott, Gert, Vorgestellte Reisen – Reisevorstellung, in: Klaus Bergmann/Solveig Ockenfuß (Hg.), Neue Horizonte, Reinbek 1984, S. 156-172. (Zuerst 1982).

Mc Kean, Philip F., Towards a Theoretical Analysis of Tourism: Economic Dualism and Cultural Involution in Bali, in: Valene L. Smith (Hg.), Hosts and Guests, Philadelphia 1989 (2. Aufl.), S. 119-138. (Zuerst 1977).

Moon, Okpyo, From Paddy Field to Ski Slope: The Revitalisation of Tradition in Japanese Village Life. Manchester 1989.

Moore, Alexander, Rosanzerusu is Los Angeles. An Anthropological Inquiry of Japanese Tourists, in: Annals of Tourism Research 12/1985, S. 619-643.

Moore, Alexander, Walt Disney World: Bounded Ritual Space and the Playful Pilgrimage Center, in: Anthropological Quarterly 53/1980, S. 207-218.

von Moos, Stanislaus, ›Nicht Disneyland‹. Anmerkungen zu Tourismus und Baukultur, in: Georges-Bloch-Jahrbuch des Kunstgeschichtlichen Seminars der Universität Zürich 1/1994, S. 211-239.

Morin, Edgar, Vivent les vacances, in: ders., Introduction à une politique de l'homme, Paris 1965, S. 220-225. (Zuerst 1958).

Morinis, Alan (Hg.), Sacred Journeys. The Anthropology of Pilgrimage. Westport, Conn./London 1992.

Mulvey, Christopher, Anglo-American Landscapes. A Study of Nineteenth-Century Anglo-American Travel Literature. Cambridge u. a. 1983.

Nash, Dennison, Tourism as an Anthropological Subject, in: Current Anthropology 22/1981, S. 461-481.

Nash, Dennison/Smith, Valene L., Anthropology and Tourism, in: Nelson H. H. Graburn/ Jafar Jafari (Hg.), Tourism Social Science, Annals of Tourism Research 18/1991, Special Issue, S. 12-25.

Nettekoven, Lothar, Massentourismus in Tunesien. Starnberg 1972.

Opaschowski, Horst W., Freizeitökonomie – Marketing von Erlebniswelten. Opladen 1993.

Opaschowski, Horst W., Mythos Urlaub. Hamburg 1991.

Opaschowski, Horst W., Ökologie von Freizeit und Tourismus. Opladen 1991.

Opaschowski, Horst W., Tourismusforschung. Opladen 1989.

Ousby, Ian, The Englishman's England. Taste, travel and the rise of tourism. Cambridge u. a. 1990.

Pearce, Philip L., The Social Psychology of Tourist Behaviour. Oxford/New York 1982.

Pearce, Philip L., The Ulysses Factor. New York/Berlin/Heidelberg u. a. 1988.

Picard, Michel, Bali. Tourisme Culturel et Culture Touristique. Paris 1992.

Pi-Sunyer, Oriol, Through Native Eyes: Tourists and Tourism in a Catalan Maritime Community, in: Valene L. Smith (Hg.), Hosts and Guests, Philadelphia 1989 (2. Aufl.), S. 187-202.

Prahl, Hans-Werner/Steinecke, Albrecht, Der Millionen-Urlaub. Von der Bildungsreise zur totalen Freizeit. Darmstadt/Neuwied 1979.

Raymond, Henri, Hommes et dieux à Palinuro, in: Esprit 6/1959, S. 1030-1040.

Raymond, Henri, L'Utopie Concrète. Recherches sur un village de vacances, in: Revue française de sociologie 1/1960, S. 323-333.

Ringeling, Hermann/Svilar, Maja (Hg.), Tourismus – das Phänomen des Reisens. Bern 1982.

Romeiss-Stracke, Felizitas, Zukunftsperspektiven für den Tourismus, in: Statistisches Bundesamt (Hg.), Tourismus in der Gesamtwirtschaft, Stuttgart 1991, S. 26-34.

Romeiss-Stracke, Felizitas, Was haben Sie gegen künstliche Paradiese? Zur Inszenierung von Erlebnisräumen, in: Wolfgang Isenberg (Hg.), Kathedralen der Freizeitgesellschaft, Bensberg 1995, S. 175-182.

Ruf, Werner K., Tourismus und Unterentwicklung, in: Zeitschrift für Kulturaustausch 28/1978, S. 108-114.

Ryan, Chris, Recreational Tourism. A Social Science Perspective. London/New York 1991.

Sansot, Pierre, Les gens de peu. Paris 1991.

Savelli, Asterio, Sociologia del Turismo. Milano 1993 (3. Aufl.) (Zuerst 1989).

Scherrer, Christian, Tourismus und selbstbestimmte Entwicklung – ein Widerspruch. Berlin 1988.

Scheuch, Erwin K., Ferien und Tourismus als neue Formen der Freizeit, in: René König (Hg.), Handbuch der empirischen Sozialforschung, Bd. 2, Stuttgart 1969, S. 799-808.

Schlechten, Marguerite, Tourisme balnéaire ou tourisme rural integré? Fribourg 1988.

Schmidt, Aurel, Die Alpen – schleichende Zerstörung eines Mythos. Zürich 1990.

Schudson, Michael S., Book Review: On Tourism and Modern Culture, in: American Journal of Sociology 84/1979, S. 1249-1258.

Schuster, Meinhard, Die ethnologische Dimension. Auswirkungen des Tourismus auf einheimische Lebensformen, in: H. Ringeling/ M. Svilar (Hg.), Tourismus – das Phänomen des Reisens, Bern 1982, S. 61-74.

Schwimmer, Erik G., Feasting and Tourism. A Comparison, in: Semiotica 27/1979, S. 221-235.

Shields, Rob, Places on the Margin. London/New York 1991.

Smith, Valene L., Eskimo Tourism: Micro-Models and Marginal Men, in: dies. (Hg.), Hosts and Guests, Philadelphia 1989 (2. Aufl.), S. 55-82.

Smith, Valene L. (Hg.), Hosts and Guests. The Anthropology of Tourism. Zweite, überarbeitete Ausgabe. Philadephia 1989. (Zuerst 1977).

Smith, Valene L. (Hg.), Pilgrimage and Tourism: The Quest in Guest. Annals of Tourism Research, Special Issue N. 1, 19/1992.

Spode, Hasso, Beiträge ›Geschichte des Tourismus‹, ›Historische Tourismusforschung‹ und ›Tourismusanthropologie‹, in: Heinz

Hahn/H. Jürgen Kagelmann (Hg.), Tourismuspsychologie und Tourismussoziologie, München 1993, S. 3-9, 27-29, 30-35.

Spode, Hasso, Zur Geschichte des Tourismus. Starnberg 1987.

Spode, Hasso, ›Reif für die Insel‹. Prolegomena zu einer historischen Anthropologie des Tourismus, in: Christine Cantauw (Hg.), Arbeit, Freizeit, Reisen. Die feinen Unterschiede im Alltag. Münster/New York 1995, S. 105-123.

Thiem, Marion, Tourismus und kulturelle Identität. Bern 1992.

Tietz, Bruno, Handbuch der Tourismuswirtschaft. München 1980.

Tsartas, Paris, Socioeconomic Impacts of Tourism on Two Greek Isles, in: Annals of Tourism Research 19/1992, S. 516-532.

Turner, Louis/Ash, John, The Golden Hordes. London 1975.

Turner, Victor, Variations on a Theme of Liminality, in: Sally F. Moore/Barbara G. Myerhoff (Hg.), Secular Ritual, Assen/Amsterdam 1977, S. 36-52.

Turner, Victor und Edith, Image and Pilgrimage in Christian Culture. Oxford 1978.

Universität Tübingen, Mit dem Auge des Touristen. Zur Geschichte des Reisebildes. Eine Ausstellung des Kunsthistorischen Instituts der Universität Tübingen in der Kunsthalle Tübingen (Ausstellungskataloge der Universität Nr. 14, Sommer 1981).

Urbain, Jean-Didier, L'idiot du voyage. Paris 1993. (Zuerst 1991).

Urbain, Jean-Didier, Sur la plage. Mœurs et coutumes balnéaires. Paris 1994.

Urry, John, The Tourist Gaze. London/Newbury Park/New Delhi 1990.

Vester, Heinz-Günter, Authentizität, in: H. Jürgen Kagelmann/Heinz Hahn (Hg.), Tourismuspsychologie und Tourismussoziologie, München 1993, S. 122-124.

Vickers, Adrian, Bali. Ein Paradies wird erfunden. Köln 1994 (engl. 1989).

Wagner, Friedrich A., Die Urlaubswelt von morgen. Düsseldorf/Köln 1970.

Wagner, Monika, Die Alpen: Faszination unwirtlicher Gegenden, in: Universität Tübingen, Mit dem Auge des Touristen, Ausstellungskatalog 1981, S. 67-86.

Wagner, Monika, Ansichten ohne Ende – oder das Ende der Ansicht? Wahrnehmungsumbrüche im Reisebild um 1830, in: Hermann Bausinger/Klaus Beyrer/Gottfried Korff (Hg.), Reisekultur, München 1991, S. 325-335.

Wagner, Monika, Das Gletschererlebnis – Visuelle Naturaneignung im frühen Tourismus, in: Götz Großklaus/Ernst Oldemeyer (Hg.), Natur als Gegenwelt, Karlsruhe 1983, S. 235-263.

Wagner, Ulla, Out of Time and Place – Mass Tourism and Charter Tips, in: Ethnos 42/1977, S. 38-52.

Wong, P.P. (Hg.), Tourism vs Environment: The Case for Coastal Areas. Dordrecht/Boston/London 1993.

Woźniakowski, Jacek, Die Wildnis. Zur Deutungsgeschichte des Berges in der europäischen Neuzeit. Frankfurt 1987 (poln. 1974).

Young, G., Tourism – Blessing or Blight? Harmondsworth 1973.

Einen großen Dank an

Ebba Drolshagen · Daniela Bohde · Tobias Gohlis · Klaus Betz · Gudrun Norbisrath · Nicola Born.